Español en marcha

Curso de español como lengua extranjera

Nivel básico (A1 + A2)

Libro del alumno

Francisca Castro Viúdez
Pilar Díaz Ballesteros
Ignacio Rodero Díez
Carmen Sardinero Franco

SOCIEDAD GENERAL ESPAÑOLA DE LIBRERÍA, S. A.

Primera edición, 2005
Sexta edición, 2012

Produce SGEL – Educación
Avda. Valdelaparra, 29
28108 Alcobendas (MADRID)

© Francisca Castro, Pilar Díaz, Carmen Sardinero, Ignacio Rodero

© Sociedad General Española de Librería, S. A., 2005
  Avda. Valdelaparra, 29, 28108 Alcobendas (MADRID).

© Rafael Ramos, "Leo Verdura" (p. 61)
© "Balada de la bicicleta con alas" (Rafael Alberti), Agencia Literaria Carmen Balcells
© "Eva María", by J. L. Armenteros / P. Herrero. Autorizado a BMG Music Publishing Spain, S. A. y Rapsody.
   Todos los derechos reservados.
© Salvador Dalí. Fundación Gala. VEGAP. Madrid, 2006 (p. 85)
© Sucesión Pablo Picasso. VEGAP. Madrid, 2006 (p. 85 y p.100)
© Wifredo Lam. VEGAP. Madrid, 2006 (p. 85)

Diseño de cubierta: Fragmenta comunicación S. L.
Maquetación: Verónica Sosa y Leticia Delgado
Ilustraciones: Maravillas Delgado
Fotografías: Héctor de Paz, Jesús García Bernardo, Araceli Aguilera Aguilera, Birgitta Fröhlich, Luis Cobelo, Archivo SGEL, Cordon Press, S. L.

ISBN: 978-84-9778-204-3
Depósito legal: M-47364-2010
Printed in Spain – Impreso en España.

Impresión: Orymu, S.A.

Queda prohibida, salvo excepción prevista en la Ley, cualquier forma de reproducción, distribución, comunicación pública y transformación de esta obra sin contar con autorización de los titulares de propiedad intelectual. La infracción de los derechos mencionados puede ser constitutiva de delito contra la propiedad intelectual (Art. 270 y ss. Código Penal). El Centro Español de Derechos Reprográficos (www.cedro.org) vela por el respeto de los citados derechos.

Presentación

Español en marcha es un método que abarca los contenidos correspondientes a los niveles A1, A2 y B1 del *Marco común europeo de referencia*. Al final de este tomo denominado *Básico* (niveles A1 y A2), los estudiantes podrán describir y narrar en términos sencillos aspectos de su pasado, describir algunos sentimientos y estados de ánimo, hablar de planes, así como expresar opiniones sencillas sobre temas variados y de actualidad. También se les proporcionan recursos para desenvolverse en situaciones cotidianas, relacionadas con necesidades inmediatas.

El libro comienza con una unidad 0 introductoria y 18 unidades de desarrollo que constan de:

- Tres apartados (A, B y C) de dos páginas cada uno, en los que se presentan, desarrollan y practican los contenidos lingüísticos y comunicativos citados al inicio de cada uno de ellos. Cada apartado sigue una secuencia cuidadosamente graduada desde la presentación de las muestras de lengua hasta una actividad final de producción. A lo largo de cada unidad, el alumno tendrá la oportunidad de desarrollar todas las destrezas (leer, escuchar, escribir y hablar) así como de trabajar en profundidad la gramática, el vocabulario y la pronunciación, en una serie de tareas que van desde las más dirigidas hasta las más libres.

- Un apartado de *Autoevaluación*, con actividades destinadas a recapitular y consolidar los objetivos de la unidad y donde se incluye un test con el que el alumno podrá evaluar su progreso según los descriptores del *Portfolio europeo de las lenguas*.

- El apartado *De acá y de allá*, que contiene información del mundo español e hispanoamericano y tiene como objetivo desarrollar la competencia tanto sociocultural como intercultural del estudiante.

Al final de las unidades se incluyen las transcripciones de las grabaciones del CD, una *Referencia gramatical y léxico útil* organizada por unidades, una tabla con los verbos regulares e irregulares más frecuentes y, lo más interesante, un conjunto de tareas de "vacío de información" para desarrollar la expresión oral en parejas.

Español en marcha básico puede ser utilizado tanto en clases intensivas (de tres o cuatro horas diarias) como en cursos impartidos a lo largo de todo un año.

contenidos

TEMA	A	B	C	CULTURA	PÁG.
Unidad 0 Presentación	¡Hola! Me llamo Maribel • Presentarse en clase.	¿Cómo se escribe? ¿Cómo se pronuncia? • Alfabeto. • Deletrear. • Recursos para la clase.	Mapas de España y América		9
Unidad 1 Saludos	¡Encantado! • Presentar y saludar. • Género de los adjetivos de nacionalidad.	¿A qué te dedicas? • Profesiones. • Género de las profesiones. • Verbos *ser* y *tener*. • Verbos regulares en presente.	¿Cuál es tu número de teléfono? • Números 0-20. **Pronunciación y ortografía:** Entonación interrogativa.	Saludos • Estilo formal e informal: *tú* o *usted*.	14
Unidad 2 Familias	¿Estás casado? • Describir a la familia. • Plural de los nombres.	¿Dónde están mis gafas? • Preposiciones de lugar: *debajo / encima / al lado / delante / detrás / entre / en*. • Adjetivos posesivos. • Demostrativos.	¿Qué hora es? • Decir la hora. • Horarios del mundo. • Números 21-5.000. **Pronunciación y ortografía:** Acentuación.	La familia hispana	22
Unidad 3 El trabajo	Rosa se levanta a las siete • Hablar de hábitos. • Verbos reflexivos. • Verbos irregulares: *empezar, volver, ir, venir*. • Preposiciones de tiempo.	¿Estudias o trabajas? • Los días de la semana. • Hablar de horarios de trabajo. • Lugares de trabajo.	¿Qué desayunas? • Hablar del desayuno. • Desayunos del mundo. **Pronunciación y ortografía:** /g/.	Lenguaje gestual	30
Unidad 4 La casa	¿Dónde vives? • Describir una casa. • Ordinales: 1.º - 10.º.	Interiores • Muebles y cosas de casa. • *Hay / está*.	En el hotel • Inscribirse en un hotel. • Patios. **Pronunciación y ortografía:** /k/	Viviendas de España	38
Unidad 5 Comer	Comer fuera de casa • Pedir comida en un restaurante. • Platos de cocina española. • Comer fuera.	¿Te gusta el cine? • Vocabulario de tiempo libre. • Verbo *gustar*. • Escribir un anuncio. • Imperativos regulares.	Receta del Caribe • Imperativo afirmativo. • Dar y entender instrucciones. • Productos de América. **Pronunciación y ortografía:** /b/ y /v/.	Cocinas del mundo	46

TEMA	A	B	C	CULTURA	PÁG.
Unidad 6 **El barrio**	¿Cómo se va a Plaza de España? • Comprar un billete de metro. • Instrucciones para ir en metro.	Cierra la ventana, por favor • Imperativo irregular. • Pedir favores, dar órdenes. • ¿*Puede(s)* + infinitivo?	Mi barrio es tranquilo • *Ser* y *estar* **Pronunciación y ortografía:** La *r* / *rr*.	Música latina	54
Unidad 7 **Salir con los amigos**	¿Dónde quedamos? • Recursos para concertar una cita por teléfono. • Verbo *quedar*.	¿Qué estás haciendo? • Hablar de acciones en desarrollo. *Estar* + gerundio + pronombres reflexivos. **Pronunciación y ortografía:** Entonación exclamativa.	¿Cómo es? • Descripción física y de carácter.	Los sábados por la noche	62
Unidad 8 **De vacaciones**	De vacaciones • Preguntar e indicar cómo se va a un lugar. • Vocabulario de la ciudad: farmacia, correos...	¿Qué hizo Rosa ayer? • Pret. indefinido de los verbos regulares. • Pret. indefinido *ir* y *estar*. **Pronunciación y ortografía:** Acentuación.	¿Qué tiempo hace hoy? • Hablar del tiempo. • Los meses y estaciones del año.	Vacaciones en España	70
Unidad 9 **Compras**	¿Cuánto cuestan estos zapatos? • Recursos para comprar. • Demostrativos (adjetivos y pronombres). • Pronombres de objeto directo: *lo, la, los, las*.	Mi novio lleva corbata • Los colores. • Describir la ropa. • Concordancia nombre y adjetivo. **Pronunciación y ortografía:** /g/ y /j/.	Buenos Aires es más grande que Toledo. • Comparar. • Adjetivos descriptivos de ciudades.	Pintura española e hispanoamericana Pablo Picasso, Diego Rivera, Salvador Dalí, Wifredo Lam.	78
Unidad 10 **Salud y enfermedad**	La salud • El cuerpo humano. • Hablar de enfermedades y remedios • Verbo *doler*. • Sugerencias: ¿*por qué no...?*	Antes salíamos mucho con los amigos • Hábitos en el pasado. • Pretérito imperfecto.	Voy a trabajar en un hotel • Hablar de planes e intenciones. • *Voy a* + infinitivo. **Pronunciación y ortografía:** Reglas de acentuación.	Mismo idioma, diferente carácter	86

contenidos

TEMA	A	B	C	CULTURA	PÁG.
Unidad 11 **Biografías**	¿Quieres ser millonario? • Interrogativos.	Biografías • Narrar. **Pronunciación y ortografía:** Acentuación de los interrogativos.	Islas del Caribe • Fechas y números.	La Alhambra de Granada	94
Unidad 12 **Costumbres**	Unas vacaciones inolvidables • Pretérito indefinido.	¿Cómo te ha ido hoy? • Pretérito perfecto. Forma y uso.	No se puede mirar • *Hay que* / (no) *se puede*. **Pronunciación y ortografía:** Palabras agudas, llanas, esdrújulas.	Bodas del mundo	102
Unidad 13 **Predicciones**	Un lugar para vivir • *Me gustaría* + infinitivo.	¿Qué pasará dentro de 20 años? • Futuro imperfecto. Forma y uso. • *Si tengo tiempo, iré a verte*: condicionales.	¿Quién te lo ha regalado? • Pronombres de objeto directo e indirecto. **Pronunciación y ortografía:** Reglas de colocación de la tilde.	Machu Picchu	110
Unidad 14 **Antes y ahora**	No había tantos coches • Pretérito imperfecto (*estudiaba*).	Yo no gano tanto como tú • Comparativos y superlativos.	Moverse por la ciudad • Instrucciones para ir a un sitio. **Pronunciación y ortografía:** Diptongos.	Buenos Aires	118
Unidad 15 **Cocinar**	Segunda mano • Comprar y vender por teléfono.	En la compra • Indefinidos: *algo/nada, alguien/nadie, algún/ningún*. **Pronunciación y ortografía:** Vocales que no forman diptongos.	Cocina fácil • Impersonales con *se*.	Comer fuera	126
Unidad 16 **Consejos**	Este verano, salud • Imperativo afirmativo y negativo.	Mi jefe está de mal humor • Estados de ánimo. *Ser/estar*.	¡Que te mejores! • Presente de subjuntivo con fórmulas de cortesía. **Pronunciación y ortografía:** La *b* y la *v*.	Emigrar a otro país	134

TEMA	A	B	C	CULTURA	PÁG.
Unidad 17 El periódico	Buscando trabajo • Hablar de condiciones de trabajo.	Sucesos • Cuando estaba esperando el autobús, me robaron el bolso. • Pretérito pluscuamperfecto.	Excusas • Estilo indirecto. **Pronunciación y ortografía:** Oposición /p/ y /b/.	Escritores de habla hispana	142
Unidad 18 Tiempo libre	¿Cuánto tiempo llevas esperando? • *Llevar* + gerundio.	¿Qué has hecho el fin de semana? • Pretérito indefinido / pretérito perfecto.	¿Qué te parece este…? • Opinar: *A mí me parece, yo creo / pienso, (no) me interesa. A mí, también / A mí tampoco.* **Pronunciación y ortografía:** Sonido /θ/ (z).	Fiestas del mundo	150

Actividades en pareja — 159

Apéndice gramatical y léxico útil — 171

Verbos regulares e irregulares — 191

Transcripciones — 199

A. ¡Hola! Me llamo Maribel

1. Lee y escucha.

PROFESORA:	¡Hola!, me llamo Maribel y soy la profesora de español. Vamos a presentarnos. A ver, empieza tú, ¿cómo te llamas?
ESTUDIANTE 1:	Me llamo Christian.
PROFESORA:	¿De dónde eres, Christian?
ESTUDIANTE 1:	Soy alemán, de Berlín.
ESTUDIANTE 2:	Yo me llamo Elaine y soy brasileña.

SALUDOS

¡Hola!
Buenos días
Buenas tardes
Buenas noches

2. Practica con tus compañeros.

- ¡Hola!
- ¿Cómo te llamas?
- ¿De dónde eres?

- ¡Hola!
- Me llamo _____
- Soy (de) _____

3. Completa con el nombre de tu país y tu nacionalidad.

1. Alemania — alemán — alemana
2. Brasil — brasileño — brasileña
3. España — español — española
4. Francia — francés — francesa
5. _____ _____ _____

nueve 9

B. ¿Cómo se escribe? ¿Cómo se pronuncia?

4. Escucha y repite.

VOCALES

A	E	I	O	U
a	e	i	o	u

CONSONANTES

Mayúscula	minúscula	nombre	sonido	ejemplos
B	b	(be)	/b/	abuelo, bien
C	c	(ce)	c + a, o, u = /k/	casa, cuatro
			c + e, i = /θ/	cine, cerrado
CH	ch	(che)	/tʃ/	chocolate
D	d	(de)	/d/	día, dos
F	f	(efe)	/f/	fumar
G	g	(ge)	g + a, o, u = /g/	gato, pago, agua
			gu + e, i = /g/	guerrero, guitarra
			g + e, i = /x/	genio, giro
H	h	(hache)	–	hotel, hospital
J	j	(jota)	/x/	jefe, jirafa
K	k	(ka)	/k/	kilogramo
L	l	(ele)	/l/	león, limón
Ll	ll	(elle)	/λ/	llave, camello, lluvia
M	m	(eme)	/m/	Madrid, mira
N	n	(ene)	/n/	nada, no
Ñ	ñ	(eñe)	/n/	niña, año
P	p	(pe)	/p/	pan, pera
Q	q	(cu)	qu + e, i /k/	quince, queso
R	r	(ere, erre)	/r/	pera, Corea,
			/rr/	rosa, ramo, arroz
S	s	(ese)	/s/	casa, sol, paseo
T	t	(te)	/t/	tomate, tú
V	v	(uve)	/b/	vaca, ven, vino
W	w	(uve doble)	/u//b/	William, wolframio
X	x	(equis)	/ks/	examen, éxito
Y	y	(i griega)	/i/	(Juan) y (Luis)
			/y/	yogur, yo
Z	z	(zeta)	z + a, o, u = /θ/	zapato, cazo, azul

10 diez

5. Escucha. 3

ca	casa	ga	gato	za	zapato	ja	jamón
que	queso	gue	guerra	ce	cerrado	je/ge	jefe/genio
qui	quiero	gui	guitarra	ci	cine	ji/gi	jirafa/gitano
co	color	go	agosto	zo	zoo	jo	jota
cu	cuatro	gu	agua	zu	azul	ju	julio

¿Con B o con V?
(En Latinoamérica: b = be larga; v = be corta)
Valencia, **B**ilbao, Isa**b**el, **V**icente.

¿Con G o con J?
Genio, ro**j**o, **j**irafa, **g**itana.

¿Con H o sin H?
Hotel, agua, **h**uevo, **h**elado.

Sílaba tónica

Si la palabra lleva tilde, ésta indica la sílaba tónica.

ca**fé**   **mé**dico   **ár**bol

Si no hay tilde, se pronuncia más fuerte la última cuando la palabra acaba en consonante (excepto **n** y **s**).

Ma**drid**   espa**ñol**   ha**blar**

Se pronuncia más fuerte la penúltima si la palabra termina en vocal, en **n** o **s**.

jefe   ven**ta**na   e**xa**men   **cri**sis

6. Escucha y señala la palabra que deletrean. 4

1. ROMERO ✓   RODERO ☐
2. DÍEZ ☐   DÍAZ ☐
3. GONZÁLEZ ☐   GONZALVO ☐
4. RIBERA ☐   RIVERA ☐
5. JIMÉNEZ ☐   GIMÉNEZ ☐
6. PADÍN ☐   BADÍN ☐

8. Subraya la sílaba tónica de las palabras del recuadro.

> alemán – alemana – japonés – profesor
> estudiante – profesora – brasileño
> hospital – estudiar – libro
> lección – compañero – madre

7. Piensa y escribe en tu cuaderno el nombre de un río, de una ciudad, de un cantante extranjero, de una montaña y de un océano. Deletrea esos nombres a tu compañero/a. Tu compañero/a los escribe.

A. E-uve-e-ere-e-ese-te
B. EVEREST.

9. Escucha, comprueba y repite. 5

Para la clase

¿Puede repetir, por favor?
¿Cómo se dice "orange" en español?
¿Cómo se escribe?
Perdone, no entiendo.
¿Qué significa "arroz"?

C. Mapas de España y América

Mapa de España con comunidades autónomas y capitales:

- ASTURIAS — Oviedo
- CANTABRIA — Santander
- PAÍS VASCO — Bilbao, S. Sebastián, Vitoria
- GALICIA — A Coruña, Santiago de Compostela, Lugo, Pontevedra, Ourense
- NAVARRA — Pamplona
- LA RIOJA — Logroño
- CATALUÑA — Girona, Lleida, Barcelona, Tarragona
- CASTILLA Y LEÓN — León, Burgos, Palencia, Zamora, Valladolid, Soria, Segovia, Salamanca, Ávila
- ARAGÓN — Huesca, Zaragoza, Teruel
- MADRID — Madrid
- CASTILLA - LA MANCHA — Guadalajara, Toledo, Cuenca, Ciudad Real, Albacete
- VALENCIA — Castellón, Valencia, Alicante
- EXTREMADURA — Cáceres, Mérida, Badajoz
- MURCIA — Murcia
- ANDALUCÍA — Huelva, Sevilla, Córdoba, Jaén, Granada, Cádiz, Málaga, Almería
- ISLAS BALEARES — Palma de Mallorca
- ISLAS CANARIAS — Santa Cruz de Tenerife, Las Palmas
- Ceuta, Melilla

Países vecinos: PORTUGAL, FRANCIA, ANDORRA, ARGELIA, MARRUECOS

- ⊙ CAPITAL DEL PAÍS
- ● Capital autonómica
- ○ Capital de provincia

El español o castellano es la lengua oficial de España y de 19 países latinoamericanos. Es la tercera lengua más hablada después del chino y del inglés; la hablan más de 300 millones de personas.

El español viene del latín, igual que el francés, el italiano, el portugués y el rumano. En España, también son lenguas oficiales el catalán, el gallego y el euskera.

GENTILICIOS ESPAÑOLES

- andaluz / andaluza
- aragonés / aragonesa
- asturiano / asturiana
- balear / balear
- canario / canaria
- cántabro / cántabra
- catalán / catalana
- castellanoleonés / castellanoleonesa
- castellanomanchego / castellanomanchega
- extremeño / extremeña
- gallego / gallega
- madrileño / madrileña
- murciano / murciana
- valenciano / valenciana
- vasco / vasca

12 doce

Canadá

OTTAWA

Estados Unidos

WASHINGTON

Océano Atlántico

Mar Caribe NASSAU Bahamas
LA HABANA República Dominicana
México Cuba SANTO DOMINGO
CIUDAD DE MÉXICO KINGSTON Haití SAN JUAN
Jamaica PUERTO Puerto Barbados
PRÍNCIPE Rico
Granada
CARACAS Trinidad y Tobago
Venezuela GEORGETOWN
SANTA FE PARAMARIBO
DE BOGOTÁ Guyana CAYENA
Colombia Surinam Guayana Francesa
Ecuador
QUITO

Perú Brasil
LIMA BRASILIA
Bolivia
LA PAZ
Paraguay
ASUNCIÓN
Argentina
Chile Uruguay
SANTIAGO MONTEVIDEO
DE CHILE BUENOS AIRES

México
Belize
BELMOPÁN *Mar Caribe*
Guatemala Honduras
GUATEMALA TEGUCIGALPA
SAN SALVADOR
El Salvador Nicaragua
MANAGUA
Costa Rica
SAN JOSÉ PANAMÁ
Océano Pacífico Panamá
Colombia

GENTILICIOS HISPANOAMERICANOS

argentino / argentina
boliviano / boliviana
colombiano / colombiana
costarricense / costarricense
cubano / cubana
chileno / chilena
dominicano / dominicana
ecuatoriano / ecuatoriana
guatemalteco / guatemalteca
hondureño / hondureña

mexicano / mexicana
nicaragüense / nicaragüense
panameño / panameña
paraguayo / paraguaya
peruano / peruana
puertorriqueño / puertorriqueña
salvadoreño / salvadoreña
uruguayo / uruguaya
venezolano / venezolana

trece 13

Presentar y saludar.

1

A. ¡Encantado!

1. Mira las fotos y señala dónde están.

a) En una cafetería _____
b) En clase _____
c) En una oficina _____

2. Lee y escucha.

A. RENATE: ¡Hola, Anil! ¿qué tal?
ANIL: Bien, ¿y tú?
RENATE: Muy bien. Mira, esta es Safiya, una nueva compañera, es nigeriana.
ANIL: ¡Hola! ¡Encantado! ¿Eres de Lagos?
SAFIYA: Sí, pero ahora vivo en Madrid.

B. DÍAZ: ¡Buenos días!, señor Álvarez, ¿qué tal está?
ÁLVAREZ: Muy bien, gracias. Mire, le presento a Marta Rodríguez, la nueva directora.
DÍAZ: Encantado de conocerla, yo me llamo Gerardo Díaz, y soy el responsable de administración.
MARTA: Mucho gusto, Gerardo.

3. Completa.

LUIS: ¡Hola, Eva! ¿_____?
EVA: Bien, ¿_____?
LUIS: Muy bien. _____ este es Roberto, un compañero nuevo.
EVA: _____. ¿De dónde_____?
ROBERTO: Soy cubano.

4. Escucha y comprueba.

COMUNICACIÓN

Informal

– ¡Hola!, ¿qué tal?
– Bien, ¿y tú?
– ¿Cómo te llamas?
– Esta es Celia. Este es Roberto.

Formal

– ¡Buenos días!, señor Jiménez, ¿cómo está usted?
– Muy bien, gracias.
– Le presento al señor Rodríguez.
– ¡Encantado/a! Mucho gusto.

HABLAR

5. Pregunta el nombre a dos compañeros formalmente.

A. *¿Cómo se llama usted?*
B. *Philip Schmidt.*
A. *¿Y usted?*
C. *Richard Burton.*

6. Presenta unos a otros.

A. *Sr. Schmidt, este es el Sr. Burton.*
B. *Mucho gusto.*
C. *Encantado.*

GRAMÁTICA

Género de los adjetivos de nacionalidad	
Masculino	**Femenino**
italian**o**	italian**a**
español	español**a**
estadounidens**e**	estadounidens**e**
marroqu**í**	marroqu**í**

7. Completa.

1. chileno — *chilena*
2. _____ — española
3. inglés — _____
4. iraní — _____
5. _____ — sudafricana
6. estadounidense — _____
7. brasileño — _____

8. Mira las fotos y completa con la información de los recuadros.

Julio Iglesias – Shirin Ebadi – Juan Carlos
Pelé – Joanne K. Rowling – Nicole Kidman

escritora – jurista – actriz
cantante – futbolista – rey

español – iraní – brasileño
escocesa – australiana – español

1
Se llama Julio Iglesias.
Es cantante.
Es español.

2
Se llama _____
_____
_____

3
_____
_____
_____

4
_____
_____
_____

5
_____
_____
_____

6
_____
_____
_____

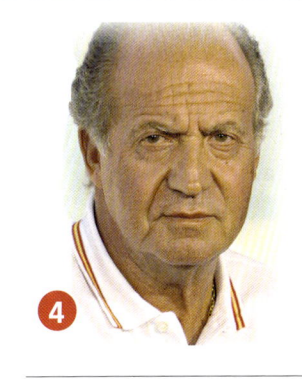

9. Comprueba con tu compañero.

quince 15

Profesiones.

B. ¿A qué te dedicas?

VOCABULARIO

1. Escribe la letra correspondiente.

1. peluquera — a
2. profesor
3. médica
4. camarero
5. ama de casa
6. taxista
7. cartera
8. actriz

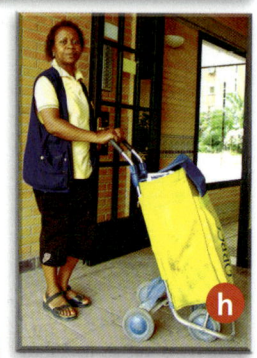

2. Escucha y repite.

3. Escoge una profesión. Pregunta a tres compañeros.

A. ¿A qué te dedicas?
B. Soy médico, ¿y tú?
A. Yo soy abogada.

GRAMÁTICA

Género de los nombres de profesión	
Masculino	**Femenino**
camarer**o**	camarer**a**
profeso**r**	profeso**ra**
estudiant**e**	estudiant**e**
president**e**	president**a**
economist**a**	economist**a**

4. Escribe el femenino.

1. El vendedor — la *vendedora*
2. El secretario — la _____
3. El conductor — la _____
4. El cocinero — la _____
5. El futbolista — la _____

LEER

5. Escucha y lee.

Me llamo Manolo García. Soy médico. Soy sevillano, pero vivo en Barcelona. Trabajo en un hospital. Mi mujer se llama Amelia, es profesora y trabaja en un instituto. Ella es catalana. Tenemos dos hijos, Sergio y Elena; los dos son estudiantes. Sergio estudia en la universidad, y Elena, en el instituto.

16 dieciséis

6. Responde.

1. ¿A qué se dedica Manolo? *Es médico.*
2. ¿De dónde es Manolo?
3. ¿Dónde viven?
4. ¿Dónde trabaja Amelia?
5. ¿De dónde es Amelia?
6. ¿Cuántos hijos tienen?
7. ¿Qué hacen los hijos?

GRAMÁTICA

Presente de verbos regulares

	Trabajar	Comer	Vivir
yo	trabaj**o**	com**o**	viv**o**
tú	trabaj**as**	com**es**	viv**es**
él/ella/usted	trabaj**a**	com**e**	viv**e**
nosotros/as	trabaj**amos**	com**emos**	viv**imos**
vosotros/as	trabaj**áis**	com**éis**	viv**ís**
ellos/ellas/ustedes	trabaj**an**	com**en**	viv**en**

Presente de verbos irregulares

	Ser	Tener
yo	soy	tengo
tú	eres	tienes
él/ella/usted	es	tiene
nosotros/as	somos	tenemos
vosotros/as	sois	tenéis
ellos/ellas/ustedes	son	tienen

7. Completa el texto siguiente con los verbos.

Me llamo Elaine Araujo y *soy* (1) arquitecta. (2) **soy** brasileña, pero ahora (3)_____ en Madrid porque quiero bailar flamenco. (4)_____ en una escuela de danza y (5)_____ en un restaurante. Estoy soltera, pero tengo un novio español. Él (6)_____ en una compañía de seguros.

8. Escribe un párrafo sobre ti. Luego, léeselo a tus compañeros.

Me llamo _____ , soy _____.

9. Completa las frases con la forma adecuada del verbo.

1. ¿Dónde (vivir) *viven* ustedes?
2. ¿Qué (estudiar) _____ Alicia?
3. Estos chicos no (estudiar) _____ nada.
4. ¿A qué hora (comer) _____ los españoles?
5. ¿Cuántos idiomas (hablar, usted) _____?
6. ¿Cómo (llamarse) _____ esa actriz?

10. Completa las frases con los verbos *tener* o *ser* en la forma adecuada.

1. Luisa no es madrileña, *es* valenciana.
2. Antonio Banderas **es** un actor español.
3. Yo _____ tres hijos.
4. Ellos _____ más ricos que nosotros, _____ más dinero.
5. Manolo _____ médico y _____ dos hijos.

PRONUNCIACIÓN

Entonación interrogativa

1. Escucha y repite. **10**

1. ¿De dónde eres?
2. ¿De dónde son ustedes?
3. ¿Cómo te llamas?
4. ¿Quién es este?
5. ¿Dónde vives?
6. ¿Dónde trabaja usted?
7. ¿Dónde viven ustedes?
8. ¿Cómo se llama el marido de Ana?

Preguntar y decir números de teléfono.

c. ¿Cuál es tu número de teléfono?

1. Escribe los números.

> seis – uno – ocho – tres – nueve

0. cero
1. _____
2. dos
3. _____
4. cuatro
5. cinco
6. _____
7. siete
8. _____
9. _____
10. diez

2. Escucha y comprueba. 11

HABLAR

3. Practica con tu compañero.

2+3 = *cinco*
3+5 = _____
4+4 = _____
8-6 = _____
9-4 = _____
1-0 = _____

A. *¿Dos más tres?*
B. *cinco.*

A. *¿Ocho menos seis?*
B. *dos.*

4. Escucha y escribe los números de teléfono. 12

1. María: 936 547 832
2. Jorge: _____
3. Marina: _____ , _____
4. Aeropuerto de Barajas: _____
5. Cruz Roja: _____
6. Radio-taxi: _____

5. Pregunta el número de teléfono a varios compañeros. Toma nota.

A. *Hans, ¿cuál es tu número de teléfono?*
B. *Es el 95 835 62 10.*
A. *Gracias.*

6. Escucha y aprende. 13

11. once	16. dieciséis
12. doce	17. diecisiete
13. trece	18. dieciocho
14. catorce	19. diecinueve
15. quince	20. veinte

7. Juega al bingo. 14

a. Escoge una de las dos cartas.
b. Escucha y señala lo que oyes. ¡Suerte!

B	I	N	G	O
1	4	8	7	3
11	5	6	14	18
19	2	13	16	15

B	I	N	G	O
20	4	8	17	14
9	10	7	5	11
7	13	15	16	3

GRAMÁTICA

Interrogativos

¿A **qué** te dedicas?
¿**Cómo** te llamas?
¿De **dónde** eres?

LEER

8. Lee, escucha y completa. 15

En el gimnasio

FELIPE: ¡Buenas tardes!
ROSA: ¡Hola!, _____.
FELIPE: Quiero apuntarme al gimnasio.
ROSA: Tienes que darme tus datos. A ver, ¿_____?
FELIPE: Felipe Martínez.
ROSA: ¿Y de segundo apellido?
FELIPE: Franco.
ROSA: ¿Dónde _____?
FELIPE: En la calle Goya, número ochenta y siete, tercero izquierda.
ROSA: ¿Teléfono?
FELIPE: _____.
ROSA: ¿Profesión?
FELIPE: _____.
ROSA: Bueno, ya está; el precio es…

9. Completa la tarjeta con los datos de Felipe.

10. Completa las frases con *qué, dónde, cómo*.

1. A. ¿De *dónde* es Gloria Estefan?
   B. De Cuba.
2. A. ¿_____ trabajas?
   B. En un banco.
3. A. ¿_____ se llama tu compañero?
   B. Mariano.
4. A. ¿_____ vive Julio?
   B. En Miami.
5. A. ¿A _____ se dedica tu mujer?
   B. Es cantante.
6. A. ¿De _____ son ustedes?
   B. Somos alemanes, de Bonn.

11. Prepara 5 preguntas para un compañero/a y luego pregúntale. Anota las respuestas.

¿Dónde vives?
¿Cómo se llama tu padre?
¿De dónde eres?…

ESTUDIO PRAGA
Gimnasio Club
Antonio López, 92 - 28019 MADRID
Tel.: (91) 560 94 08

DATOS PERSONALES

NOMBRE Y APELLIDOS _____
DOMICILIO ACTUAL _____
N.º _____ PISO _____ PUERTA _____
TELÉFONO _____ PROFESIÓN _____

1 C

diecinueve 19

Autoevaluación

1. Lee y completa las preguntas.

> **1.** Me llamo Peter Tuck. Soy profesor de inglés. Vivo en Madrid y trabajo en un colegio. Soy soltero.
>
> **2.** Yo me llamo Maria Rodrigues; soy brasileña, de Río de Janeiro. Mi marido se llama Bruno y también es brasileño. Somos profesores.
>
> **3.** Yo me llamo Yoshie Kikkawa y soy japonesa, de Tokio. Estoy casada. Mi marido se llama Mitsuo y tenemos dos hijos, Kimiko y Ken. Los dos estudian en el colegio.

1. A. ¿*Dónde* vive Peter?
   B. En Madrid.
2. A. ¿_____ Peter?
   B. En un colegio.
3. A. ¿_____ Maria?
   B. Es brasileña.
4. A. ¿_____ el marido de Maria?
   B. Bruno.
5. A. ¿_____ Yoshie?
   B. De Tokio.
6. A. ¿Qué _____ los hijos de Yoshie?
   B. Estudian en el colegio.

2. Completa los diálogos.

1. A. Hola, me *llamo* Manuel, y _____ español. ¿Cómo _____ tú?
   B. _____
2. A. Buenos días, señor Jiménez, ¿cómo _____ usted?
   B. Bien, gracias, ¿y _____?
3. A. Mire, señora Rodríguez, le _____ al señor Márquez.
   B. _____
   C. Mucho gusto.
4. A. Hola, Laura. ¿Qué _____?
   B. Hola, Manu, muy _____. Mira, _____ es Marina, una nueva _____.
   A. Hola, ¿qué _____?
   C. _____, ¿y tú?
   A. Muy bien.

3. Escucha los apellidos y escribe el número de orden. 16

Díaz ( ), Martínez ( ), Vargas ( ),
Díez ( ), Marín ( ), Martín ( ),
Serrano ( ), López ( ), Moreno ( ),
Romero ( ), Jiménez ( ), García ( ),
Pérez ( ).

4. Lee y señala si hablan de "tú" o de "usted".

	tú	usted
1. ¿Cómo te llamas?	✓	☐
2. ¿Dónde vive usted?	☐	☐
3. ¿De dónde es?	☐	☐
4. ¿Dónde trabaja?	☐	☐
5. ¿De dónde eres?	☐	☐
6. ¿Cuál es tu número de teléfono?	☐	☐
7. ¿A qué te dedicas?	☐	☐

Soy capaz de…

☐ ☐ ☐ *Presentar a alguien y saludar.*
☐ ☐ ☐ *Decir algunas profesiones.*
☐ ☐ ☐ *Preguntar y decir números de teléfono.*

De acá y de allá

SALUDOS

SALUDOS

En español podemos hablar en estilo formal o informal. En **estilo formal** usamos **usted (Vd.)** y **ustedes (Vdes.)** para hablar con personas desconocidas, de mayor edad o superiores en rango: un jefe, un profesor, un médico. También en estilo formal utilizamos las fórmulas **señor (Sr.)** y **señora (Sra.)** con el apellido: Sr. Pérez.

En **estilo informal** usamos el nombre, y es muy habitual decir **¡hola!** para saludar y **¡hasta luego!** para despedirse.
En estilo formal e informal es normal saludar también con **¡buenos días!**, por la mañana; **¡buenas tardes!**, por la tarde, y **¡buenas noches!**, por la noche.

1. Señala lo adecuado.

1. Hablo con un camarero   tú / *usted*
2. Hablo con mi profesor   tú / usted
3. Hablo con mi tío   tú / usted
4. Hablo con la vendedora   tú / usted
5. Hablo con un desconocido   tú / usted

2. Relaciona cada diálogo con su foto.

1. A. ¡Hola!, ¿qué tal?
   B. ¡Hola!

2. A. ¡Hola!, me llamo Javier.
   B. ¡Hola!, yo soy Marisa.

3. A. ¡Adiós!
   B. ¡Adiós!, hasta luego.

4. A. Buenas tardes, ¿cómo está usted?
   B. Bien, ¿y usted?

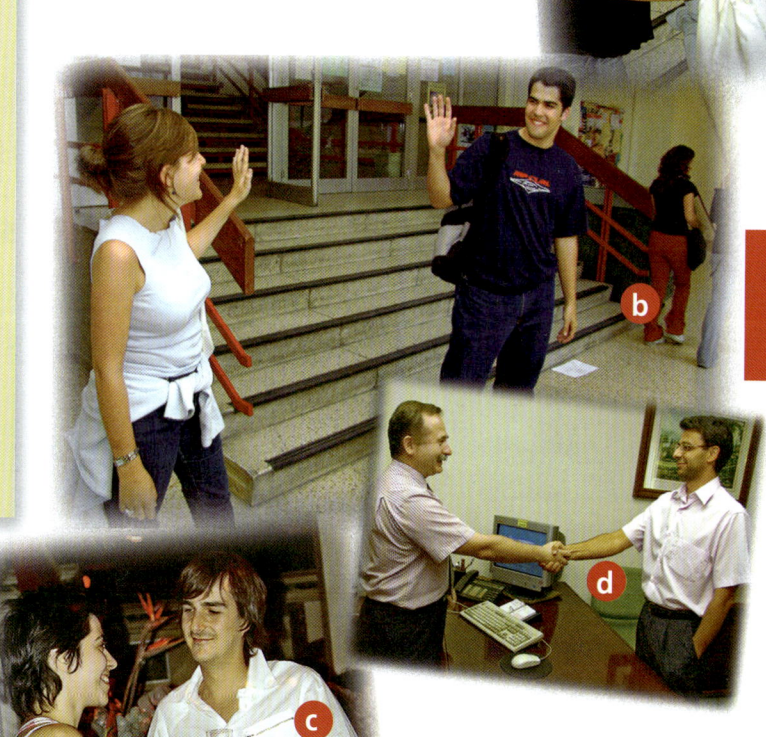

3. Escucha los diálogos y practica con tu compañero. **17**

veintiuno 21

2 *Familias.*

A. ¿Estás casado?

1. Relaciona.

1. ¿Estás casado/a?
2. ¿Tienes hijos?
3. ¿Tienes hermanos?

a) No, no tengo.
b) Sí, un hermano y una hermana.
c) No, estoy soltero/a.

2. Jorge y Luis hablan de sus familias. Lee y escucha. 18

Esta es mi familia. Mi mujer se llama Rosa y tenemos dos hijos, Isabel de 10 años y David de 12.

Yo vivo con mis padres, mi hermana y mi abuela. Mi padre se llama Manuel y tiene 58 años. Mi madre se llama Rocío y tiene 56 años. Mi hermana Laura es más pequeña que yo, tiene 14 años, y mi abuela, que se llama Carmen, tiene 75 años.

3. Escribe el nombre de cada uno en las fotos.

4. Completa las frases siguientes con las palabras del recuadro.

> ~~mujer~~ – hermana – padre – hijo
> abuela – madre – marido.

1. Rosa es la *mujer* de Jorge.
2. David es _____ de Jorge y Rosa.
3. Rosa es la _____ de Isabel.
4. Laura es _____ de Luis.
5. Manuel es el _____ de Luis.
6. Carmen es _____ de Laura.
7. Manuel es el _____ de Rocío.

HABLAR

5. Haz estas preguntas a varios compañeros y luego completa la ficha.

– ¿Estás casado/a o soltero/a?
– ¿Tienes hijos?
– ¿Tienes novio/a?
– ¿Cómo se llama tu padre/madre?
– ¿Cuántos hermanos tienes?
– ¿Tu hermano/a está casado/a?
– ¿Tienes abuelos?

	NOMBRE
– Está soltero/a	_____
– Está casado/a	_____
– Tiene hijos	_____
– Tiene novio/a	_____
– No tiene hermanos	_____
– Tiene abuelos	_____

22   veintidós

ESCRIBIR

6. Escribe algunas frases sobre tu familia y léeselas a tu compañero.

Mi padre se llama _____ y tiene _____ años.
Mi hermana está casada y tiene _____ hijos.

GRAMÁTICA

Plural de los nombres	
un mapa	dos mapa**s**
un autobús	dos autobus**es**

7. Mira la imagen y señala si las frases son verdaderas (V) o falsas (F).

En esta clase hay:
a) una televisión ☐
b) dos mapas ☐
c) cinco sillas ☐
d) cinco libros ☐
e) dos diccionarios ☐
f) un teléfono ☐
g) tres mesas ☐
h) dos bolígrafos ☐

8. Escribe en plural.

1. Un coche — *Dos coches*
2. Un profesor — _____
3. Una ventana — _____
4. Una compañera — _____
5. Un lápiz — _____
6. Un cuaderno — _____
7. Un chico — _____
8. Un hotel — _____

9. Completa.

Singular	Plural
hermano / hermana	hermanos / hermanas
padre / _____	_____ / madres
_____ / hija	hijos / _____
abuelo / _____	abuelos / _____

2A

Lugar de los objetos.

B. ¿Dónde están mis gafas?

VOCABULARIO

1. Escribe la letra correspondiente.

1. reloj — **b**
2. paraguas
3. zapatillas
4. ordenador
5. cuadro
6. sofá
7. silla
8. mesita
9. gafas
10. teléfono

GRAMÁTICA

Preposiciones de lugar

debajo	encima	entre
delante	detrás	
al lado	en	

*La planta está **debajo** de la ventana.*
*Los libros están **en** la cartera.*

A + el = **al**
De + el = **del**

*El sofá está **al lado del** sillón.*

DEBAJO   ENCIMA
DELANTE   DETRÁS
AL LADO   ENTRE

2. Mira la habitación y completa las frases.

1. El reloj está *encima* de la mesita.
2. Las zapatillas están _____ de la mesita.
3. El teléfono está _____ del ordenador.
4. El sillón está _____ de la librería.
5. Las gafas están _____ el teléfono y el ordenador.
6. El gato está _____ de David.

24   veinticuatro

ESCRIBIR

3. Mira tu clase o tu habitación. Escribe 5 frases.

El diccionario está al lado del cuaderno.
La silla está delante de la mesa.

GRAMÁTICA

Adjetivos posesivos		
Sujeto	Singular	Plural
yo	**mi** — hijo / hija	**mis** — hijos / hijas
tú	**tu** — tío / tía	**tus** — tíos / tías
él/ella/Vd.	**su** — hermano / hermana	**sus** — hermanos / hermanas

4. Completa las frases con el posesivo correspondiente.

1. ¿Cuál es *tu* número de teléfono? (tú)
2. _____ gata se llama Bonita. (ella)
3. ¿Esta es _____ chaqueta? (tú)
4. ¿Dónde está _____ diccionario? (él)
5. ¿Tienes _____ gafas? (yo)
6. _____ casa está cerca de aquí. (yo)
7. _____ primos viven en Barcelona. (ella)
8. ¿Dónde viven _____ padres? (Vd.)
9. ¿Dónde vive _____ hermano? (tú)
10. ¿Dónde trabaja _____ madre? (él)

5. Completa la conversación con los adjetivos posesivos.

A. ¿Estos son (1) *tus* padres?
B. Sí, (2)_____ madre se llama Julia y (3)_____ padre, Miguel.
A. ¿Y éstos?
B. Son (4)_____ tíos, Carlos y Águeda.
A. ¿Esta es (5)_____ hija?
B. Sí, esa es (6)_____ prima Carolina.
A. Pues es muy guapa (7)_____ prima.

Demostrativos
Este es Pedro.
Esta es Elena.
Estos son Pablo y Amanda.
Estas son Lucía y Graciela.

6. Completa.

Mira, (1) *estos* son mis amigos.
(2)_____ es Celia, y (3)_____ es Gonzalo, su novio. (4)_____ de la derecha es Laura.
(5)_____ de aquí son las hermanas de Gonzalo, Marisa y Pilar.

7. Trae algunas fotos y presenta tus amigos y familia a tus compañeros.

veinticinco 25

*Decir la hora
y los números hasta 5.000.*

C. ¿Qué hora es?

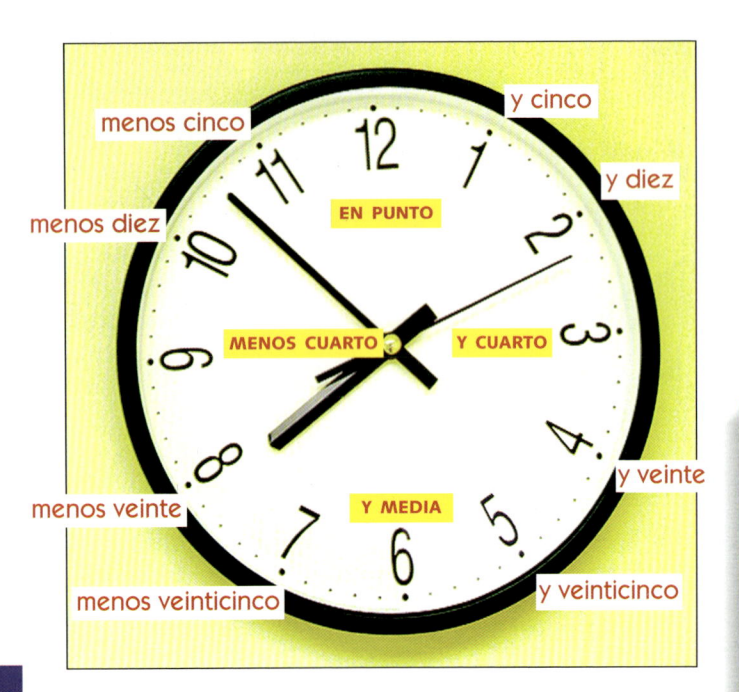

menos cinco · y cinco · y diez · EN PUNTO · menos diez · MENOS CUARTO · Y CUARTO · y veinte · menos veinte · Y MEDIA · menos veinticinco · y veinticinco

1. Mira los relojes. ¿Qué hora es?

las tres y media   las dos menos cuarto   las diez y cuarto

la una

2. Escucha y repite. 19

3. Dibuja tres horas diferentes en tu cuaderno. En parejas, pregunta y di las horas.

A. *Perdone, ¿qué hora es?*
B. *Son las siete y veinte.*

LEER Y HABLAR

4. Lee el texto y señala con *V* lo que es igual en tu país y con *X* lo que es diferente.

HORARIOS

1. En Noruega la gente come a las cinco de la tarde.
2. En Senegal cenan a las 8 o las 8.30.
3. En México los bancos no abren por la tarde.
4. En los países árabes no trabajan los viernes.
5. Los españoles cenan a las 10 de la noche.
6. En Estados Unidos muchas tiendas abren por la noche.
7. En China la escuela empieza a las 7.15.
8. En Brasil los bancos abren a las 10.

5. Habla con tu compañero/a y compara las afirmaciones anteriores con lo que ocurre en tu país.

En Noruega comen a las cinco de la tarde y en mi país también.

En Noruega comen a las cinco de la tarde, pero en mi país comemos a la una.

26 veintiséis

VOCABULARIO

6. Relaciona.

1. Sesenta segundos   a) una hora
2. Veinticuatro horas   b) una semana
3. Siete días   c) un minuto
4. Doce meses   d) un día
5. Sesenta minutos   e) un año

NÚMEROS

7. Escucha y completa. 20

21	veintiuno	80	ochenta
22	veintidós	90	_____
23	veintitrés	100	cien
24	_____	103	ciento tres
30	treinta	200	doscientos/as
31	treinta y uno	300	_____
40	_____	400	_____
50	cincuenta	500	quinientos/as
60	sesenta	1.000	mil
70	_____	5.000	cinco mil

8. Escucha y señala el número que oyes. 21

a. _2_ / 12   f. 135 / 125
b. 25 / 35   g. 830 / 850
c. 90 / 50   h. 1.589 / 1.389
d. 37 / 67   i. 1.988 / 1.998
e. 226 / 323   j. 1.975 / 1.985

9. Escucha y escribe el número. 22

1. Edad de la niña: *12 años.*
2. Precio de las naranjas: _____.
3. Precio del paquete de café: _____.
4. Año de nacimiento: _____.
5. Distancia entre Madrid y Barcelona: _____ km.
6. Precio del café y la cerveza: _____.

PRONUNCIACIÓN Y ORTOGRAFÍA

1. Escucha. 23

> te**lé**fono – **lá**piz – ven**ta**na – ho**tel**
> profe**sor** – her**ma**no – fa**mi**lia – **mú**sica

2. Escucha otra vez y repite. Observa las sílabas fuertes. 23

3. Escucha estas palabras y subraya la sílaba fuerte. 24

> profe**so**ra – español – café – gramática
> mesa – vivir – hablar – médico
> autobús – Pilar – alemán – brasileña
> familia – libro – examen

4. Escribe las palabras del ejercicio anterior en la columna correspondiente.

música	ven**ta**na	ho**tel**

2 C

veintisiete 27

Autoevaluación

1. Relaciona.

1. ¿Dónde está mi bolígrafo? **c**
2. ¿Estás casado? ☐
3. ¿Tienes hijos? ☐
4. ¿Cuántos hermanos tienes? ☐
5. ¿Qué hora es? ☐
6. ¿A qué hora comen en tu país? ☐

a) No, estoy soltero.
b) Tres.
c) Encima de la mesa.
d) Sí, una niña de tres años.
e) A la una.
f) Las dos menos cuarto.

2. Escribe los números.

a) 27 — *veintisiete*
b) 52 — _____
c) 116 — _____
d) 238 — _____
e) 456 — _____
f) 510 — _____
g) 1.987 — _____
h) 2.003 — _____
i) 2.999 — _____

3. Escribe en plural.

1. Este hotel es muy caro.
   Estos hoteles son muy caros.
2. Mi hermana está casada.
   _____.
3. Mi hermano tiene un hijo.
   _____ dos _____.
4. Mi compañero es japonés.
   _____.
5. Esta profesora es simpática.
   _____.
6. Este libro es interesante.
   _____.
7. Este profesor no es español.
   _____.

4. Completa con los verbos *estar* o *tener*.

1. Las zapatillas *están* debajo de la silla.
2. Marieli _____ dos hijos.
3. Mi hermano _____ casado.
4. Yo no _____ abuelos.
5. ¿_____ hermanos?
6. ¿Dónde _____ la carpeta roja?
7. Mi marido no _____ en casa.

5. Escucha y escribe las horas de salida y llegada de los trenes de la estación. **25**

SALIDAS

TREN	ANDÉN	DESTINO	HORA
Altaria	3	Zaragoza	____
Talgo	6	Málaga	____
AVE	2	Sevilla	____

LLEGADAS

TREN	ANDÉN	PROCEDENCIA	HORA
AVE	11	Sevilla	____
Alaris	8	Valencia	____
Talgo	4	Vigo	____

Soy capaz de…

☐ ☐ ☐ *Hablar de la familia.*
☐ ☐ ☐ *Decir dónde están las cosas.*
☐ ☐ ☐ *Decir la hora y los números hasta 5.000.*

28 veintiocho

De acá y de allá

LA FAMILIA

1. Lee y señala verdadero (V) o falso (F).

LA FAMILIA HISPANA

Cuando una persona de España o Hispanoamérica habla de su familia, no habla solamente de sus padres y de sus hermanos, habla también de sus abuelos, de sus tíos, de sus primos y de otros parientes.

Además, las reuniones familiares son frecuentes. Todos se juntan para celebrar las fiestas más importantes, como los cumpleaños, la Navidad, el día del padre y de la madre. Ese día comen todos en una casa o en un restaurante.

Por otro lado, en algunos países de Hispanoamérica es normal celebrar el día que las chicas cumplen quince años. Les hacen muchos regalos y toda la familia y amigos van a comer a un restaurante.

DOS APELLIDOS

En la mayoría de los países hispanoamericanos, todas las personas tienen dos apellidos. El primero es el apellido del padre y el segundo es el de la madre. Estos dos apellidos aparecen en todos los documentos y no cambian al casarse, son para toda la vida.

Me llamo Santiago. Mi padre se llama Enrique Lozano Linares y mi madre Luisa Pardo Pérez.

a) La familia hispana está compuesta de padres e hijos. **F**

b) Las familias españolas e hispanoamericanas se reúnen muchas veces. ☐

c) En el día del padre y de la madre comen todos en casa o en un restaurante. ☐

d) Las chicas hispanoamericanas se casan a los quince años. ☐

2. Según lo leído, ¿cuáles son los apellidos de Santiago?

Santiago _____ _____

3. Comenta con tus compañeros.

¿Cuántos apellidos tienes?
¿Cambia tu apellido al casarte?
¿Te parece bien la costumbre de los españoles e hispanoamericanos?

veintinueve 29

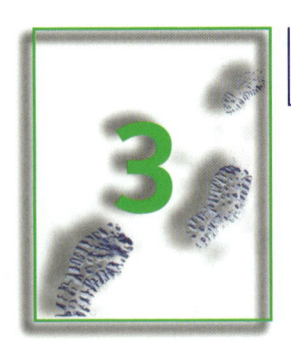

Hablar de hábitos.
Verbos reflexivos.

A. Rosa se levanta a las siete

GRAMÁTICA

Verbos reflexivos

	Levantarse	Acostarse
yo	me levanto	me acuesto
tú	te levantas	te acuestas
él/ella/Vd.	se levanta	se acuesta
nosotros/as	nos levantamos	nos acostamos
vosotros/as	os levantáis	os acostáis
ellos/ellas/Vds.	se levantan	se acuestan

1. Responde.

a) ¿A qué hora te levantas?
b) ¿Cuántas horas duermes?

2. Relaciona las frases con los dibujos.

1. Rosa se levanta a las siete. — e
2. José se ducha.
3. Mercedes se baña.
4. Carlos y Ana se casan.
5. Mis vecinos se acuestan temprano.
6. Roberto se afeita todos los días.

3. Completa con los verbos del recuadro.

> levantarse – acostarse – ducharse

A. Y tú, Juan, ¿a qué hora *te levantas*?
B. Bueno, yo ___ _____ pronto, a las 7, más o menos, ___ _____ rápidamente, tomo un café y salgo de casa.
A. Y tu mujer, ¿a qué hora ___ _____?
B. Pues, a las 7.30.
A. ¿Y tus hijos?
B. Bueno, ellos ___ _____ a las ocho, ___ _____, desayunan y se van al colegio, porque entran a las 9.
A. ¿Y los días de fiesta también ___ _____ todos temprano?
B. ¡Ah, no!, ni hablar, los domingos ___ ___ _____ a las 10, porque, claro, el sábado___ _____ más tarde.

4. Escucha y comprueba. 26

30 treinta

LEER

5. Lee el artículo y contesta las preguntas.

ESCUELA PROVINCIAL DE BALLET ALEJO CARPENTIER (LA HABANA, CUBA)

En esta escuela estudian los alumnos desde los 9 hasta los 14 años. El ritmo de trabajo es muy duro, tienen clase por la mañana y por la tarde. Por la mañana, las clases empiezan a las 7.15 todos los días, y algunos alumnos se levantan a las 5 de la mañana. Las clases de baile terminan a las 12, y a esa hora los alumnos van a otra escuela que está cerca. Allí estudian las mismas asignaturas (lengua, matemáticas, geografía, etc.) que los demás niños de su edad. Terminan las clases a las 6 de la tarde y a veces vuelven otra vez a la escuela de ballet, hasta las 8.

1. ¿Cuántas horas de ballet tienen cada día?
2. ¿Estudian en la misma escuela otras asignaturas?

6. Lee el texto otra vez y completa las frases con las preposiciones del recuadro.

> a – de – desde – hasta – por

1. En esta escuela estudian los niños _____ los 9 _____ los 14 años.
2. Algunos alumnos se levantan muy pronto, _____ las 5 _____ la mañana.
3. _____ la mañana, los niños están en la escuela de ballet _____ las 7.15 _____ las 12.
4. En la escuela de ballet los alumnos tienen clase _____ la mañana y _____ la tarde.

GRAMÁTICA

Verbos irregulares en presente

	Empezar	Volver	Ir
yo	emp**ie**zo	v**ue**lvo	voy
tú	emp**ie**zas	v**ue**lves	vas
él/ella/Vd.	emp**ie**za	v**ue**lve	va
nosotros/as	empezamos	volvemos	vamos
vosotros/as	empezáis	volvéis	vais
ellos/ellas/Vds.	emp**ie**zan	v**ue**lven	van

7. Forma frases.

1. Carmen / empezar a trabajar / a las 8.
   Carmen empieza a trabajar a las 8.
2. ¿A qué hora / empezar / la película?
   _____
3. Mi padre / ir a trabajar / en autobús.
   _____
4. Yo / volver / a mi casa / a las 7.
   _____
5. ¿Cuándo / volver / de vacaciones tus hermanos?
   _____
6. ¿Ir (nosotros) / a dar una vuelta?
   _____
7. ¿Cómo / ir (tú) / a trabajar?
   _____

Preposiciones de tiempo

Días

El lunes		la mañana
Ayer	**por**	la tarde
El sábado		la noche

Yo sólo trabajo por la mañana.

Horas

Son las 10		la mañana
A las 5	**de**	la tarde
A las 3		la noche
		la madrugada

*Se levanta **a** las 6 **de** la mañana.*
*Ella trabaja **desde** las 8 **hasta** las 3.*
*Ella trabaja **de** 8 **a** 3.*

Hablar de hábitos y horarios de trabajo.

B. ¿Estudias o trabajas?

1. ¿Qué día de la semana te gusta más?
¿Qué día de la semana te gusta menos?

| lunes | martes | miércoles | jueves | viernes | sábado | domingo |

*A mí me gusta más el sábado porque no trabajo.
A mí me gusta menos el lunes.*

LEER

2. Lee.

Lucía es técnico de sonido y trabaja en una emisora de radio, la Cadena Día. Tiene 29 años y no está casada. Vive en Valencia, y habla inglés y francés perfectamente.
Todos los días trabaja de 8 a 3, menos los sábados y domingos. Los días laborables se levanta a las 7 y sale de casa a las 7.30. Va al trabajo en autobús. Los sábados por la noche siempre sale con sus amigos a cenar y a bailar, por eso se acuesta muy tarde, a las 3 o las 4 de la madrugada.

Carlos es bombero. Trabaja en el ayuntamiento de Toledo. Vive en un pueblo cerca de Toledo y va al trabajo en tren. Tiene 34 años, está casado y no tiene hijos. Trabaja en turnos de 24 horas, un día sí y otro no. Si trabaja el sábado o el domingo, después tiene dos días libres. Siempre se levanta muy temprano, a las 7 o las 8 de la mañana, por eso normalmente no sale por las noches, cena a las diez, después ve la tele y a las once y media se acuesta.

3. Completa las frases.

1. Lucía *es* técnico de sonido.
2. Trabaja ____ 8 ____ 3.
3. Normalmente _____ a las 7.
4. _____ al trabajo _____ autobús.
5. Los sábados _____ la noche _____ con sus amigos.

4. Completa las frases.

1. Carlos *vive* en un pueblo pequeño.
2. No _____ hijos.
3. Se levanta muy _____ .
4. Carlos normalmente no _____ por la noche y _____ a las once y media.

HABLAR Y ESCRIBIR

5. Prepara estas preguntas para tu compañero y házselas. Toma nota.

1. ¿Hora / levantarse?
   ¿A qué hora te levantas?
2. ¿Hora / empezar clases o trabajo?
   _____

3. ¿Hora / terminar el trabajo?
_____

4. ¿Hora / de llegar a casa?
_____

5. ¿Hacer / después de cenar?
_____

6. ¿Hora / acostarse?
_____

6. Escribe un párrafo sobre la vida de tu compañero.

Michael es _____, trabaja en _____ .
Va al trabajo en _____ .

VOCABULARIO

7. Escribe cada profesión en la columna correspondiente.

| médico/a – estudiante – enfermero/a |
| informático/a – dependiente/a – cajero/a |
| secretario/a – profesor/a |

HOSPITAL	UNIVERSIDAD	OFICINA	SUPERMERCADO

8. ¿Qué hace? Relaciona las dos columnas.

1. La dependienta   a) hace la comida.
2. El recepcionista   b) cuida enfermos.
3. La azafata   c) fabrica muebles.
4. La enfermera   d) atiende pasajeros.
5. El carpintero   e) recibe a turistas.
6. El cocinero   f) vende ropa.

ESCRIBIR

9. Piensa en tres o cuatro personas conocidas y explica a qué se dedican, dónde trabajan, qué hacen.

Mi amigo Ángel es dependiente, trabaja en unos grandes almacenes, vende muebles.

HABLAR

10. En grupos de cuatro. Uno representa con mímica una profesión y el resto adivina de qué profesión se trata.

treinta y tres 33

Pedir un desayuno.

C. ¿Qué desayunas?

1. ¿Qué bebes para desayunar?

a) café con leche
b) té
c) leche con cacao
d) _____

2. Mira estos desayunos. ¿Alguno se parece al tuyo?

VOCABULARIO

3. Escribe la letra correspondiente.

1. té — f
2. café con leche
3. zumo de naranja
4. magdalenas
5. müesli
6. leche
7. huevo
8. queso

4. Escucha a estas personas de diferentes países hablar de su desayuno. Completa la tabla. **27**

	País	Desayuno
1. Olga	rusa	un bocadillo, mantequilla y queso
2. Rabah	_____	_____
3. Yi	_____	_____
4. Philip	_____	_____

HABLAR

5. En grupos. Cada uno cuenta qué desayuna normalmente y qué los domingos.

Yo, normalmente, sólo tomo un café con leche y una magdalena, pero los domingos tomo un bocadillo de jamón y zumo de naranja, además del café con leche, claro.

3 C

34 treinta y cuatro

Cafetería Teide

Desayunos (Hasta las 12) **Meriendas** (Desde las 17 hasta las 19)

Continental
Café + bollería o tostada
con mantequilla y mermelada — **1,75** euros

Europa
Supersandwich mixto caliente
+ café… — **2,35** euros

Andaluz
Tostada de pan con tomate y aceite
de oliva + café o refresco… — **2** euros

ESCUCHAR

6. Ordena el siguiente diálogo.

Camarera:	Buenos días, ¿qué desean?	1
Hijo:	Yo sólo quiero un zumo.	☐
Madre:	Yo quiero un desayuno andaluz, ¿y tú, hijo?	☐
Hijo:	No, mamá, sólo quiero un zumo de naranja.	☐
Madre:	Toma algo más, un bollo, o una tostada.	☐
Madre:	Bueno, pues un andaluz y un zumo de naranja.	☐
Camarera:	Muy bien.	☐

7. Escucha y comprueba. 28

HABLAR

8. En grupos de tres. Practica otras conversaciones. Uno es el camarero y los otros dos van a desayunar o merendar.

A. ¿Qué desean?
B. Un desayuno continental, por favor.
C. Yo un café con leche y una tostada con mantequilla y mermelada.

PRONUNCIACIÓN Y ORTOGRAFÍA

1. Escucha y repite. 29

gato – agua – gota – guerra – guión

¿Qué sonido se repite en todas las palabras?

El sonido **g** se escribe **g** antes de **a, o** y se escribe **gu** antes de **e, i**.

2. Completa con *g* o *gu*.

1. __uapo.
2. ci__arrillos.
3. __itarra.
4. __afas.
5. pa__ar.
6. __erra.
7. __uatemala.
8. __oma.

3. Escucha y repite. 30

Autoevaluación

1. Completa con el verbo entre paréntesis en presente de indicativo.

1. Pepe *se ducha* con agua fría. (Ducharse)
2. Celia ___ _____ a las once y media. (Acostarse)
3. A. ¿Tú ___ _____ todos los días? (Afeitarse)
   B. No, sólo los domingos.
4. Yo no ___ _____ en la piscina, prefiero la playa. (Bañarse)
5. Mi hija tiene seis años y ya ___ _____ sola. (Vestirse)
6. ¿A qué hora ___ _____ vosotros? (Acostarse)
7. Luis y Rosa ___ _____ muy temprano. (Levantarse)
8. ¿A qué hora ___ _____ tú? (Levantarse)
9. Yo ___ _____ por la noche. (Ducharse)

2. Completa con la preposición adecuada.

1. Yo empiezo a trabajar *a* las 8 *de* la mañana.
2. José no trabaja _____ la tarde.
3. Paloma trabaja _____ las 8 _____ las 3.
4. Los domingos _____ la mañana voy al Rastro.
5. Los sábados ____ la noche voy ____ la discoteca.
6. Mi marido vuelve ____ casa ____ las 8 ____ la tarde.
7. Mi hija va ____ la escuela ____ la mañana y ____ la tarde.

3. Escribe el verbo.

1. Empezar, él *empieza.*
2. Volver, yo _____.
3. Ir, nosotros _____.
4. Empezar, vosotros _____.
5. Ir, ellos _____.
6. Volver, Vd. _____.
7. Volver, tú _____.

4. Relaciona.

1. ¿A qué te dedicas?   a) Soy bombero.
2. ¿Qué horario tienes?   b) En el Ayuntamiento.
3. ¿Tienes algún día libre? c) Sí, los domingos.
4. ¿Dónde trabajas?   d) No, soy soltero.
5. ¿Cómo vas al trabajo?   e) Trabajo de 9 a 5.
6. ¿Estás casado?   f) 37.
7. ¿Cuántos años tienes?   g) Voy en tren.

5. Escribe un párrafo sobre tu rutina diaria. Utiliza los verbos del recuadro.

> levantarse – ducharse – desayunar – salir
> empezar – terminar – comer – volver
> cenar – acostarse

Yo me levanto a las _____. Me ducho _____.
Salgo de casa _____.

6. Adriana es argentina y nos habla de la vida en Buenos Aires. Escucha y contesta a las preguntas. 31

1. ¿A qué hora se levantan en Buenos Aires?
2. ¿A qué hora comen normalmente?
3. ¿Qué horario tienen las tiendas?
4. ¿Abren los bancos por la tarde?
5. ¿A qué hora cenan?
6. ¿Estudian los niños por la mañana y por la tarde?

Soy capaz de...

☐ ☐ ☐ *Hablar de mis hábitos.*
☐ ☐ ☐ *Hablar de horarios.*
☐ ☐ ☐ *Pedir un desayuno.*

De acá y de allá

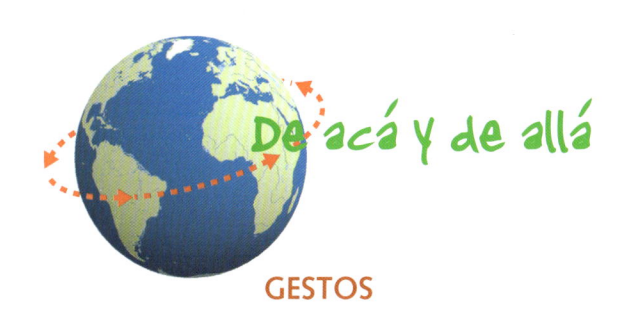

GESTOS

1. A continuación tienes algunos gestos que se usan con frecuencia en España e Hispanoamérica. Relaciónalos con su significado.

1. Hay mucha gente — d
2. Poco
3. Dinero
4. Silencio
5. Dormir

LENGUAJE GESTUAL

Cada cultura tiene su propio lenguaje gestual, pero los habitantes de unos países son más expresivos que otros.

2. Comenta con tus compañeros.

¿En tu país utilizan también estos gestos?
¿Crees que los hispanos hablan demasiado alto?
¿Y demasiado cerca?

treinta y siete 37

4

Describir una casa.

A. ¿Dónde vives?

1. ¿Dónde vives?

a) En un piso. ☐
b) En un chalé con jardín. ☐
c) En una casa. ☐

2. Lee y escucha. 32

> Esta es la casa de Rosa y Miguel, un chalé adosado con dos plantas.
>
> En la planta baja hay un recibidor, una cocina, un salón comedor grande y un servicio.
>
> En la planta de arriba hay tres dormitorios y un cuarto de baño. La casa tiene también un jardín pequeño.

3. Lee las frases y escribe verdadero (V) o falso (F).

1. La cocina está en la planta baja. **V**
2. El salón es muy grande. ☐
3. Hay un garaje. ☐
4. Hay tres dormitorios. ☐
5. Los dormitorios están en el piso de arriba. ☐
6. No hay jardín. ☐
7. Hay un pequeño servicio en la planta baja. ☐
8. El salón está en la planta de arriba. ☐

ESCUCHAR

4. Escucha a Manuel hablar de su casa. Contesta las preguntas. 33

1. ¿Cómo es el piso de Manu?
2. ¿Cuántos dormitorios tiene?
3. ¿Dónde está el cuarto de baño?
4. ¿Tiene terraza? ¿Cómo es?

HABLAR

5. En parejas. Habla con tu compañero sobre tu casa: cuántas habitaciones tiene, dónde están. Dibuja el plano.

6. Escribe la descripción de la casa de tu compañero utilizando el vocabulario del recuadro.

> salón – comedor – cocina – jardín
> cuarto de baño – dormitorio – garaje

*La casa de _____ es pequeña / grande.
Tiene _____ dormitorios.*

VOCABULARIO

Números ordinales

7. Escucha y repite. 34

1.º / 1.ª	Primero/a	6.º / 6.ª	Sexto/a
2.º / 2.ª	Segundo/a	7.º / 7.ª	Séptimo/a
3.º / 3.ª	Tercero/a	8.º / 8.ª	Octavo/a
4.º / 4.ª	Cuarto/a	9.º / 9.ª	Noveno/a
5.º / 5.ª	Quinto/a	10.º / 10.ª	Décimo/a

Los ordinales **primero** y **tercero** cambian la **-o** delante de un nombre masculino singular.

8. Completa las frases con un adjetivo del recuadro.

> primera – tercera – quinta
> segundo – ~~primer~~

1. El ascensor está en el *primer* piso.
2. A. ¿Luis, tú qué estudias?
   B. _____ de Económicas.
3. ¡Qué impresionante! Es la _____ vez que veo el mar.
4. Nosotras somos tres hermanas, yo soy la _____ .
5. El departamento de contabilidad está en la _____ planta.

ESCUCHAR

9. Escucha y completa. 35

	PISO	PUERTA
1. Sr. González	*4.º*	*derecha.*
2. Sra. Rodríguez	___	___
3. Srta. Herrero	___	___
4. D. David Acedo	___	___
5. Sr. de la Fuente	___	___
6. Sres. Barroso	___	___

HABLAR

10. Pregunta y contesta a cuatro compañeros, según el modelo.

*¿En qué piso vives?
En el cuarto derecha.*

treinta y nueve 39

Hay y está.

B. Interiores

VOCABULARIO

1. vitrocerámica
2. lavavajillas
3. fregadero
4. lavadora
5. armario
6. frigorífico
7. horno
8. horno microondas
9. mesa
10. silla

1. sofá
2. sillón
3. mesita
4. librería
5. equipo de música
6. televisión (TV)
7. lámpara
8. cojín

1. lavabo
2. armario
3. espejo
4. toalla
5. bañera

1. Completa.

Mi cocina es grande y luminosa y tenemos un (1) *frigorífico* nuevo. También hay un (2)_____ y un (3)_____ . Hay muchos (4)_____ y una (5)_____ con (6)_____ para desayunar.

En el salón-comedor tenemos dos (7) *sofás* muy cómodos y dos (8)_____ pequeños. Los libros están en una (9)_____ de madera, junto a la (10)_____ .

Entre los dos sofás hay una mesa pequeña con una (11)_____ encima.

El cuarto de baño es bastante grande también. Hay una (12) *bañera* y un armario. El (13)_____ está encima del (14)_____ .

2. Completa las frases con la forma correcta de los verbos del recuadro.

> escuchar – ver – ducharse – dormir
> comer – ~~hacer~~

1. La cocina es donde tú *haces* la comida.
2. El cuarto de baño es donde tú _____.
3. El salón es donde tú _____ la TV.
4. El comedor es donde tú _____.
5. El dormitorio es donde tú _____.
6. El salón es donde tú _____ música.

40   cuarenta

GRAMÁTICA

Artículos

Determinados: el / la / los / las
Para algo que conocemos.
¿Dónde está el gato?

Indeterminados: un / una / unos / unas
Para algo que mencionamos por primera vez.
Hay un gato en el jardín.

3. Señala el artículo más adecuado.

1. *El* / *Un* ordenador está en mi dormitorio.
2. En mi clase hay *un* / *el* mapa del mundo.
3. *Los* / *Unos* amigos de Pablo son muy simpáticos.
4. ¿Hay *la* / *una* película buena en la tele?
5. *Los* / *Unos* libros están en mi mochila.
6. En el patio hay *unos* / *los* niños.
7. *Las* / *Unas* llaves están en la mesa de la cocina.

Hay – Está

Hay + un, una, unos, unas (+ nombre).
Hay un lavavajillas.
Hay una bañera.

Hay + muchos, pocas, algunos… (+ nombre).
Hay muchos armarios.

Hay + dos, tres, cuatro… (+ nombre).
Hay dos sillones.

Hay + nombre común.
¿Hay espejo en el cuarto de baño?

Está(n) + el, la, los, las (+ nombre).
En la cocina está el frigorífico.

Está(n) + preposición + nombre.
El espejo está encima del lavabo.

Está + nombre propio.
¿Está Juan?

4. Completa las frases con *hay/está/están*.

1. Perdone, ¿*hay* un supermercado cerca de aquí?
2. Por favor, ¿dónde _____ los cines Ideal?
3. Mañana no _____ clase, es fiesta.
4. No _____ agua en la botella.
5. El comedor _____ al lado de la cocina.
6. ¿Dónde _____ las llaves?
7. Mi coche _____ en el taller.
8. ¿_____ Jesús en la oficina?
9. ¿_____ leche en la nevera?
10. En esta casa sólo _____ un cuarto de baño.

HABLAR

5. Describe qué hay en tu cocina, tu cuarto de baño y tu salón. Compara la descripción con la de tu compañero.

ESCUCHAR

6. Escucha la información sobre las casas en venta y completa la tabla. **36**

	METROS	DORMITORIOS	BAÑOS
1.			
2.			
3.			
4.			

cuarenta y uno 41

Reservar una habitación.

C. En el hotel

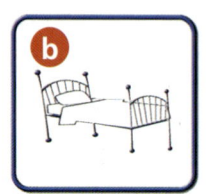

1. Relaciona las siguientes palabras con los símbolos de las instalaciones del hotel.

1. Piscina — e
2. Habitación individual
3. Habitación doble
4. Restaurante
5. Tarjetas de crédito
6. Garaje

2. Escucha y completa el siguiente diálogo. 37

RECEPCIONISTA: Parador de Córdoba, ¿dígame?
CARLOS: Buenas tardes. ¿Puede decirme si hay habitaciones libres para el próximo fin de semana?
RECEPCIONISTA: Sí. ¿Qué desea, una habitación _____ o _____ ?
CARLOS: Una doble, por favor. ¿Qué precio tiene?
RECEPCIONISTA: _____ por noche más IVA.
CARLOS: De acuerdo. Hágame la reserva, por favor.
RECEPCIONISTA: ¿Cuántas noches? 
CARLOS: _____ y _____, si es posible.
RECEPCIONISTA: No hay problema.
CARLOS: ¿Hay _____?
RECEPCIONISTA: Sí, señor, hay una.
CARLOS: ¿Admiten tarjetas de crédito?
RECEPCIONISTA: Sí, por supuesto.

3. Practica este diálogo con tu compañero.

4. Escucha el final del diálogo anterior y completa la ficha de reserva. 38

NOMBRE: *Carlos* APELLIDOS: _____
DIRECCIÓN: _____
CIUDAD: _____ TELF.: _____
SENCILLA O DOBLE: ____ N.º DE NOCHES: _____

LEER

5. Lee.

Los patios

Los patios son lugares comunes para encontrarse, para jugar, para charlar, para descansar. Hay muchos tipos de patios. Está el patio del colegio, donde los niños pasan el recreo. Está el patio andaluz, lleno de macetas con flores, que en verano protegen del calor, y es un lugar de descanso y conversación.

En las ciudades tenemos el patio de vecinos, donde la gente tiende la ropa y habla con los vecinos de enfrente.

En Hispanoamérica muchas casas coloniales conservan bellos patios llenos de plantas tropicales que ayudan a pasar las horas más calurosas del día.

En Córdoba (España), el segundo fin de semana de mayo se celebra el Festival de los Patios. Los vecinos abren sus casas y todo el mundo puede visitar sus hermosos patios.

6. ¿Verdadero (V) o falso (F)?

1. En los colegios hay un patio. ☑ V
2. En las ciudades no hay patios. ☐
3. En los patios coloniales hay plantas tropicales. ☐
4. El Festival de los Patios de Córdoba es el 1 de mayo. ☐
5. Los turistas siempre pueden visitar los patios cordobeses. ☐

PRONUNCIACIÓN Y ORTOGRAFÍA

1. Escucha y repite. 39

> queso – cuarto – cuanto
> quinto – casa – comedor

2. ¿Qué sonido se repite en todas las palabras?

> El sonido **k** se escribe **qu** antes de **e, i,** y se escribe **c** antes de **a, o, u.**

3. Completa con *qu* o *c*.

1. ___uando.
2. ___ién.
3. ___uatro.
4. tran___ilo.
5. médi___o.
6. E___uador.
7. pe___eño.
8. ___inientos.

Autoevaluación

1. ¿En qué parte de la casa están las siguientes cosas?

1. cama: *en el dormitorio.*
2. microondas: _____.
3. sillones: _____.
4. equipo de música: _____.
5. espejo: _____.
6. lavavajillas: _____.
7. bañera: _____.
8. televisión: _____.

2. ¿Qué hay en cada habitación?

1. Salón-comedor: *sillones,* _____
_____
2. Cocina: _____
_____
3. Dormitorio: _____
_____
4. Cuarto de baño: _____
_____

3. Escribe una carta a tu familia, describiendo la casa en la que pasas tus vacaciones.

> Queridos _____ :
> Estoy de vacaciones en _____
> con _____ . Estoy en un / una _____ .
> Está cerca de _____ . La casa es grande / pequeña / luminosa... Tiene _____
> habitaciones, _____ , _____ ,
> _____ y _____ .
> En este momento, estoy en _____ .
> ¡Hasta pronto!
>
> Muchos besos.

4. Completa la siguiente serie de ordinales.

Primero, _____ , tercero, _____ , _____ , sexto, _____ , octavo, noveno, _____ .

5. Elige la forma correcta.

1. En la clase *hay / están* muchos estudiantes.
2. En mi casa no *hay / está* la televisión en el salón.
3. *Hay / está* una cafetería aquí cerca.
4. ¿Dónde *hay / están* las llaves?
5. En la nevera *hay / está* carne.
6. La información *hay / está* en Internet.
7. ¿Dónde *hay / está* un bolígrafo rojo?

6. Relaciona cada pregunta con su respuesta.

1. ¿Qué tipo de habitación desea? ☐
2. Buenas tardes, ¿hay habitaciones libres? ☐
3. ¿Admiten tarjetas de crédito? ☐
4. ¿Para cuántas noches? ☐
5. ¿Cuál es el precio de la habitación? ☐

a) Para el fin de semana.
b) Sí, por supuesto.
c) Una doble.
d) Con desayuno, 90 euros.
e) Sí, tenemos una individual y dos dobles.

7. Ordena el diálogo del ejercicio anterior.

Soy capaz de...

☐ ☐ *Describir una casa.*

☐ ☐ *Hablar de muebles y cosas de la casa.*

☐ ☐ *Reservar una habitación en un hotel.*

De acá y de allá

LA VIVIENDA

1. Mira estas fotos de viviendas.

1. ¿Cuál te gusta más para vivir?
2. ¿Cuál te gusta más para pasar las vacaciones?
3. ¿Cuál te gusta menos?

2. Lee los textos y relaciónalos con las fotos.

1. En el sur de España, en Andalucía, las casas son blancas y con terrazas. Muchas tienen un patio interior y están decoradas con plantas y flores.

2. En el norte, la mayoría de las casas son de piedra, con gruesos muros para protegerlas del frío y tejados inclinados para evitar la acumulación de nieve y agua. La mayoría tiene una huerta para cultivar los productos de la tierra.

3. En la costa mediterránea hay muchas viviendas destinadas al turismo, pequeñas urbanizaciones de chalés y apartamentos y grandes hoteles se mezclan con las viviendas tradicionales.

4. Una gran parte de la población vive en las ciudades. En ellas encontramos bloques de pisos y apartamentos. Las urbanizaciones de chalés adosados son cada vez más frecuentes a las afueras de la ciudad.

3. Contesta las siguientes preguntas:

1. ¿En qué zona de España tienen patio las casas?
2. ¿De qué material son las casas del norte de España?
3. ¿Dónde hay muchos apartamentos, chalés y hoteles?
4. ¿Dónde vive la mayoría de la población?
5. ¿Dónde se encuentran los chalés adosados?

HABLAR

4. Imagina que estás de vacaciones en alguna de las diferentes zonas de España. Contesta a las preguntas de tu compañero.

¿En qué parte de España estás?
¿En qué tipo de casa?
Describe la casa.

cuarenta y cinco 45

5

Pedir en un restaurante.

A. Comer fuera de casa

1. ¿Conoces algún plato hispano? Escribe los nombres junto a la fotografía correspondiente.

gazpacho – tortilla de patatas
arroz a la cubana

ESCUCHAR

2. Mira la carta del restaurante LA MORENITA; escucha el diálogo y completa la tabla. **40**

	TERESA	JUAN
Primer plato	*ensalada*	
Segundo plato		
Bebida		
Postre		

MESÓN RESTAURANTE LA MORENITA
PATIO CORDOBÉS

PRIMEROS
- Sopa de picadillo
- Gazpacho
- Judías verdes
- Ensalada mixta

SEGUNDOS
- Huevos con chorizo
- Carne con tomate
- Chuletas de cordero
- Fritura de pescado

POSTRES
- Fruta del tiempo
- Flan
- Arroz con leche
- Natillas

BEBIDAS
Vino blanco, vino tinto, cerveza, agua

CARDENAL GONZÁLEZ, 63 - TEL. 957 487 099

HABLAR

3. Mira la carta y elige qué quieres comer.

Primer plato:
Segundo plato:
Bebida:
Postre:

4. En grupos de tres. Uno es el camarero y los otros dos son clientes. Representad el siguiente diálogo:

CAMARERO: ¿Qué van a tomar de primero?
CLIENTE 1: Yo, de primero, quiero _____ .
CLIENTE 2: Pues yo, _____ .
CAMARERO: ¿Y de segundo?
CLIENTE 1: _____ .
CLIENTE 2: _____ .
CAMARERO: ¿Qué quieren para beber?
CLIENTE 1: _____ .
CLIENTE 2: _____ .
CAMARERO: ¿Y de postre?
CLIENTE 1: _____ .
CLIENTE 2: _____ .

VOCABULARIO

vaso copa taza
jarra jarra jarrón

5. Completa con la palabra adecuada.

1. Una *copa* de vino.
2. Una _____ de cerveza.
3. Una _____ de café.
4. Un _____ de agua.
5. Un _____ de flores.
6. Una _____ de agua.

LEER

6. Lee.

Hoy comemos fuera

En España, comer es algo que nos gusta compartir con amigos, familiares, compañeros de trabajo o estudio. Para la mayoría de los españoles es más importante la compañía que el tipo de restaurante. Al escoger un restaurante preocupa la higiene, la calidad de los alimentos y la dieta equilibrada. En un país como España, con un clima agradable, de largos días con luz, el comer o cenar fuera de casa es un hábito muy extendido.
Es durante los días festivos cuando más se visitan bares y restaurantes.

7. Di si estas afirmaciones son verdaderas (V) o falsas (F).

1. A los españoles les gusta comer solos. **F**
2. Cuando comen fuera de casa les gusta hacerlo con familiares y amigos.
3. Para los españoles lo más importante es el tipo de restaurante.
4. Los restaurantes están más llenos los días laborables.
5. Los españoles con frecuencia cenan fuera de casa.

Hablar de gustos.

B. ¿Te gusta el cine?

1. ¿Te gusta el cine? ¿Qué tipo de películas te gustan? Coméntalo con tus compañeros.

a) comedia   b) drama   c) policíaca
d) de terror   e) de ciencia-ficción

VOCABULARIO

2. Relaciona las palabras siguientes con las dibujos.

1. el fútbol — d
2. ir de compras
3. montar en bicicleta
4. leer
5. andar
6. ir a la discoteca
7. la música rock
8. ir al cine
9. viajar
10. nadar
11. bailar
12. pintar

ESCUCHAR

3. Escucha a Elena hablar de sus gustos y de los de su marido. Señala en el cuadro. 41

	Elena		Luis	
	SÍ	NO	SÍ	NO
El cine				
Andar por el campo				
Ir de compras				
Los deportes				
Navegar por Internet				
Leer				
El fútbol				
La música				

4. En parejas. Pregunta a tu compañero sobre sus gustos.

A. *Peter, ¿(a ti) te gusta el cine?*
B. *No, me gusta más leer.*

5. Escribe unas frases sobre tu compañero.

A Peter no le gusta mucho el cine, pero le gusta leer.

GRAMÁTICA

Verbo Gustar

(A mí)   me
(A ti)   te   gusta/n
(A él/ella/Vd.) le
(A nosotros/as) nos
(A vosotros/as) os   gusta/n
(A ellos/ellas/Vds.) les

A Elena le gusta viajar.
A Jaime le gustan los deportes.
A nosotros no nos gusta el fútbol.

6. Completa las frases con un pronombre (*me, te, le...*) y *gusta* o *gustan*.

1. A María *le gusta* mucho nadar.
2. A mi marido ___ _____ ir al cine.
3. A mí no ___ _____ las películas de terror.
4. A los españoles ___ _____ mucho salir y hablar con los amigos.
5. A nosotros ___ _____ los animales.
6. ¿A vosotros ___ _____ la música tecno? A mí, no.
7. ¿A Vd. ___ _____ la paella?
8. ¿A ti ___ _____ los niños?

LEER Y ESCRIBIR

7. Lee estos anuncios.

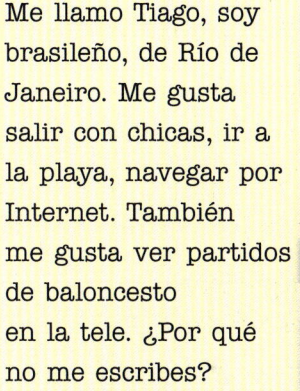

8. Responde las preguntas.

1. ¿De dónde es Olga?
   _____
2. ¿Qué deporte le gusta a Tiago?
   _____
3. ¿Cuántos años tiene Miguel?
   _____
4. ¿Cómo se llama la chica sevillana?
   _____
5. ¿Qué baile le gusta a Olga?
   _____
6. ¿Qué le gusta a Marisol?
   _____

9. Ahora escribe un anuncio, pero no pongas tu nombre. Dáselo a tu profesor/a. Él/ella leerá todos los anuncios y la clase tendrá que adivinar de quién son.

Me llamo Marisol, soy soltera. Me gusta viajar, hacer deporte y leer. Busco amigos para salir. SEVILLA.

Me llamo Miguel, tengo 25 años. Me gusta jugar al fútbol, nadar y montar en bicicleta, busco chicos y chicas con aficiones similares. MADRID.

Me llamo Tiago, soy brasileño, de Río de Janeiro. Me gusta salir con chicas, ir a la playa, navegar por Internet. También me gusta ver partidos de baloncesto en la tele. ¿Por qué no me escribes?

Me llamo Olga, tengo 32 años, me gusta el cine, salir de copas, bailar tango y nadar. Escríbeme. BUENOS AIRES.

Comprender instrucciones de recetas.

C. Receta del Caribe

1. ¿Te gusta cocinar? ¿Qué sabes hacer?

2. Completa la lista de ingredientes con las palabras del recuadro.

> azúcar – hielo – limón
> leche – vainilla – plátanos

BATIDO DE PLÁTANO
Ingredientes:
3 _____
1 taza de _____
1/4 de taza de _____
1/4 de taza de zumo de _____
1/2 cucharadita de _____
8 cubitos de _____

ESCUCHAR

3. Ordena las instrucciones para su preparación.

a) Añade los cubitos de hielo y mézclalos con los otros ingredientes. ☐

b) Pela los plátanos y córtalos en rodajas. [1]

c) Reparte la mezcla en cuatro vasos. ☐

d) Mezcla los plátanos, la leche, el azúcar, el zumo de limón y la vainilla en una batidora. ☐

e) Ofrece el refresco a tus amigos. ☐

4. Escucha y comprueba. 42

GRAMÁTICA

Imperativo			
	Cortar	**Comer**	**Abrir**
tú	cort**a**	com**e**	abr**e**
usted	cort**e**	com**a**	abr**a**

5. Completa las siguientes instrucciones para llevar una vida sana. Utiliza los verbos del recuadro en imperativo.

> caminar – tomar – descansar
> comer – evitar – ~~beber~~

TODOS LOS DÍAS:

1. *Bebe* más de un litro de agua.
2. _____ tres piezas de fruta.
3. _____ durante media hora.
4. _____ más de siete horas.
5. _____ fumar.
6. _____ bebidas sin alcohol.

50 cincuenta

6. ¿De dónde crees que son originalmente estos productos?

PRODUCTOS DE AMÉRICA

1. la piña
   - ☐ Hawai
   - ☐ Cuba y Puerto Rico
2. el maní
   - ☐ Georgia
   - ☐ Bolivia y Perú
3. la patata
   - ☐ Perú y Ecuador
   - ☐ Irlanda
4. el tomate
   - ☐ México
   - ☐ Italia
5. los plátanos
   - ☐ Ecuador
   - ☐ África
6. el café
   - ☐ África
   - ☐ Brasil

Casi todas las piñas de los supermercados son de Hawai, pero sus cultivadores originales son los indios de Cuba y Puerto Rico.

Los italianos preparan una deliciosa salsa de tomate, pero los cultivadores originales del tomate son los indios de México.

7. Escucha y comprueba. 43

PRONUNCIACIÓN Y ORTOGRAFÍA

La **b** y la **v** se pronuncian igual.

1. Escucha y repite. 44

Isa**b**el – **v**i**v**ir – **v**ino – **b**ueno – Á**v**ila
viajar – **b**otella – a**b**uelo – ha**b**lar
muy **b**ien – **b**eber

2. Escucha y repite. 45

1. ¿Dónde vive Isabel?
2. Cuba es una isla preciosa.
3. Vicente es abogado y trabaja en Sevilla.
4. Las bebidas están en la nevera.
5. Este vino es muy bueno.
6. Valeriano viaja mucho en avión.
7. Beatriz es de Venezuela.
8. Esta bicicleta es muy barata.

3. Completa con *b* o *v*.

1. Yo __i__o en __arcelona.
2. Este __atido tiene __ainilla.
3. Camarero, un __aso de agua, por favor.
4. A Isa__el le gusta __iajar y __ailar tangos.
5. __e__er agua es muy __ueno.

4. Escucha otra vez y repite. 46

cincuenta y uno 51

Autoevaluación

1. Con estos ingredientes vamos a elaborar un menú. ¿Qué lleva cada plato?

> huevos – tomates – arroz – pollo – leche
> gambas – pepinos – calamares – azúcar
> aceite – sal – ajo

MENÚ
1.er plato, gazpacho: *tomates*, _____, _____, _____, _____.

2.º plato, paella: _____, _____, _____, _____, _____, _____, _____.

Postre, flan: _____, _____, _____.

2. Elabora un menú con platos típicos de tu país y haz la lista de ingredientes que necesitas para su elaboración.

3. Escribe el pronombre correcto (*me*, *te*, *le*, *nos*, *os*, *les*).

1. A ellos *les* gusta la música clásica.
2. A nosotros _____ gusta salir de noche.
3. A su hermana _____ gusta la paella.
4. A mí no _____ gustan los toros.
5. ¿A ti _____ gusta el fútbol?
6. ¿A vosotros _____ gustan las gambas?
7. A Luisa no _____ gusta viajar.

4. Haz frases como en el ejemplo.

1. Rosa / no gustar / animales
    A Rosa no le gustan los animales.
2. Ellos / gustar / salir
    _____
3. Nosotros / gustar / ver la tele
    _____
4. Yo / no gustar / fútbol
    _____
5. ¿Tú / gustar / flan?
    _____
6. Pepe / no gustar / la fruta
    _____
7. ¿Vosotros / gustar / nadar?
    _____

5. Escribe en imperativo las órdenes que da Maribel a su hijo.

1. ¡*Baja* la tele! (bajar)
2. ¡_____ más verdura! (comer)
3. ¡_____ la ventana de tu dormitorio! (abrir)
4. ¡_____ una nota para tu profesor! (escribir)
5. ¡_____ cuando te hablo! (escuchar)
6. ¡_____ a tu hermana! (ayudar)
7. ¡_____ más leche! (beber)

6. Relaciona cada pregunta con su respuesta.

1. ¿Qué desea para beber?   **d**
2. ¿Y de segundo?   ☐
3. ¿Me deja la carta, por favor?   ☐
4. ¿Y de postre?   ☐
5. ¿Qué quiere el señor de primero?   ☐
6. ¿Desea algo más?   ☐

a) Sí, ahora mismo. Un momento.
b) Una sopa de fideos, por favor.
c) Un helado de vainilla.
d) Agua mineral.
e) No, muchas gracias.
f) Pollo con patatas.

7. Ordena el diálogo anterior.

Soy capaz de…

☐ ☐ ☐ *Pedir en un restaurante.*

☐ ☐ ☐ *Hablar de gustos.*

☐ ☐ ☐ *Comprender y dar instrucciones sencillas.*

De acá y de allá

COCINAS DEL MUNDO

LEER

1. Lee estos anuncios de los restaurantes y después contesta las preguntas.

Probablemente la mejor comida peruana, en Madrid.
Menús de la casa.

RESTAURANTE PERUANO
La Llama
SABROSOS PLATOS PERUANOS

San Francisco, 12. (Detrás Hotel Sol). Metro Sol
Teléfonos 916 542 082 · 916 542 083 · 28005

Taberna • Restaurante
El Rincón del Café
Cocina Tradicional Casera
Menú especial diario: 9 €
C/ Infanta, 54 – Tel. 913 578 453

RESTAURANTE
LA ALPUJARRA
• Pescaditos fritos
• Pescados al horno y a la sal
• Carnes rojas

Pza. Granada, 4
Tel.: 913 455 512
913 455 513
(Aparcacoches)

GAMBRINUS
CERVECERÍA

TAPAS DE:
Mejillones
Berberechos
Gambas
Pulpo con verduras naturales.

Príncipe de Viana, 20 Tel.: 913 502 864

EL PÁDEL
COCINA MEDITERRÁNEA
• Menú degustación • Pinchos • Tapas
• Menús diarios para empresas
• Salones para reuniones familiares y de negocios

C/ Marquesa de Toledo, 5 (Recoletos). Parking a 50 metros
Tel.: 914 323 320 / 914 323 321

LA ESTANCIA
Único asador criollo en España
Carnes elaboradas al estilo autóctono de la campiña argentina
Asador Restaurante

Cabrito - Lechón - Carnes argentinas
Carnes gallegas - Pescados a la brasa
APARCACOCHES
C/ Petunias, 66 - Tel.: 914 506 142

---

1. ¿En qué estación de metro está el restaurante peruano?
2. ¿En qué restaurante podemos celebrar una reunión con nuestra familia o de negocios?
3. ¿Qué tipo de comida ofrece El Rincón del Café?
4. ¿Dónde podemos comer comida argentina?
5. ¿Dónde podemos tomar tapas?
6. ¿Dónde podemos comer pescado?
7. ¿Qué restaurantes ofrecen aparcacoches?
8. ¿Cuánto cuesta el menú en El Rincón del Café?
9. ¿Dónde podemos tomar gambas?

2. ¿Con qué países hispanos relacionas las siguientes comidas y bebidas?

café – naranjas – frijoles – chorizo – mate
ron – paella – tequila – churrasco – tortilla

3. ¿Conoces otras comidas y bebidas hispanas? Coméntalo con tus compañeros.

5 D

cincuenta y tres 53

Instrucciones para ir en metro.

6

A. ¿Cómo se va a Plaza de España?

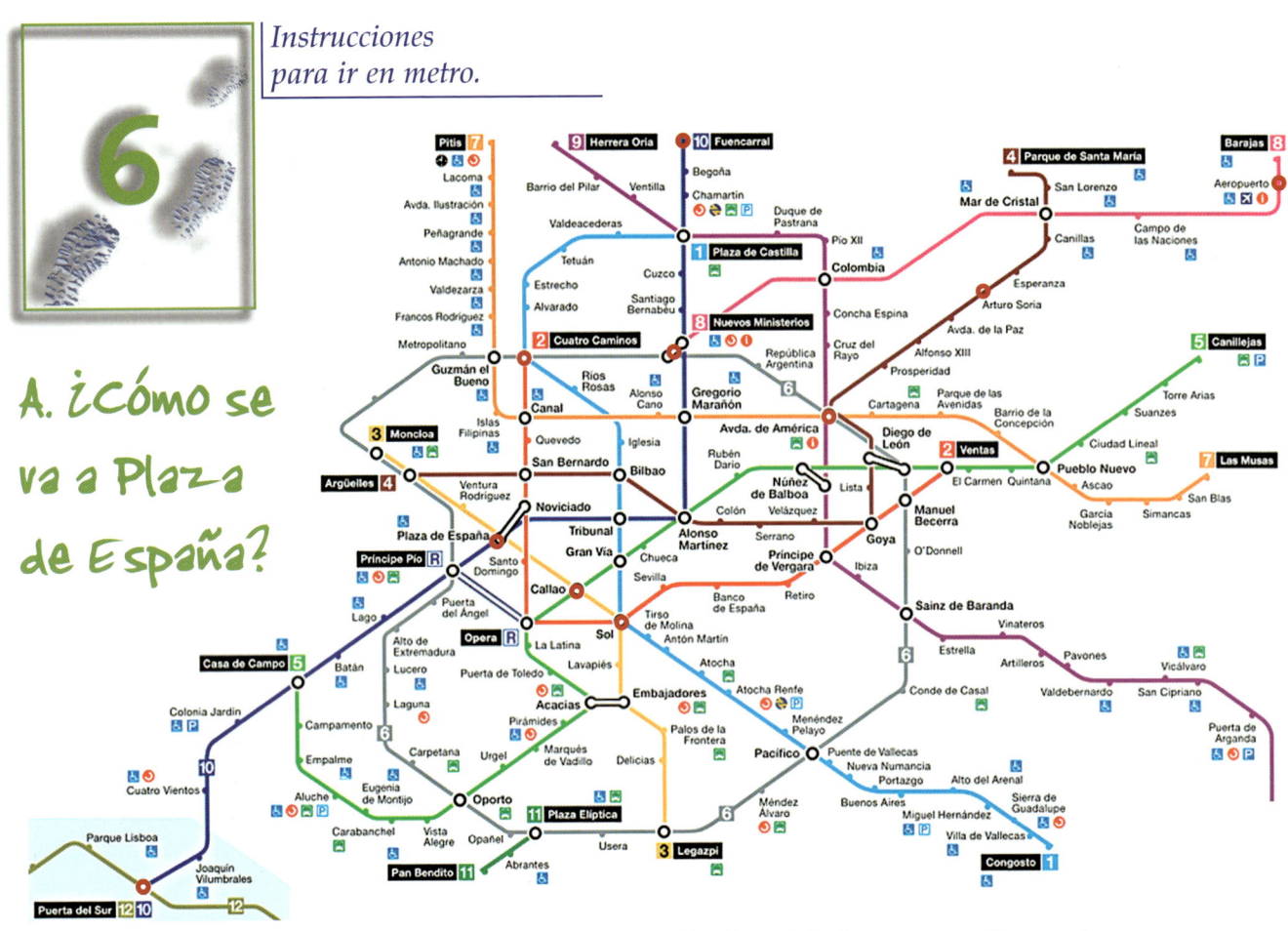

1. Mira el dibujo y responde. ¿Qué están haciendo Sergio y Beatriz?

a) Están llamando a un taxi.

b) Están comprando un billete de metro.

c) Están recogiendo su coche.

2. Completa la conversación con las expresiones del recuadro.

> ¿Cuánto es? – cómo se va
> dos billetes de metro – sexta estación
> ¿Puede darme

SERGIO: Perdone, queremos _____
(1)_____ , por favor.

TAQUILLERO: ¿Sencillos o de diez viajes?

SERGIO: Bueno, mejor uno de 10 viajes.
(2)_____

TAQUILLERO: 6 euros.

SERGIO: Perdone, ¿puede decirme (3)_____
_____ a Plaza de España?

TAQUILLERO: Pues desde aquí es muy fácil, coja usted la línea 8 hasta Nuevos Ministerios y cambie a la línea 10 en dirección Puerta del Sur. La (4)_____ es Plaza de España.

SERGIO: Muchas gracias. (5)_____ un plano del metro?

TAQUILLERO: Sí, claro, tome.

54 cincuenta y cuatro

3. Escucha y comprueba. 47

4. Escucha otra vez y marca el recorrido en el plano del metro de Madrid. 47

COMUNICACIÓN

5. Completa el cuadro.

Formal (Vd.)
- Perdone, ¿cómo se va a la Plaza de España?
- Coja la línea 8 hasta Nuevos Ministerios, allí cambie a la línea 10 en dirección Puerta del Sur.

Informal (tú)
_____ , ¿cómo voy / se va a la Plaza de España?
_____ la línea 8 hasta Nuevos Ministerios, allí _____ a la línea 10 en dirección Puerta del Sur.

HABLAR

6. Mira otra vez el plano y practica con tu compañero, uno pregunta y el otro responde, para ir de… a…

De Aeropuerto a Arturo Soria
De Cuatro Caminos a Fuencarral
De Cuatro Caminos a Callao
De Sol a Avenida de América
De Avenida de América al Aeropuerto

A. *Perdona, ¿cómo se va de Barajas a Arturo Soria?*
B. *Coge la línea 8 hasta Mar de Cristal, allí cambia a la línea 4 en dirección Argüelles. Es la tercera parada.*

LEER

7. Lee el texto y responde a las preguntas.

MADRID EN METRO

El metro de Madrid tiene unos 170 kilómetros. En total hay 11 líneas y 158 estaciones. El horario de servicio al público es de 6:00 h de la mañana a 1:30 h de la madrugada, todos los días del año. Durante las horas de cierre del metro existe un servicio de autobuses nocturnos que salen de la plaza de Cibeles.

Hay dos tipos de billetes, además del abono transportes: el billete sencillo, que sólo tiene un viaje, y el metrobús o billete de diez viajes, que también puede utilizarse en el autobús.

Los billetes se pueden comprar en las taquillas o en las máquinas del metro. El metrobús también se puede comprar en quioscos y estancos.

www.ctm-madrid.es
www.metrodemadrid.es

1. Son las 6.30 h, tienes que ir al trabajo, ¿está abierto ya el metro? ¿Desde qué hora?
2. Son las dos de la madrugada, ¿puedes volver a casa en metro? ¿Por qué? ¿Puedes volver en autobús?
3. ¿Cuántas veces puedes usar el billete sencillo?
4. ¿Cómo se llama el billete de 10 viajes?
5. ¿Puedes usar el metrobús en el autobús?
6. ¿Dónde se compra el metrobús?

cincuenta y cinco   55

Dar instrucciones y pedir favores.

B. Cierra la ventana, por favor

1. Escucha y relaciona los dibujos con las frases. **48**

1. ● Carlos, siéntate en tu sitio, por favor.
   ○ Voy.   **a**

2. ● Venga a mi oficina, quiero hablar con usted.
   ○ Ahora mismo.

3. ● Pon la televisión, empieza el partido.
   ○ Vale.

4. ● Cierra la ventana, por favor, tengo frío.
   ○ Sí, claro.

5. ● Tuerce a la derecha, esa es la calle.
   ○ Ah, sí, tienes razón.

6. ● Coja la primera a la derecha y después siga recto.
   ○ Muchas gracias.

7. ● Haz los deberes antes de cenar.
   ○ Vale, mamá.

56   cincuenta y seis

GRAMÁTICA

Imperativo irregular			
Hacer	**Poner**	**Venir**	**Coger**
haz	pon	ven	coge
haga	ponga	venga	coja
Torcer	**Cerrar**	**Sentarse**	**Decir**
tuerce	cierra	siéntate	di(me)
tuerza	cierre	siéntese	diga(me)

2. Completa con el verbo en imperativo.

1. El hospital está muy cerca, (torcer, tú) *tuerce* a la derecha por esa calle y luego (seguir, tú) _____ todo recto.
2. (Hacer, tú) _____ tú la ensalada, mientras yo pongo la mesa.
3. ¡Carlos! (venir, tú) _____ a tu habitación ahora mismo.
4. (Cerrar, tú) _____ la puerta, por favor, hay mucho ruido.

3. Completa con los verbos del recuadro.

cerrar – sentarse – poner – pasar – hacer

JEFE: Sr. Hernández, ¿puede venir a mi oficina, por favor?
HERNÁNDEZ: Sí, claro.
HERNÁNDEZ: ¿Se puede?
JEFE: Sí, sí, (1) *pase* y (2) _____ la puerta, por favor… (3) _____ . Tengo una reunión en el banco el próximo lunes y necesito la información de su departamento.
HERNÁNDEZ: No hay problema, está todo preparado.
JEFE: Bien, (4) _____ el informe antes del lunes y (5) _____ todos los datos de este año.

4. Escucha y comprueba. 49

COMUNICACIÓN

+ directo	– directo
¡Ven un momento!	¿Puedes venir un momento?
¡Haga ya la comida!	¿Puede hacer ya la comida?

5. Transforma las frases como en el ejemplo.

1. Venga a mi oficina.
   ¿Puede venir a mi oficina?
2. Pon la televisión, empieza la película.
   ¿Puedes _____?
3. Cierra la ventana, por favor.
   ¿_____?
4. Hoy haz tú la cena.
   ¿_____?
5. Dime la hora, por favor.
   ¿_____?

HABLAR

6. Piensa en un compañero sentado lejos de ti en la clase y escribe una petición en un papel. Luego léelo en voz alta.

Para Svieta:
Déjame tu diccionario.
Olga.

Puedes pedirle:
- Abrir / cerrar la ventana.
- Prestar dinero / un bolígrafo / un lápiz / un diccionario.
- Esperar a la salida de clase.
- Encender / apagar la luz.
- Sentarse más cerca de ti.

Describir el barrio.

C. Mi barrio es tranquilo

1. ¿Cómo es tu barrio? ¿Es tranquilo o ruidoso? ¿Está cerca de tu trabajo o está lejos?

2. Lee los mensajes.

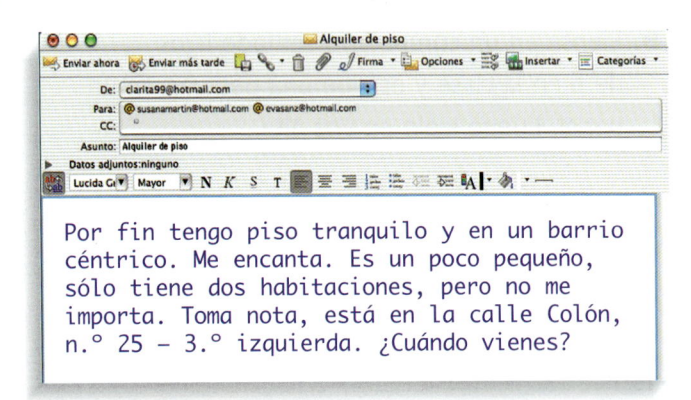

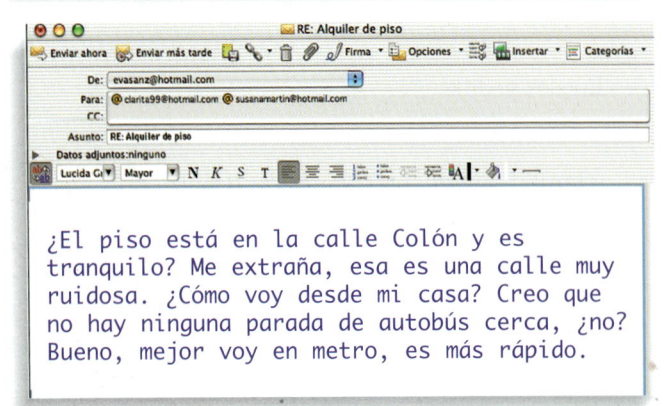

> Por fin tengo piso tranquilo y en un barrio céntrico. Me encanta. Es un poco pequeño, sólo tiene dos habitaciones, pero no me importa. Toma nota, está en la calle Colón, n.º 25 – 3.º izquierda. ¿Cuándo vienes?

> ¿El piso está en la calle Colón y es tranquilo? Me extraña, esa es una calle muy ruidosa. ¿Cómo voy desde mi casa? Creo que no hay ninguna parada de autobús cerca, ¿no? Bueno, mejor voy en metro, es más rápido.

3. Contesta las preguntas.

1. ¿Es grande el piso de Clara?
2. ¿Eva conoce el piso de Clara?
3. ¿Cómo se va a casa de Clara?

GRAMÁTICA

Ser / Estar

Es / son
  grande(s) – pequeño(s)
  tranquilo(s) – ruidoso(s)
  rápido(s) – lento(s)

Es   bueno – malo

Está / están
  cerca – lejos
  en la calle…
  enfrente de…

Está   bien – mal

4. Subraya la forma adecuada.

1. El piso *es / está* en un barrio céntrico y *es / está* pequeño, sólo tiene dos habitaciones.
2. Su casa *es / está* en la calle Goya, enfrente de la estación del metro.
3. El metro *es / está* más rápido que el autobús.
4. Fumar no *es / está* bueno.
5. El hospital *es / está* lejos de mi casa, en un barrio que *es / está* muy tranquilo porque *es / está* a las afueras de la ciudad.
6. Este ejercicio *es / está* mal.
7. Esta escuela *es / está* al lado de la parada del autobús.

5. Haz frases con los elementos de cada columna.

Los coches	es	baratos
Esta calle	está	lejos
Los billetes de metro	están	ruidosa
La parada de autobús	son	cerca
La estación de metro		muy tranquila
		en el garaje

HABLAR

6. En parejas. Habla con tu compañero sobre tu barrio. ¿Te gusta? ¿Es grande o pequeño? ¿Tiene mucho tráfico? ¿Está bien comunicado (autobús, metro, etc.)?

PRONUNCIACIÓN Y ORTOGRAFÍA

1. Escucha y repite. 50

rey – arroz – perro – reloj – rojo – arriba
caro – pero – diario – soltera – para

El sonido **r (fuerte)** se escribe simple (r) a principio de palabra y doble (rr) en medio de dos vocales. El sonido **r (suave)** se escribe siempre simple (r).

2. Escucha y completa con *r* o *rr*. 51

1. ____oma.
2. Inglate____a.
3. Pe____ú.
4. carte____o.
5. compañe____o.
6. ____osa.
7. piza____a.
8. te____aza.
9. arma____io.

3. Dicta a tu compañero.

El perro de San Roque no tiene rabo porque Ramón Rodríguez se lo ha cortado.

Autoevaluación

1. Completa esta nota que Juan escribe para un compañero del trabajo. Utiliza los verbos del cuadro.

> guardar – ~~hacer~~ – conectar
> apagar – cerrar

Carlos:
Me marcho dentro de 10 minutos. El informe está en mi mesa, por favor (1) haz las fotocopias y (2)_____ todo en el primer cajón.
Después (3)_____ el despacho con llave y (4)_____ la alarma. Ah, antes de salir (5)_____ todas las luces.

Gracias por todo.
Juan

2. Relaciona los adjetivos contrarios.

1. ruidoso   a) bajo
2. ancho   b) corto
3. largo   c) tranquilo
4. bonito   d) pequeño
5. rápido   e) estrecho
6. alto   f) lento
7. grande   g) feo

3. Completa las frases con *ser* o *estar*.

1. Mi piso nuevo *es* bastante grande.
2. Esa oficina _____ bastante lejos de aquí.
3. Las fotocopias no _____ bien.
4. La catedral _____ en el centro.
5. Mi barrio _____ antiguo.
6. Este restaurante _____ muy ruidoso, no me gusta nada.
7. Las llaves _____ en el cajón.

4. Lee este correo y contesta verdadero (V) o falso (F).

Para: Gloria@hotmail.com
Cc:
Asunto: Vacaciones
Cuenta: YOLANDA <Yolanda@wanadoo.es>

La Habana, 6 de julio

Querida Gloria:
Esta ciudad es fantástica. Mi hotel está en un barrio precioso que se llama El Vedado, se puede pasear tranquilamente por sus calles, hay mercadillos de artesanía, algunas tiendas y restaurantes, y está al lado del mar. La mayoría de las casas son de una o dos plantas y de muchos colores: azules, amarillas, de color rosa. Otro barrio interesante es La Habana vieja, es la zona más antigua. Tiene algunos edificios (la catedral, el hotel Inglaterra, el Capitolio) muy bien conservados. Las calles son más estrechas y hay bastante tráfico, pero es muy agradable pasear por allí, tomar un helado y sentarse en cualquiera de las plazas.
Estoy haciendo muchas fotos, ya verás cómo te gustan.
Besos. Yolanda

1. El hotel de Yolanda está en La Habana vieja. ☐
2. El Vedado está al lado del mar. ☐
3. En El Vedado hay muchos edificios altos. ☐
4. La catedral está en La Habana vieja. ☐
5. En la zona antigua no hay tráfico. ☐

5. Escribe un párrafo sobre tu barrio.

¿Es grande / pequeño / no muy grande?
¿Tiene mucho / poco tráfico?
¿Hay muchas / pocas / bastantes tiendas?
¿Cómo son los edificios, altos / bajos?

😃 😐 ☹ *Soy capaz de...*

☐ ☐ ☐   *Preguntar para ir en metro.*
☐ ☐ ☐   *Dar instrucciones y pedir favores.*
☐ ☐ ☐   *Describir un barrio.*

De acá y de allá

MÚSICA LATINA

1. ¿Sabes qué significan estas palabras?

> guitarra – flamenco – salsa – tango – fiesta

> Dentro de la cultura hispana encontramos una gran variedad de estilos y ritmos musicales: unos son para bailar en fiestas y otros para escuchar con más tranquilidad.

2. A continuación vas a escuchar cuatro ritmos musicales diferentes. ¿Puedes relacionarlos con estos nombres? 52

a) Tango   b) Ranchera   c) Flamenco   d) Salsa

3. Relaciona la foto con la información correspondiente.

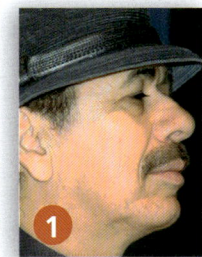

1. Carlos Santana
2. Jennifer López 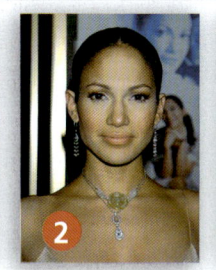
3. Enrique Iglesias 

a
(España, 1975) hijo de Julio Iglesias. Es uno de los artistas jóvenes con más premios internacionales. "Bailamos"

b
(México, 1947) es guitarrista y cantante. Compone música de fusión entre el rock y los ritmos latinos y afrocubanos. "Oye cómo va"

c
(EE UU, 1970) es cantante y actriz. Le encanta bailar salsa. "Una noche más"

TANGO
RANCHERA
FLAMENCO
SALSA

4. ¿Alguien tiene un CD de música latina? ¿Qué tipo de música es? ¿Puede traerla a clase?

6 D

sesenta y uno   61

7

Concertar una cita.
Verbo quedar.

A. ¿Dónde quedamos?

1. ¿Te gusta salir con los amigos? ¿Adónde vas?

  a) al cine
  b) al fútbol
  c) a la discoteca
  d) a casa de otros amigos

2. Lee y escucha. Después contesta las preguntas. 53

MADRE: ¿Sí, dígame?
PEDRO: ¿Está Antonio?
MADRE: Sí, ¿de parte de quién?
PEDRO: Soy Pedro.
MADRE: Enseguida se pone.
ANTONIO: ¿Pedro?
PEDRO: ¡Hola, Antonio! ¿Qué haces?
ANTONIO: Nada, estoy viendo la tele.
PEDRO: ¿Vamos al cine esta tarde?
ANTONIO: Venga, vale, ¿y qué ponen?
PEDRO: Podemos ver la última película de Almodóvar, ¿no?

ANTONIO: ¡Estupendo! ¿Cómo quedamos?
PEDRO: ¿A las siete en la puerta del metro?
ANTONIO: No, mejor a las ocho. ¿De acuerdo?
PEDRO: Vale. ¡Hasta luego!

1. ¿Qué van a hacer Antonio y Pedro?
2. ¿Dónde quedan?
3. ¿A qué hora?

3. Completa el diálogo. Utiliza las expresiones siguientes.

> Mejor mañana – Lo siento – Te parece bien
> Vienes conmigo – no puedo

A. ¿Sí?
B. ¿Está Alicia?
A. Sí, soy yo.
B. ¡Hola! Soy Begoña.
A. ¡Hola! ¿Qué hay?
B. Voy a salir de compras esta tarde.
   ¿(1)_____?
A. (2)_____ , hoy (3)_____ , tengo mucho trabajo. (4)_____.
B. Bueno, vale. ¿A qué hora? ¿(5)_____ a las seis?
A. Sí, de acuerdo.
B. Hasta mañana.

4. Escucha y comprueba. 54

COMUNICACIÓN

5. Completa el recuadro.

Invitar	**Aceptar**
¿Por qué no te vienes?	Venga, vale.
¿Vamos a cenar después?	_____
¿Vienes conmigo?	_____

Rechazar y proponer alternativa
–Lo siento, no puedo, tengo mucho trabajo.
–No puedo, ¿te parece bien mañana?
–No, mejor a las ocho.

62 sesenta y dos

HABLAR

6. Imagina que vives en Madrid. Practica con tus compañeros/as con estos datos.

Propuesta	¿Cuándo?
a) ir al teatro.	mañana
b) comer.	el sábado
c) tomar una copa.	esta noche
d) jugar al billar.	esta tarde
e) ir al cine.	este domingo

¿Dónde?	¿Hora?
a) Plaza Mayor.	18:00 h
b) Mesón Madrid.	14:30 h
c) Cine Ideal.	23:15 h
d) Metro Callao.	20:30 h
e) Cine Princesa.	17:45 h

Ejemplo:
A. *¿Vamos al teatro mañana?*
B. *Vale. ¿Dónde quedamos?*
A. *En la plaza Mayor. ¿Te parece bien?*
B. *Sí, ¿a qué hora?*
A. *A las seis.*
B. *Vale. ¡Hasta luego!*
A. *¡Hasta luego!*

ESCUCHAR

7. Ordena la siguiente conversación telefónica.

B. No está en este momento. ¿Quiere dejarle un recado? ☐
B. Muy bien, le dejo una nota. ☐
B. Inmobiliaria Miramar. Buenos días. [1]
A. Muchas gracias. Adiós. ☐
B. Adiós. ☐
A. Sí, por favor, dígale que la Sra. García va mañana a las once y media para hablar con él. ☐
A. Buenos días. ¿Puedo hablar con el Sr. Álvarez? ☐

8. Escucha y comprueba. 55

HABLAR

9. Practica con tu compañero/a las siguientes conversaciones telefónicas.

Estudiante A:
1. Llamas a Pepe para ir al cine.
2. Llamas a Julia para quedar para ir al cine.
3. Llamas a Borja y quedas para ir al cine.

Estudiante B:
1. Eres el padre de Pepe, y Pepe no está en su casa.
2. Eres Julia, no puedes ir al cine.
3. Eres Borja, te apetece ir al cine y quedas con tu compañero.

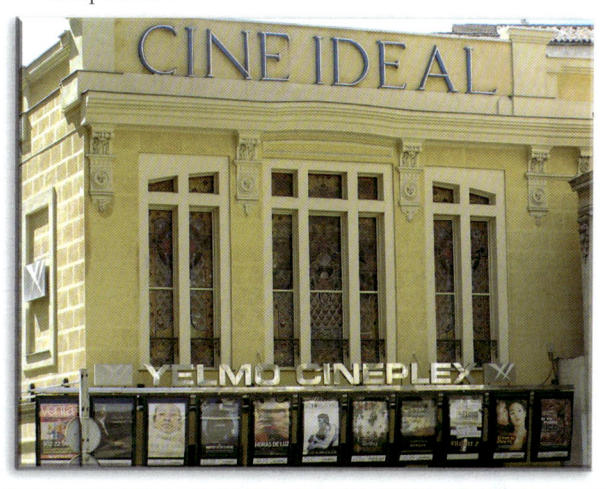

7A

sesenta y tres 63

Hablar de acciones en desarrollo.

B. ¿Qué estás haciendo?

GRAMÁTICA

1. Mira el dibujo y señala si las siguientes frases son verdaderas (V) o falsas (F).

1. El chico del bañador amarillo está duchándose. — V
2. El señor con gafas de sol está leyendo el periódico. ☐
3. La señora del bañador verde está abriendo la sombrilla. ☐
4. Los niños de la toalla blanca están jugando a las cartas. ☐
5. La chica del sombrero rojo está paseando. ☐
6. Una señora está durmiendo sobre la tumbona. ☐
7. Dos señoras están hablando en la orilla. ☐
8. Un grupo de niñas está jugando a la pelota. ☐
9. La chica del bañador rosa está secándose la cabeza. ☐
10. La señora pelirroja está peinándose. ☐

***Estar* + gerundio**

Estoy
Estás
Está   hablando
Estamos
Estáis
Están

Infinitivo   **Gerundio**

Llorar   llorando
Comer   comiendo
Escribir   escribiendo

Irregulares

Leer   leyendo
Dormir   durmiendo

7B

64   sesenta y cuatro

2. Mira los dibujos y di qué están haciendo los personajes, como en el ejemplo.

dormir / escuchar
No está durmiendo; está escuchando música.

1. escribir / pintar
2. hablar / cantar
3. estudiar / ver la tele
4. leer / navegar en Internet
5. discutir / hablar

Estar **+ gerundio + verbos reflexivos**

Estoy lavándo**me** o **me** estoy lavando.
Estás lavándo**te** o **te** estás lavando.
Está lavándo**se** o **se** está lavando.
Estamos lavándo**nos** o **nos** estamos lavando.
Estáis lavándo**os** u **os** estáis lavando.
Están lavándo**se** o **se** están lavando.

---

3. Completa las frases con el pronombre reflexivo adecuado.

1. A. Rosa, ¿qué estás haciendo?
   B. Ahora mismo estoy peinándo*me* porque voy a salir.
2. A. ¡Luis, al teléfono!
   B. No puedo, estoy duchándo____ .
3. A. Niños, ¿qué hacéis?
   B. Nada, mamá, ____ estamos lavando las manos.
4. A. ¡Qué ruido hacen los vecinos!
   B. Sí, están levantándo____ ahora porque salen de viaje.
5. A. ¡Hola!, ¿está Roberto?
   B. Sí, pero está afeitándo____ , llama más tarde.
6. A. ¿Y Clara?, ¿dónde está?
   B. En el baño, está duchándo____ .
7. A. Joana, ¿qué haces?
   B. ____ estoy pintando para salir.

4. Escucha y comprueba. 56

PRONUNCIACIÓN Y ORTOGRAFÍA

Entonación exclamativa

1. Escucha y repite. 57

a) ¡Vale!
b) ¡Hasta luego!
c) ¡Qué bien!
d) ¡Qué va!
e) ¡Qué bonito!
f) ¡Es horrible!
g) ¡Estupendo!

2. Escucha las afirmaciones y reacciona con una de las exclamaciones anteriores. 58

1. ¡Qué va! d
2. ☐
3. ☐
4. ☐
5. ☐
6. ☐
7. ☐

3. Escucha otra vez y comprueba. 59

sesenta y cinco 65

Descripción física y de carácter.

C. ¿Cómo es?

VOCABULARIO

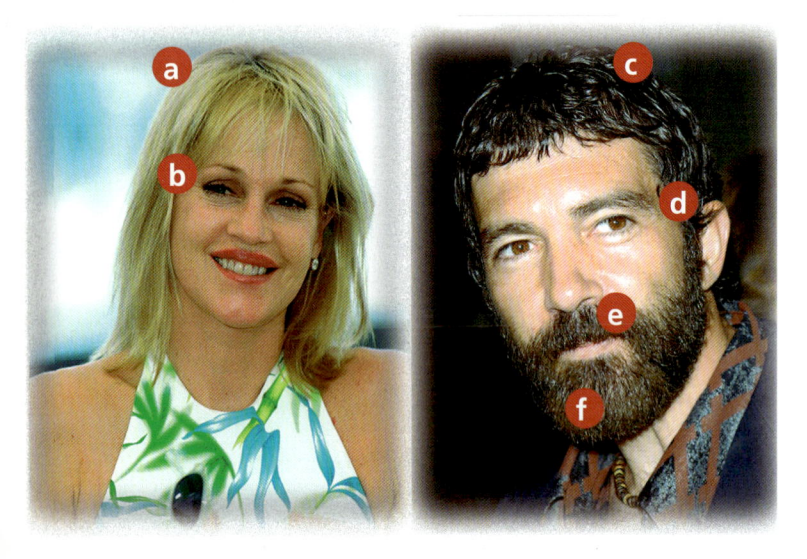

1. Señala en estos personajes las siguientes características físicas.

1. Pelo largo y rubio. ☐
2. Pelo corto y moreno. ☐
3. Ojos claros. ☐
4. Ojos oscuros. ☐
5. Bigote. ☐
6. Barba. ☐

2. Escucha y completa las siguientes descripciones y adivina a qué personaje se refiere cada una de ellas. **60**

1. Tiene el _____ largo y rubio. Tiene los _____ verdes. ¡No tiene _____!
2. Tiene los _____ oscuros. Tiene el _____ corto y la _____ negra.

3. Escucha las descripciones y señala quiénes son. **61**

1. _____ .   3. _____ .
2. _____ .   4. _____ .

COMUNICACIÓN

Es { Joven ≠ mayor
Alto/a ≠ bajo/a
Delgado/a ≠ gordo/a
Calvo }

Tiene { el pelo largo, corto, rubio, moreno
el pelo liso, rizado
los ojos azules, marrones, oscuros ≠ claros }

Lleva { gafas
barba
bigote }

66   sesenta y seis

ESCRIBIR

4. Describe a estas dos personas.

HABLAR

5. Describe a una persona de la clase sin decir el nombre. ¿Saben tus compañeros quién es?

Es alta y delgada…   Tiene los ojos…
Tiene el pelo…

VOCABULARIO

6. Relaciona.

1. tacaño   a) alegre
2. antipático   b) generoso
3. maleducado   c) simpático
4. serio   d) educado
5. hablador   e) callado

LEER

7. Completa el párrafo con los verbos del recuadro.

> gusta – gustan – ~~es~~ – beber – Odia

Dolores Fuentes es poetisa. Ella dice que (1) *es* simpática y alegre. Le (2)_____ los hombres y las mujeres generosos. En su tiempo libre lo que más le gusta es mirar al mar. Además, le (3)_____ comer cocido madrileño y (4)_____ vino tinto. (5)_____ las guerras y, por otro lado, le gusta mucho la música clásica. Su película favorita es *Tiempos modernos*, de Charlie Chaplin.

HABLAR Y ESCRIBIR

8. Primero lee las preguntas y luego haz la encuesta a tu compañero/a. Utiliza los adjetivos del vocabulario.

1. ¿Cómo eres tú? *Simpático y hablador.*
2. ¿Cómo te gustan los hombres? _____ y _____.
3. ¿Cómo te gustan las mujeres? _____ y _____.
4. ¿Qué prefieres hacer en tu tiempo libre? _____.
5. ¿Cuál es tu comida preferida? _____.
6. ¿Cuál es tu bebida preferida? _____.
7. ¿Cuál es tu deporte favorito? _____.
8. ¿Qué tipo de música prefieres? _____.
9. ¿Cuál es tu película favorita? _____.

9. Escribe un párrafo parecido al de la actividad 7 sobre tu compañero/a.

10. ¿Sabes qué es un hombre sincero? En la canción *Guantanamera* está la respuesta. Escúchala. 62

sesenta y siete 67

Autoevaluación

1. Mira la sección de espectáculos del periódico y busca la información siguiente.

a) ¿Qué ponen en la tele el viernes?

b) ¿Dónde ponen *El fantasma de la Ópera*?

c) ¿Qué podemos ver en Casa Patas?

d) ¿A qué hora empieza la película de Almodóvar?

e) ¿Qué equipos juegan al fútbol el domingo por la tarde?

f) ¿Qué película podemos ver el domingo?

g) ¿Qué obra ponen en el teatro Fígaro?

h) ¿Quién canta el domingo en el Palacio de Congresos?

2. ¿Qué palabra utilizarías para describir a estas personas?

1. Nunca gasta dinero: _____
2. Nunca habla: _____
3. Está siempre hablando: _____
4. Siempre está sonriendo: _____
5. Actúa con mucha educación: _____
6. Hace muchos regalos: _____

3. Describe lo que están haciendo los personajes del dibujo. Utiliza los verbos del recuadro.

> ~~reír~~ – comer – discutir
> escuchar – hablar

ESPECTÁCULOS

VIERNES
TELEVISIÓN
La 2, 22 h: Documental *Exiliados*.
CINE
Cine Ideal, 22.30 h: *Pasos de baile*.
TEATRO
Teatro Lope de Vega, 23 h: *El fantasma de la Ópera* (musical).
MÚSICA
Palacio de Vistalegre, 21.30 h: *Nabucco*, de Verdi.

SÁBADO
TELEVISIÓN
Canal +, 22.30 h: *Todo sobre mi madre*, de Almodóvar.
CINE
Cinema Azul, 20 h: *Arrebato*, de Iván Zulueta.
TEATRO
Teatro Albéniz, 22.30 h: *La Gaviota*, de Chejov.
MÚSICA
Casa Patas, 24 h: *Concierto flamenco*.

DOMINGO
TELEVISIÓN
Antena 3, 20.30 h: *Fútbol*, Real Madrid-Barcelona.
CINE
Cines Princesa, 20.15 h: *Te doy mis ojos*, de Icíar Bollaín.
TEATRO
Fígaro, 22.30 h: *Bodas de sangre*, de García Lorca.
MÚSICA
Palacio de Congresos, 21 h: Concierto de Alejandro Sanz.

Ana se está riendo.

Soy capaz de...

☐☐☐ Concertar una cita.

☐☐☐ Hablar de acciones en desarrollo.

☐☐☐ Describir personas.

De acá y de allá

LOS SÁBADOS

LOS SÁBADOS POR LA NOCHE

Para los jóvenes la noche del sábado es muy especial. No tienen que estudiar, no tienen que trabajar, no tienen que aprender los verbos irregulares... Entonces, ¿qué hacen los sábados por la noche? Depende. No todos tienen los mismos gustos.

Tomás (dieciocho años, Costa Rica) Conozco a muchas chicas de mi edad, pero normalmente prefiero salir con mis amigos. Hay muchas cosas que nos gusta hacer juntos. Cuando tenemos suficiente dinero vamos al cine o a una cafetería. Si no, vamos a la casa de otro amigo y escuchamos música.

Carolina (diecisiete años, Perú) Yo no salgo mucho. Mis padres son muy estrictos. Casi nunca me dan permiso para salir de noche. Así que me quedo en casa viendo la televisión.

Rafael (veintitrés años, Alicante) Yo siempre salgo con mi novia y mis amigos. Normalmente vamos al cine y a tomar algo.

1. Señala verdadero (V) o falso (F).

1. Los jóvenes tienen que estudiar los sábados por la noche. **F**
2. No todos los jóvenes tienen los mismos gustos. ☐
3. Rafael sale sólo con sus amigos. ☐
4. Carolina se queda en casa, viendo la televisión. ☐
5. Tomás, algunas veces, va al cine. ☐

2. En grupos de cuatro, habla con tus compañeros.

¿Sales a menudo los sábados por la noche?
¿Con quién sales?
¿Adónde te gusta ir?
¿Sales los domingos?
¿Sales solo/a o con tus amigos?

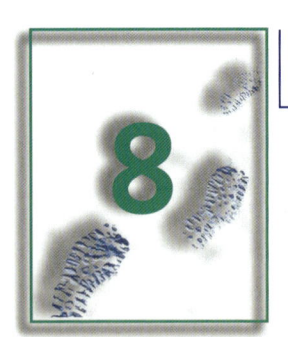

8 — Preguntar e indicar cómo se va a un lugar.

COMUNICACIÓN

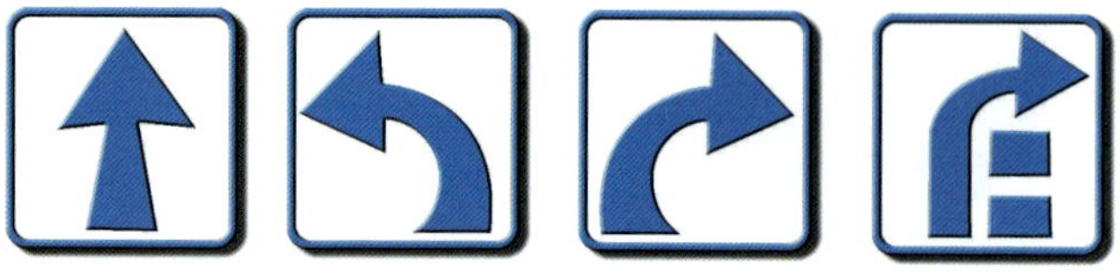

- sigue (siga) todo recto
- gira (gire) a la izquierda
- gira (gire) a la derecha
- toma (tome) la 2.ª a la derecha

A. De vacaciones

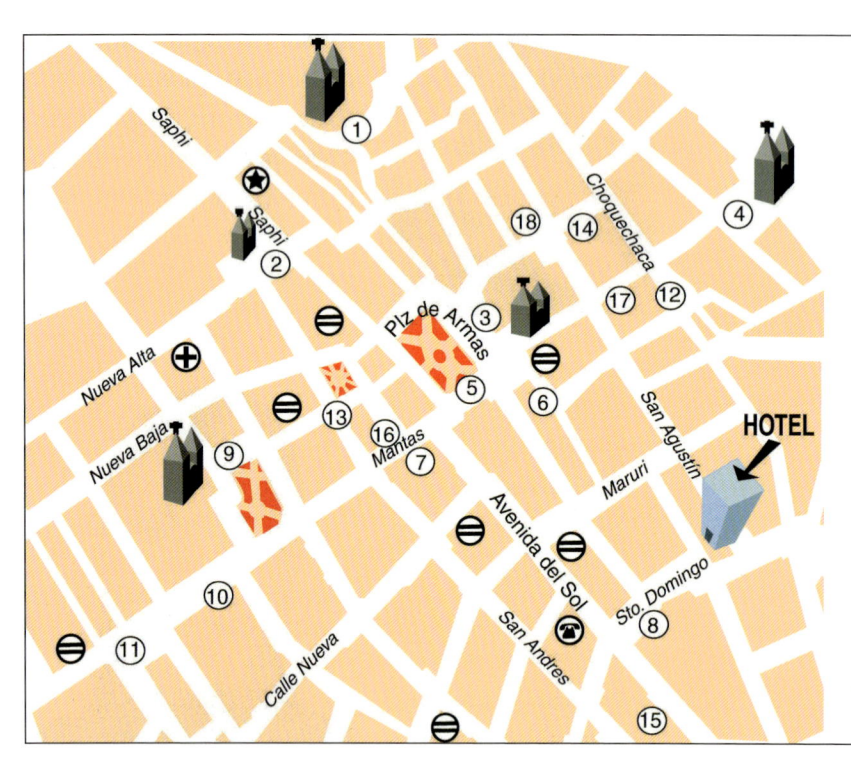

Mapa de Cuzco:

1. San Cristóbal
2. Santa Teresa
3. Catedral
4. San Blas
5. La Compañía
6. Santa Catalina
7. La Merced
8. Santo Domingo
9. San Francisco
10. Santa Clara
11. San Pedro
12. Piedra de los 12 Ángulos
13. Casa de Garcilaso
14. Monasterio de Nazarenas
15. Centro de Arte Nativo
16. Oficina de Correos
17. Museo de Arte
18. Museo Arqueológico

Símbolos:
- Farmacia
- Central telefónica
- Posta sanitaria
- Estación de policía

1. Mira el mapa de Cuzco y encuentra: una farmacia, la iglesia de San Francisco, una posta sanitaria, el Museo de Arte, una estación de policía y la oficina de correos.

2. Escribe frases como en el ejemplo.

Hay una farmacia en la calle…
La iglesia de San Francisco está en la calle…

3. Lee y escucha el diálogo. Sigue el recorrido en el plano. 63

LUIS: Buenos días, perdone, ¿puede decirme cómo se va a la plaza de Armas?

RECEPCIONISTA: Sí, ¡cómo no! Es muy sencillo. Salga del hotel hacia la derecha y siga todo recto hasta el final de la calle. Entonces gire a la izquierda. Siga recto y tome la tercera calle a la derecha, la avenida del Sol, y al final de la avenida, girando a la derecha, se encuentra la plaza de Armas.

LUIS: Entonces, giro en la primera a la izquierda y en la avenida del Sol a la derecha. ¿No es así?

RECEPCIONISTA: Así es, señor. En quince minutos puede estar allí.

LUIS: Muchas gracias. ¡Hasta luego!

70 setenta

4. Mira el mapa y completa el diálogo.

a) Desde el hotel:
   A. Perdone, ¿puede decirme dónde está la farmacia más cercana?
   B. _____ por la calle Santo Domingo; gire la primera _____ y, después, la primera _____ .

b) Desde la iglesia de San Francisco:
   A. Por favor, ¿puede decirme cómo se va a la iglesia de Santa Teresa?
   B. Siga todo recto y gire la segunda _____ _____ y después tome la calle _____ .

5. Escucha y comprueba. 64

HABLAR

6. En parejas, mirando el plano de Cuzco, A pregunta y B responde. Estamos en la iglesia de Santa Teresa.

1. Perdone, por favor, ¿para ir a la catedral?
2. ¿Puede decirme cómo se va a la plaza de Armas, por favor?
3. ¿La iglesia de San Francisco, por favor?
4. Disculpe, ¿la posta sanitaria, por favor?

Plaza de Armas

VOCABULARIO

7. Escribe la letra correspondiente.

1. medicinas — c
2. fruta y carne
3. periódico
4. sellos y tabaco
5. cartas
6. policía

8. Relaciona los establecimientos con el vocabulario anterior.

1. Correos — e
2. Quiosco
3. Farmacia
4. Mercado
5. Estanco
6. Comisaría

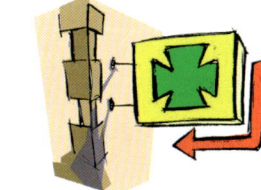

setenta y uno 71

Hablar del pasado (ayer).

B. ¿Qué hizo Rosa ayer?

1. ¿Adónde fuiste el sábado?

Yo fui a _____ .
Yo no salí, me quedé en casa.

2. Relaciona las frases con las imágenes.

1. Salió de casa a las ocho de la mañana. **d**
2. Empezó a trabajar a las ocho y media. ☐
3. Comió en la cafetería del hospital. ☐
4. Terminó de trabajar a las cinco de la tarde. ☐
5. Por la tarde, fue al supermercado. ☐
6. Compró algo de fruta para la cena. ☐

GRAMÁTICA

Pretérito indefinido

	Trabajar	Comer	Salir
yo	trabajé	comí	salí
tú	trabajaste	comiste	saliste
él/ella/Vd.	trabajó	comió	salió
nosotros/as	trabajamos	comimos	salimos
vosotros/as	trabajasteis	comisteis	salisteis
ellos/ellas/Vds.	trabajaron	comieron	salieron

3. Escribe las siguientes frases en pretérito indefinido.

1. Ayer / no leer / el periódico. (yo)
   Ayer no leí el periódico.
2. El lunes / Juan y yo / comer / en un restaurante nuevo.
   _____
3. Anoche / cenar / con María. (nosotros)
   _____
4. Mis amigos / no trabajar / el sábado.
   _____
5. ¿Comprar / ayer / el periódico? (tú)
   _____
6. Eduardo / llevar / al niño al colegio.
   _____
7. ¿Salir / el viernes por la noche? (vosotros)
   _____

ESCUCHAR

4. ¿Qué hizo Rosa ayer? Completa los huecos con el pretérito indefinido de los verbos.

> acabar – cenar – visitar – pasar
> llegar – atender – invitar

8 B

72   setenta y dos

Ayer, como todos los días, me levanté a las siete de la mañana y me preparé para ir a trabajar. Al llegar al hospital, como todos los días, (1) atendí a los enfermos de la consulta y (2)_____ a los pacientes de las habitaciones. A las cinco de la tarde, como todos los días, (3)_____ de trabajar y (4)_____ por el supermercado a comprar algo para la cena. A las seis de la tarde (5)_____ por fin a casa, muy cansada, como todos los días. Pero ayer fue diferente: mi marido me (6)_____ a un concierto y después (7)_____ en mi restaurante favorito.

5. Escucha y comprueba. 65

GRAMÁTICA

Pretérito indefinido		
verbos irregulares		
	Ir	**Estar**
yo	fui	estuve
tú	fuiste	estuviste
él/ella/Vd.	fue	estuvo
nosotros/as	fuimos	estuvimos
vosotros/as	fuisteis	estuvisteis
ellos/ellas/Vds.	fueron	estuvieron

ESCUCHAR

6. Soledad y Federico son dos ejecutivos argentinos. Escúchalos y completa el cuadro con las ciudades en las que estuvieron la semana pasada. 66

Lima – Madrid – Buenos Aires
Río de Janeiro – Caracas

	Soledad	Federico
Lunes	_____	_____
Martes	_____	_____
Miércoles	_____	_____
Jueves	_____	_____
Viernes	_____	_____

HABLAR

7. Completa las preguntas con el pretérito indefinido.

1. ¿A qué hora *te levantaste* ayer?
2. ¿A qué hora (empezar) _____ a trabajar?
3. ¿Dónde (ir) _____ a comer?
4. ¿Con quién (comer) _____?
5. ¿Dónde (estar) _____ después de comer?
6. ¿A qué hora te (acostar) _____?

8. Haz las preguntas anteriores a tu compañero/a y luego escribe sobre él/ella.

Ayer mi compañero se levantó a las…

PRONUNCIACIÓN Y ORTOGRAFÍA

Acentuación

1. Escucha y señala lo que oyes. 67

1. a) Llevo gafas ☐
   b) Llevó gafas ☐
2. a) Como mucho ☐
   b) Comió mucho ☐
3. a) ¿Abro la puerta? ☐
   b) ¿Abrió la puerta? ☐
4. a) ¿Hablo más alto? ☐
   b) ¿Habló más alto? ☐
5. a) Entro a las ocho. ☐
   b) Entró a las ocho. ☐
6. a) Trabajo por la mañana. ☐
   b) Trabajó por la mañana. ☐
7. a) Estudio Geografía. ☐
   b) Estudió Geografía. ☐

2. Escucha otra vez y repite. 67

*Hablar del tiempo.
Meses y estaciones del año.*

c. ¿Qué tiempo hace hoy?

1. Relaciona las siguientes expresiones con las fotos.

1. hace frío — e
2. hace calor — ☐
3. hace viento — ☐
4. está nublado — ☐
5. está lloviendo — ☐
6. hay nieve — ☐

2. Contesta las siguientes preguntas.

1. ¿Qué tiempo hace hoy?
2. ¿Qué tiempo te gusta más?
   Me gusta cuando…

3. Completa el siguiente calendario con el tiempo que suele hacer en tu ciudad en los distintos meses del año.

enero	_____	julio	_____
febrero	_____	agosto	_____
marzo	_____	septiembre	_____
abril	_____	octubre	_____
mayo	_____	noviembre	_____
junio	_____	diciembre	_____

HABLAR

4. Pregunta a tu compañero/a.

1. ¿Cuándo es tu cumpleaños?
   Mi cumpleaños es el…
2. ¿Cuándo es el cumpleaños de tu madre?
3. ¿Cuándo es el cumpleaños de tu padre?
4. ¿Cuándo es el cumpleaños de tu mejor amigo?

VERANO   OTOÑO   INVIERNO   PRIMAVERA

74   setenta y cuatro

5. Completa el texto con las palabras del recuadro.

> veces – mucho – hace (2) – primavera
> altas – enero – noviembre – julio

En Toledo, durante los meses de invierno (diciembre, (1)_____ y febrero) (2)_____ mucho frío y algunas (3)_____ nieva. Durante la (4)_____ (marzo, abril y mayo), suben las temperaturas y empieza a hacer buen tiempo. En verano (junio, (5)_____ y agosto), hace (6)_____ calor. Todos los días hace mucho sol y las temperaturas son muy (7)_____ . En otoño (septiembre, octubre y (8)_____), los días son más cortos, el cielo está nublado y a veces llueve y (9)_____ viento.

6. Escribe un párrafo sobre el tiempo en tu país.

ESCUCHAR

7. Escucha el informe meteorológico y completa la tabla. 68

	Brasil	Caribe	México
Tiempo			
Temperatura			

LEER

8. Lee el texto y contesta a las preguntas.

¿En qué festividades:
1. reciben regalos los niños?
2. las celebraciones duran dos semanas?
3. se encienden velas?
4. se utilizan trajes regionales?
5. se baila en las calles?
6. se representa la muerte de Jesucristo?

8
C

VEN A DISFRUTAR DE TUS VACACIONES EN MÉXICO Y PARTICIPA CON NOSOTROS EN NUESTRAS FIESTAS TRADICIONALES

CARNAVAL: Los festejos de Carnaval se celebran en febrero. Empiezan en viernes y terminan el martes de la semana siguiente. Durante estos días la gente baila en las calles, en los hoteles y en las casas de la ciudad, en un ambiente muy alegre. Las mujeres se visten con hermosos trajes regionales y bailan sus danzas tradicionales.

SEMANA SANTA: La Semana Santa se celebra en marzo o en abril. Los habitantes de los pueblos hacen procesiones, llevan velas y ofrecen flores. También se realizan representaciones de los principales hechos de la pasión y muerte de Jesucristo.

DÍA DE LOS MUERTOS: El 1 de noviembre pueblos enteros van a las tumbas de sus muertos, llevándoles dulces, comida y flores. El espectáculo es impresionante por la noche cuando se encienden las velas en los cementerios.

FIESTAS DE NAVIDAD Y AÑO NUEVO: Estas fiestas empiezan el 24 de diciembre y terminan el 6 de enero, cuando los tres Reyes Magos dejan juguetes y golosinas en los zapatos de los niños.

setenta y cinco

Autoevaluación

1. ¿Dónde se puede/n encontrar…

1. sellos? *en el estanco.*
2. revistas? _____
3. aspirinas? _____
4. carne y pescado? _____
5. un cartero? _____
6. un policía? _____

2. Ordena los párrafos de la postal que Carolina escribe a Rosa.

Rosa García Iglesias
C. Príncipe, 15 - 1º izda.
28080 Madrid

franqueo pagado

Querida Rosa:

a) Después ellos fueron a la plaza Mayor a tomar un aperitivo y yo me fui de compras con Ana, mi compañera de piso.

b) Segovia es una ciudad preciosa. Ayer estuve allí de excursión con unos amigos.

c) Al final del día, Ana y yo hicimos unas fotos del acueducto. El tiempo se pasó muy rápido, pero fueron unas horas inolvidables.

d) Por la mañana visitamos la catedral y el alcázar.

e) Por la tarde, todos bajamos al río. Dimos un paseo muy agradable.

¡Hasta pronto!
Carolina

---

3. ¿Verdadero o falso?

1. En el desierto llueve mucho. **F**
2. Cuando hace calor no llevo abrigo. ☐
3. Siempre nieva en verano. ☐
4. En otoño caen las hojas de los árboles. ☐
5. Cuando hace mucho viento es difícil abrir el paraguas. ☐
6. Cuando llueve está nublado. ☐

4. Completa el siguiente texto con el pretérito indefinido de los verbos.

Ayer me (levantar) (1) *levanté* a las 6.30 de la mañana. Mi marido y yo (desayunar) (2)_____ juntos y después él se (3)_____ (ir) a trabajar en tren y yo me (4)_____ (ir) en coche. Mis hijos (5)_____ (estar) en el colegio hasta las 3. Luego, todos (6)_____ (comer) juntos. Por la tarde, mi marido (7)_____ (preparar) la cena mientras yo (8)_____ (ayudar) a mi hijo pequeño con los deberes. A las 11.30 nos (9)_____ (ir) todos a dormir.

5. Escucha a Sara, Lucía y Carlos hablando de sus últimas vacaciones y completa la tabla. **69**

	Sara	Lucía	Carlos
1. ¿Dónde estuvieron?			
2. ¿Qué transporte utilizaron?			
3. ¿Con quién estuvieron?			
4. ¿Cuánto tiempo estuvieron?			

😊 😐 ☹ *Soy capaz de…*

☐ ☐ ☐ *Preguntar e indicar cómo se va a un lugar.*

☐ ☐ ☐ *Hablar del pasado.*

☐ ☐ ☐ *Hablar del tiempo.*

De acá y de allá

DE VACACIONES

1. Con tus compañeros/as elabora una lista de ciudades y monumentos españoles que conozcáis.

LEER

2. Lee.

VACACIONES EN ESPAÑA

Hay tantas cosas que ver en España que es difícil seleccionar las más interesantes. Si empezamos por el Noroeste, podemos visitar Galicia y allí pararnos a ver Santiago de Compostela y su catedral. Siguiendo por la costa cantábrica, el viajero descubre paisajes inolvidables de praderas suaves y pequeñas playas entre acantilados. Desde el País Vasco nos dirigimos a Cataluña, que mira al Mediterráneo. La ciudad catalana más importante es Barcelona, puerto de mar y punto de partida y llegada de barcos de todo el mundo. Podemos seguir nuestro viaje por la costa mediterránea para disfrutar de las ciudades y playas que llegan hasta Almería y Málaga, en Andalucía. También la comunidad andaluza merece una atención especial por los restos de cultura árabe que se pueden ver en Córdoba, Sevilla y Granada, especialmente. Desde Córdoba podemos ir a Madrid, atravesando la Mancha, la tierra de Don Quijote, el héroe de Cervantes. Aquí acaba nuestro viaje por esta vez, pero aún nos quedan por ver muchos otros paisajes y ciudades.

3. Señala verdadero (V) o falso (F).

1. La catedral de Santiago está en Galicia. ☐
2. Barcelona está en la costa cantábrica. ☐
3. En Córdoba hay restos árabes. ☐
4. Almería no tiene playa. ☐
5. La Mancha está al sur de Madrid. ☐

4. Señala en el mapa el recorrido del viaje propuesto en el texto.

setenta y siete 77

**Recursos para comprar.
Pronombres de objeto directo.**

A. ¿Cuánto cuestan estos zapatos?

1. Comenta con tus compañeros y compañeras.

¿Te gusta ir de compras?

¿Dónde compras, en tiendas pequeñas o en grandes almacenes?

2. Celia y Álvaro van de compras. Completa el diálogo con las palabras del recuadro.

> ¿cuánto cuestan – No están mal
> Gracias – preciosos

CHICA: Mira estos zapatos, Álvaro, son (1)_____ .
CHICO: (2)_____ , pero a mí me gustan más aquellos marrones.
CHICA: Oiga, ¿(3)_____ estos zapatos negros?
DEPENDIENTE: 90 euros.
CHICA: ¿Y aquellos marrones?
DEPENDIENTE: 115 euros.
CHICA: ¿115 euros? (4)_____ , tengo que pensarlo.

3. Escucha el resto de la conversación.
¿Qué otras cosas miran Celia y Álvaro?
¿Lo compran o no?

¿Qué miran?	¿Cuánto cuesta?	¿Lo compran?

4. Ordena la conversación siguiente:

DEPENDIENTE:	180 euros.	☐
CLIENTE:	¿Puedo probármelas?	☐
DEPENDIENTE:	Buenos días, ¿puedo ayudarla?	1
CLIENTE:	Me gustan, me las llevo.	☐
DEPENDIENTE:	Sí, éstas están rebajadas, cuestan 120 euros.	☐
CLIENTE:	Sí, ¿cuánto cuestan estas gafas de sol?	☐
DEPENDIENTE:	¿Cómo paga, con tarjeta o en efectivo?	☐
CLIENTE:	¿No tiene otras más baratas?	☐
DEPENDIENTE:	Sí, claro.	☐
CLIENTE:	Con tarjeta.	☐

5. Escucha y comprueba.

HABLAR

6. En parejas. Practica la conversación anterior. *A* es el vendedor y *B* es el cliente. Podéis comprar un bolso, unos vaqueros, un anillo...

78   setenta y ocho

aquellos zapatos

estos zapatos

esos zapatos

GRAMÁTICA

Demostrativos (adjetivos y pronombres)

Singular		Plural	
Masculino	Femenino	Masculino	Femenino
este	esta	estos	estas
ese	esa	esos	esas
aquel	aquella	aquellos	aquellas

Pronombres demostrativos

| esto | eso | aquello |

7. Subraya el demostrativo adecuado.

1. ¿Te gustan *estos* / *estas* gafas de sol?
2. ¿Cuánto cuesta *este* / *esto* anillo?
3. ¿De quién es *esta* / *esto*?
4. ¿De quién es *esta* / *este* cartera?
5. Luis, trae *aquel* / *aquello* bolso.
6. ¿Cuánto cuestan *estos* / *esto* vaqueros?
7. ¿Qué es *aquellos* / *aquello*?
8. Dame *esa* / *ese* caja de ahí.
9. *Eso* / *esos* no me gusta.

Pronombres de objeto directo

Me gusta **este jersey**, ¿puedo probárme**lo**?

Me gusta **esta camisa**, ¿puedo probárme**la**?

Me gustan **estos pantalones**, ¿puedo probárme**los**?

Me gustan **estas gafas** de sol, ¿puedo probárme**las**?

8. Completa las frases con los pronombres *lo*, *la*, *los*, *las*.

1. Me gusta mucho este jersey, me *lo* llevo.
2. ¿Sabes dónde están mis gafas?, no _____ veo.
3. A. ¿Quién es ése?
   B. No lo sé, no _____ conozco.
   A. ¿Y aquella morena?
   B. Tampoco _____ conozco.
4. A. Y tus amigos Pepa y Jaime, ¿qué tal están?
   B. No sé, hace tiempo que no _____ veo.
5. A. ¿Te quedan bien los vaqueros?
   B. Sí, me _____ llevo.
6. A. ¿Conoces a mis padres?
   B. Sí, _____ vi en tu boda.

¿Qué es esto?

Es un regalo para ti.

setenta y nueve 79

Describir la ropa.

B. Mi novio lleva corbata

1. Responde.

a) ¿De qué color llevas hoy la camiseta/camisa?

b) ¿De qué color son los autobuses en tu ciudad?

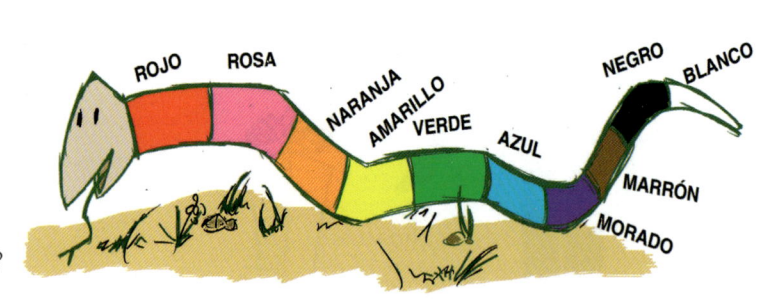

2. Escribe el nombre debajo de cada descripción.

1. Lleva una falda negra, una camiseta morada y unas medias negras también.
   _____

2. Lleva unos pantalones vaqueros, una camisa azul y unas playeras marrones.
   _____

3. Lleva una camisa marrón, muy elegante, y una corbata amarilla. También lleva una chaqueta marrón más oscuro.
   _____

4. Lleva unos pantalones negros, una camiseta roja y un collar a juego con los pendientes.
   _____

3. Escucha y comprueba.

ESCRIBIR

4. Describe la ropa de dos compañeros/as, léelo en voz alta. Los demás tienen que adivinar quiénes son.

GRAMÁTICA

Adjetivos			
Singular		**Plural**	
Masculino	**Femenino**	**Masculino**	**Femenino**
blanc**o**	blanc**a**	blanc**os**	blanc**as**
verd**e**	verd**e**	verd**es**	verd**es**
azul	azul	azul**es**	azul**es**

Los adjetivos de color terminados en **-a** (*rosa, naranja, fucsia*) no cambian:
Me gusta ese coche (de color) **naranja**.

80 ochenta

LEER Y HABLAR

5. Responde al cuestionario.

> ### TU ROPA Y TÚ
>
> 1. ¿Cómo prefieres la ropa?
>   a) cómoda ❑
>   b) elegante ❑
>   c) moderna ❑
>
> 2. ¿Con quién vas a comprarla?
>   a) con mi madre ❑
>   b) solo/a ❑
>   c) con un amigo/a ❑
>
> 3. ¿Cuándo compras ropa?
>   a) todos los meses ❑
>   b) una vez al año ❑
>   c) cuando necesito algo ❑
>
> 4. Si vas a una entrevista de trabajo, ¿qué te pones?
>   a) algo formal: un traje, por ejemplo. ❑
>   b) algo cómodo: pantalones vaqueros. ❑
>   c) algo informal, pero elegante: una falda bonita / una americana moderna. ❑
>
> 5. Cuando vas a la fiesta de cumpleaños de un/a amigo/a, ¿qué llevas?
>   a) algo cómodo: camiseta y vaqueros. ❑
>   b) algo elegante: un vestido largo / camisa y pantalón negros. ❑
>   c) me da igual: lo primero que encuentro. ❑
>
> 6. ¿Qué color es el más elegante?
>   a) negro ❑
>   b) rojo ❑
>   c) blanco ❑
>   d) otro: _____
>
> 7. ¿Cuál es tu color preferido para la ropa?
>   _____

6. Compara tus respuestas con las de tu compañero o compañera.

VOCABULARIO

7. Relaciona los adjetivos contrarios.

1. caro   a) oscuro
2. cómodo   b) estrecho
3. claro   c) incómodo
4. ancho   d) grande
5. corto   e) sucio
6. limpio   f) antiguo
7. moderno   g) barato
8. pequeño   h) largo

8. Escribe cinco frases utilizando estos adjetivos.

Rosa lleva una falda larga.

9. Lee las frases a tus compañeros/as.

PRONUNCIACIÓN Y ORTOGRAFÍA

> **g / j**
>
> /x/   ja, je, ji, jo, ju
>   ge, gi
>
> /g/   ga, go, gu
>   gue, gui

1. Escucha y repite. 🔴 4

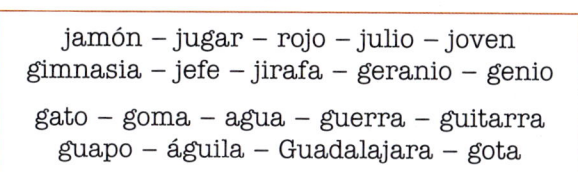

> jamón – jugar – rojo – julio – joven
> gimnasia – jefe – jirafa – geranio – genio
>
> gato – goma – agua – guerra – guitarra
> guapo – águila – Guadalajara – gota

2. Escucha y señala lo que oyes. 🔴 5

> gusto/justo – gabón/jabón – higo/hijo
> hago/ajo – pagar/pajar

Comparar.

C. Buenos Aires es más grande que Toledo

1. ¿Vives en un pueblo o en una ciudad? Señala los adjetivos que describen tu pueblo o ciudad.

moderno/a ☐   ruidoso/a ☐
tranquilo/a ☐   grande ☐
antiguo/a ☐   limpio/a ☐
pequeño/a ☐

2. Mira las fotos de Buenos Aires y Toledo, lee las frases y señala si las afirmaciones son verdaderas (V) o falsas (F).

1. Buenos Aires es más antigua que Toledo. **F**
2. Toledo es más pequeña que Buenos Aires. ☐
3. Toledo no tiene tantos habitantes como Buenos Aires. ☐
4. Las calles de Buenos Aires son más anchas que las calles de Toledo. ☐
5. Toledo es más ruidosa que Buenos Aires. ☐
6. Buenos Aires está más contaminada que Toledo. ☐

3. Completa las frases con *más, menos, que, tan, como.*

1. Tu coche no es *tan* rápido *como* el mío.
2. Ese vestido es más caro _____ este.
3. Vuestra habitación no es tan grande _____ la nuestra.
4. El avión es _____ rápido _____ el coche.
5. La bicicleta es _____ ruidosa _____ el tren.
6. El taxi no es _____ barato _____ el metro.
7. Un traje siempre es _____ elegante _____ unos pantalones vaqueros.

GRAMÁTICA

Comparativos

más + adjetivo + que
Juan es más simpático que Pedro.

menos + adjetivo + que
Pedro es menos simpático que Juan.

tan + adjetivo + como
Juan (no) es tan alto como Pedro.

Comparativos irregulares

bueno   **mejor / mejores + que**
Esta película es *mejor que* esa.

malo   **peor / peores + que**
Esos pasteles son *peores que* estos.

grande   **mayor / mayores + que**
Yo soy *mayor que* ella.

pequeño   **menor / menores + que**
Sus hijos son *menores que* los míos.

4. Completa el diálogo con los comparativos *peor/es, mejor/es, mayor/es*.

ÉL: Voy a preparar mi maleta para el viaje, a ver… ¿qué llevo? Mira, estos zapatos están bien, ¿no?

ELLA: No, para ir a la montaña, las botas son (1)_____ _____ los zapatos.

ÉL: Tienes razón. ¿Llevo los vaqueros?

ELLA: No, para el frío son (2)_____ los pantalones de pana.

ÉL: Bueno, llevo los dos y ya está.

ELLA: ¿Por qué llevas la maleta azul?

ÉL: Pues porque es (3)_____ _____ la gris, tiene ruedas.

ELLA: Yo prefiero la gris, caben más cosas. Toma el paraguas, guárdalo.

ÉL: ¿El rojo? No, este es (4)_____ _____ el negro.

ELLA: Lo siento, el negro ya está en mi maleta.

5. Escucha y comprueba. **6**

6. Observa el dibujo y elige la opción correcta.

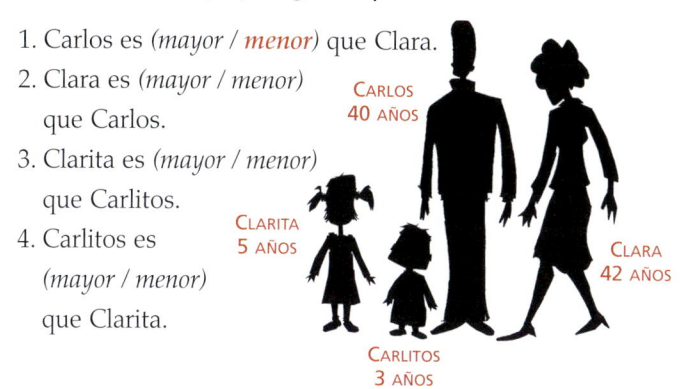

1. Carlos es (*mayor / **menor***) que Clara.
2. Clara es (*mayor / menor*) que Carlos.
3. Clarita es (*mayor / menor*) que Carlitos.
4. Carlitos es (*mayor / menor*) que Clarita.

CARLOS 40 AÑOS
CLARA 42 AÑOS
CLARITA 5 AÑOS
CARLITOS 3 AÑOS

VOCABULARIO

7. Relaciona.

1. Música   a) rica
2. Playas   b) clásica
3. Canción   c) inteligente
4. Comida   d) alta
5. Montaña   e) caro
6. Persona   f) desiertas
7. Restaurante   g) bonita

8. Escribe frases comparando.

1. El tren y el avión (*rápido / lento*).
   El avión es más rápido que el tren.
2. Nueva York y París (*grande / pequeño*).
3. La comida italiana y la comida japonesa (*rica / mala*).
4. Los coches y las motos (*seguros / inseguros*).
5. Vivir en el campo y vivir en la ciudad (*aburrido / divertido*).
6. La comida casera y la comida rápida (*buena / mala*).
7. La música clásica y la música moderna (*relajante / estresante*).
8. Isaac Newton y Albert Einstein (*inteligente*).

HABLAR

9. Compara tus frases con las de tu compañero/a.

Autoevaluación

1. Completa las descripciones con los adjetivos del recuadro.

> negra – negros – ~~marrones~~
> blanca – marrón

Rafael viene hoy muy elegante. Lleva unos pantalones (1) *marrones*, una camisa (2)_____ y una corbata a rayas. La chaqueta es de color (3)_____, pero más oscuro que los pantalones y los zapatos, (4)_____. También lleva una cartera (5)_____.

> moderno – negras – negros
> azules – roja – negra

Marina viene hoy a clase con ropa deportiva. Lleva unos pantalones (6)_____, una camiseta (7)_____ con un estampado muy (8)_____, unas zapatillas deportivas (9)_____, unos calcetines (10)_____ y, en el pelo, una cinta también (11)_____.

2. Relaciona.

1. Buenos días, ¿puedo ayudarle? **f**
2. ¿Puedo probarme estos pantalones? ☐
3. ¿Cómo paga, con tarjeta o en efectivo? ☐
4. Álvaro, ¿te gustan estos zapatos? ☐
5. ¿No tiene otro más barato? ☐
6. ¿Cómo le queda la falda? ☐

a) Bien, me la llevo.
b) No mucho, me gustan más aquellos.
c) Sí, claro, allí están los probadores.
d) Con tarjeta.
e) Sí, este sólo cuesta 30 euros.
f) Sí, ¿cuánto cuestan estas gafas?

3. Completa con los pronombres *lo, la, los, las*.

JULIA: ¿Qué llevas en esa bolsa?
CRISTINA: Los regalos de Navidad.
JULIA: ¿Puedo (1) ver*los*?
CRISTINA: Bueno, estos paquetes son para los abuelos: una corbata y un pañuelo.
JULIA: ¿Y esas cajas blancas?
CRISTINA: Son para mamá y papá.
JULIA: ¿Puedo (2) abrir____?
CRISTINA: No, es una sorpresa.
JULIA: ¿Y ese coche rojo? ¿Es para Raúl?
CRISTINA: Sí, tengo que (3) envolver____ primero. ¿Tienes papel de regalo?
JULIA: Sí, (4)____ tengo en el primer cajón de la mesa. ¿Para quién es esta raqueta? ¿Para mí?
CRISTINA: No, es para Raúl, (5)____ voy a envolver también.
JULIA: ¿Y para mí?
CRISTINA: Es este paquete, ¿(6)____ quieres ver ahora? ¿No prefieres esperar?
JULIA: No, ahora, (7) ábre____, por favor.
CRISTINA: ¡Un cinturón negro! Me encanta. ¿Puedo (8) ponérme____ hoy?

4. Selecciona la opción correcta.

1. A. ¿Qué es *esto* / *este*?
   B. Es un cuaderno, ¿te gusta?
2. A. ¿Quién es *eso* / *ese* chico?
   B. Es mi hermano *mayor* / *más grande*.
3. A. ¡Mira! Están robando una moto del garaje.
   B. ¿Cuál?
   A. *Esta* / *Aquella* moto del fondo, la azul.
4. A. ¿Cuánto valen *estas* / *aquellas* bolsas de caramelos, las de allí?
   B. 3 euros, pero *estas* / *esas* otras de aquí son *más* / *menos* baratas, valen 1,50.

5. Escribe el adjetivo contrario.

1. Antiguo   *moderno*   4. Claro   _____
2. Sucio   _____   5. Barato _____
3. Tranquilo _____   6. Largo   _____

Soy capaz de…

☐☐☐ *Hacer algunas compras.*
☐☐☐ *Describir la ropa.*
☐☐☐ *Hacer comparaciones.*

De acá y de allá

PINTURA ESPAÑOLA E HISPANOAMERICANA

1. ¿Conoces algún cuadro o pintor español o hispanoamericano?

2. Mira los cuadros y relaciona los títulos con sus autores.

1. *Guernica.* ___   2. *Murales de la Alameda.* ___
3. *La jungla.* ___   4. *Muchacha de espaldas.* ___

a) Wifredo Lam (1902-1982) b) Pablo Picasso (1881-1973)
c) Diego Rivera (1886-1957) d) Salvador Dalí (1904-1989)

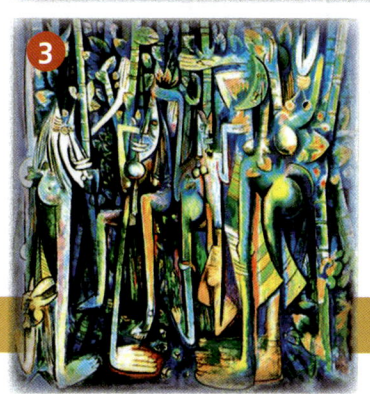

LEER

3. Lee el texto.

BREVE HISTORIA DEL *GUERNICA* DE PICASSO

En 1937, en plena Guerra Civil española, el gobierno de la República española encargó a Pablo Picasso un cuadro para exponerlo en el pabellón de España de la Exposición Universal de París. En esos días se produjo un ataque de la aviación alemana contra Guernica, un pueblo de Euskadi, en el norte de España.

Picasso, en recuerdo de ese bombardeo, pintó su cuadro, en el que reflejó el dolor y el sufrimiento de la gente en la guerra.

Durante la II Guerra Mundial el cuadro fue trasladado al Museo de Arte Moderno de Nueva York (MOMA).

El cuadro está en Madrid desde 1981, cuando España era ya una democracia, como soñaba Picasso.

Actualmente se expone en el Museo Nacional de Arte Contemporáneo Reina Sofía, de la capital española, y cada año lo ven millones de personas.

4. ¿Verdadero (V) o falso (F)?

1. El gobierno español encargó un cuadro a Picasso. **V**
2. En París se celebró una Exposición Universal. ☐
3. En París hubo un bombardeo. ☐
4. El cuadro estuvo en Nueva York más de 30 años. ☐
5. Ahora el cuadro está en Madrid. ☐

5. Comenta con tus compañeros.

¿Qué cuadro te gusta más?
¿Cuál te gusta menos?
¿Te gusta la pintura?
¿Vas a los museos con frecuencia?

10

Hablar de enfermedades.
Verbo doler.

A. La salud

1. ¿Vas mucho al médico? ¿Cuándo? ¿En verano, en invierno, en primavera...?

2. Mira el dibujo, escucha y repite.

espalda, cuello, oreja, cara, hombro, mano, brazo, dedos, pecho, rodilla, pierna, pie

ESCUCHAR

3. Escucha y relaciona cada personaje con su problema de salud.

1. A Rosa
2. A Daniel
3. A Ramón
4. A Julia
5. A Andrés
6. Ana
7. A Ricardo

le duele
le duelen
tiene

a) los oídos
b) el estómago
c) la espalda
d) la cabeza
e) la garganta
f) las muelas
g) fiebre

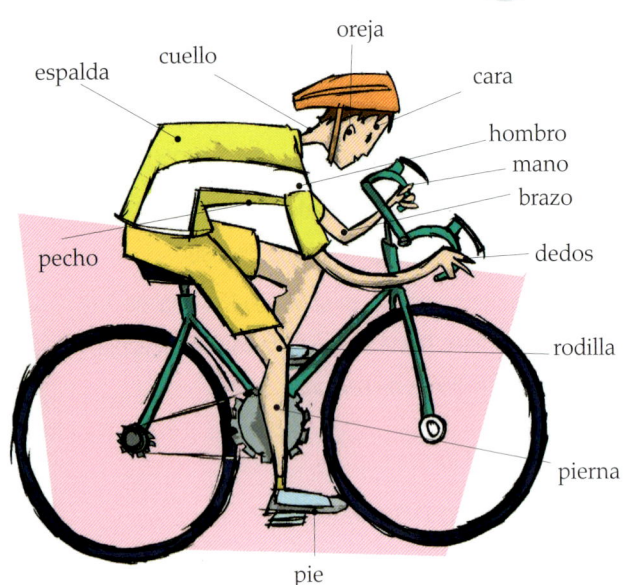

4. Lee y escucha los siguientes diálogos y contesta las preguntas.

1.
SARA: ¡Hola, Ángel!, ¿qué tal estás?
ÁNGEL: No muy bien.
SARA: ¿Qué te pasa?
ÁNGEL: Tengo una gripe muy fuerte.
SARA: ¿Y qué tomas cuando estás así?
ÁNGEL: De momento, nada.
SARA: ¿Por qué no tomas una aspirina y un vaso de leche con miel y te vas a la cama?
ÁNGEL: Sí, creo que es mejor.

2.
RAÚL: ¡Qué mala cara tienes! ¿Qué te pasa?
LUISA: Me duele muchísimo el estómago.
RAÚL: ¿Por qué no vas al médico?
LUISA: Sí, voy a ir mañana.
RAÚL: Mira, tómate un té y acuéstate sin cenar.
LUISA: Sí, creo que es lo mejor. Mañana voy al médico.

1. ¿Qué le pasa a Ángel?
2. ¿Qué le aconseja Sara?
3. ¿Qué le pasa a Luisa?
4. ¿Qué le aconseja Raúl?

Ana   Ramón   Julia

Andrés   Rosa   Ricardo   Daniel

86 ochenta y seis

GRAMÁTICA

Verbo Doler

(A mí)	me		
(A ti)	te		
(A él/ella/Vd.)	le	**duele**	la cabeza
(A nosotros/as)	nos	**duelen**	los oídos
(A vosotros/as)	os		
(A ellos/ellas/Vds.)	les		

5. Completa con el pronombre y la forma adecuada del verbo *doler*.

1. A mi hermano *le duelen* las piernas.
2. A mí _____ las muelas.
3. Carmen y Chus son peluqueras y _____ la espalda.
4. ¿A ti _____ algo?
5. ¡No hagáis tanto ruido! Al abuelo y a mí _____ la cabeza.
6. ¿A usted no _____ el estómago con esa comida tan fuerte?

6. Relaciona estos problemas de salud con su remedio.

1. dolor de cabeza — a
2. dolor de garganta ☐
3. dolor de espalda ☐
4. dolor de muelas ☐
5. fiebre ☐
6. dolor de oídos ☐

a) tomar una aspirina.
b) ir a un gimnasio.
c) ir al médico.
d) ir al dentista.
e) tomar miel con limón.
f) acostarse y descansar.

ESCUCHAR

7. Escucha y completa las siguientes conversaciones. 10

a) El paciente n.º 1 tiene *la gripe.*
   Consejo del médico: tomar _____ y _____ .

b) Al paciente n.º 2 le duele _____ .
   Consejo del médico: tomar _____ y _____ .

c) Al paciente n.º 3 le duele _____ .
   Consejo del médico: no tomar _____ ni _____ , comer _____ y _____ y tomar _____ .

HABLAR

8. En parejas, practica diálogos como en el ejemplo, dando consejos para los problemas de salud de tu compañero (mira la actividad 6).

¿Qué te pasa?
Me duele la cabeza.
¿Por qué no te tomas una aspirina?

Hábitos en el pasado.

B. Antes salíamos con los amigos

1. "Antes la gente era más feliz que ahora". ¿Estás de acuerdo?

No estoy de acuerdo porque antes no había televisión.

2. Lee y escucha el siguiente texto.

Elena y Emilio ya son padres. Su vida cambió cuando, de repente, se encontraron con... dos bebés en los brazos.

ELENA: Antes de ser padres teníamos una vida social muy activa: viajábamos, íbamos al cine, salíamos con los amigos, teníamos mucho tiempo libre. Emilio jugaba al hockey, yo estudiaba alemán...

EMILIO: Ahora todo es distinto. Dedicamos todo nuestro tiempo a Álvaro y Adrián, que son maravillosos.

3. ¿Verdadero (V) o falso (F)?

1. Elena y Emilio tienen un bebé. ☐
2. Antes viajaban mucho. ☐
3. Emilio no practicaba deportes. ☐
4. Ahora están muy ocupados con sus hijos. ☐

GRAMÁTICA

Pretérito imperfecto de los verbos regulares

	Viajar	Tener	Salir
yo	viaja**ba**	ten**ía**	sal**ía**
tú	viaja**bas**	ten**ías**	sal**ías**
él/ella/Vd.	viaja**ba**	ten**ía**	sal**ía**
nosotros/as	viajá**bamos**	ten**íamos**	sal**íamos**
vosotros/as	viaja**bais**	ten**íais**	sal**íais**
ellos/ellas/Vds.	viaja**ban**	ten**ían**	sal**ían**

4. Elige la forma correcta del verbo en las siguientes frases:

1. Antes Elena y Emilio no *tenían* / *tienen* hijos.
2. Cuando no tenían hijos, Elena y Emilio *viajan* / *viajaban* por todo el mundo.
3. Ahora Elena no *estudiaba* / *estudia* alemán.
4. Emilio ya no *juega* / *jugaba* al hockey.
5. Antes de ser padres, *salían* / *salen* los fines de semana con sus amigos.

Pretérito imperfecto de los verbos irregulares

	Ir	Ser	Ver
yo	iba	era	veía
tú	ibas	eras	veías
él/ella/Vd.	iba	era	veía
nosotros/as	íbamos	éramos	veíamos
vosotros/as	ibais	erais	veíais
ellos/ellas/Vds.	iban	eran	veían

5. Completa el siguiente texto sobre la vida de Emilio.

Yo antes (1) *era* jugador de un equipo de hockey. (2)_____ (entrenar) tres días a la semana. Los domingos mis compañeros y yo (3)_____ (jugar) un partido de liga. Cada dos semanas nos (4)_____ (ir) en autocar al campo del equipo contrario. A veces, Elena me (5)_____ (acompañar) y después de los partidos (6)_____ (ir) a cenar todos juntos. Todo (7)_____ (ser) estupendo. ¡Pero ahora es más divertido porque somos cuatro!

HABLAR

6. ¿Cómo era tu vida cuando tenías 10 o 12 años? En parejas, pregunta y responde a tu compañero/a.

1. ¿Cómo era tu colegio?
2. ¿A qué hora entrabas y a qué hora salías?
3. ¿Qué hacías cuando salías del colegio?
4. ¿Comías en el colegio o en tu casa?
5. ¿Qué hacías los domingos por la mañana?, ¿y por la tarde?
6. ¿Cómo era tu profesor o profesora favorito?
7. ¿Qué hacías durante las vacaciones de verano?

7. ¡A Federico le tocó la lotería! Comenta con tu compañero qué cosas son ahora diferentes en su vida. Utiliza los verbos del recuadro.

tener – desayunar – regalar
navegar – comer – ~~vivir~~

Antes no vivía en un chalé.

ESCUCHAR

8. Escucha la historia de Martina y elige la respuesta correcta. **12**

1. Martina tiene:
   a) casi cien años.
   b) menos de ochenta años.
2. Cuando era pequeña, vivía:
   a) con sus padres.
   b) con sus hermanos y su madre.
3. Trabajaba en el campo:
   a) cuando era una niña.
   b) después de terminar sus estudios.
4. Trabajaba:
   a) ocho horas diarias.
   b) doce horas diarias.
5. A los diecinueve años tenía:
   a) dos hijos.
   b) un hijo.
6. Los sábados y domingos:
   a) compraba en el mercadillo.
   b) trabajaba en el mercadillo.

Hablar de planes e intenciones.
Voy a + infinitivo.

C. Voy a trabajar en un hotel

1. Lee este correo.

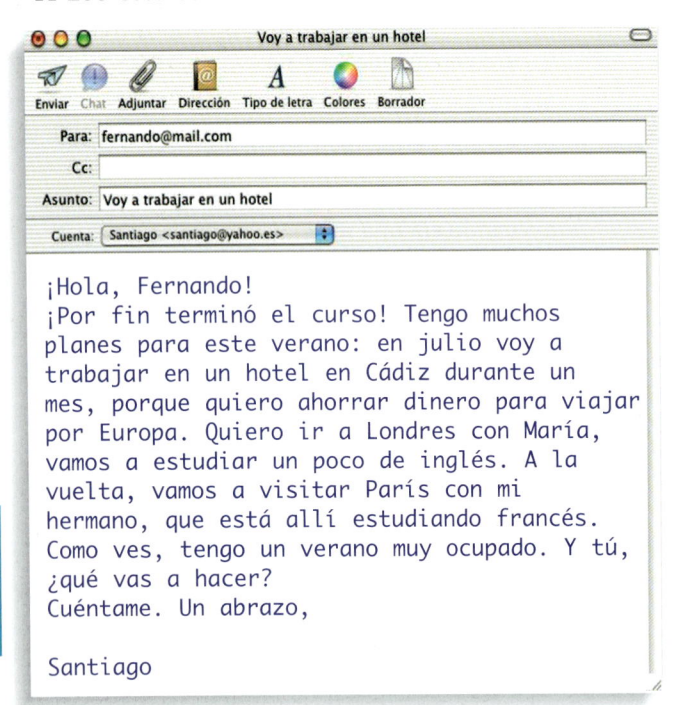

Para: fernando@mail.com
Cc:
Asunto: Voy a trabajar en un hotel
Cuenta: Santiago <santiago@yahoo.es>

¡Hola, Fernando!
¡Por fin terminó el curso! Tengo muchos planes para este verano: en julio voy a trabajar en un hotel en Cádiz durante un mes, porque quiero ahorrar dinero para viajar por Europa. Quiero ir a Londres con María, vamos a estudiar un poco de inglés. A la vuelta, vamos a visitar París con mi hermano, que está allí estudiando francés. Como ves, tengo un verano muy ocupado. Y tú, ¿qué vas a hacer?
Cuéntame. Un abrazo,

Santiago

---

2. Relaciona los planes de Santiago con las siguientes situaciones, como en el ejemplo.

Santiago va a trabajar en un hotel porque quiere ahorrar dinero.

1. Santiago va a trabajar en un hotel.   c
2. Va a viajar por Europa.
3. Él y María van a ir a Londres.
4. Van a visitar París.
5. Su hermano está en París.

a) quiere aprender francés.
b) quieren mejorar su inglés.
c) quiere ahorrar dinero.
d) tiene un mes de vacaciones.
e) quiere estar unos días con su hermano.

3. ¿Qué van a hacer? Utiliza los verbos del recuadro.

> ver una obra de teatro – comprar un coche
> besarse – tener un hijo – casarse – ~~bañarse~~

Va a bañarse.

HABLAR

4. En parejas, di lo que vas a hacer este fin de semana. Utiliza las siguientes ideas:

a) levantarme tarde
b) limpiar la casa
c) hacer deporte
d) salir a cenar
e) leer el periódico
f) reunirme con amigos
g) ver la televisión
h) ir a pasear

5. ¿Qué va a hacer Federico con el dinero que ganó en la lotería? Relaciona las preguntas con las respuestas.

1. ¡Felicidades, Federico! ¿Cómo te sientes?
2. ¿Vas a organizar una fiesta?
3. ¿Qué es lo primero que te vas a comprar?
4. ¿Te vas a comprar un barco?
5. ¿Te vas a ir de vacaciones?
6. ¿Qué le vas a regalar a tu mujer?

a) No, no sé navegar.
b) Sí, voy a dar una vuelta alrededor del mundo.
c) Muchas joyas.
d) ¡De maravilla! ¡Como nunca!
e) Sí, con todos mis amigos.
f) Una casa muy grande en el campo.

ESCRIBIR

6. Imagina que eres periodista. Escribe una pequeña noticia sobre los planes de Federico.

Federico tiene grandes planes para el futuro.
Dice que va a...
Dice que no va a...

PRONUNCIACIÓN Y ORTOGRAFÍA

Reglas de acentuación

1. Escucha las palabras siguientes y escríbelas en la columna correspondiente según el acento. 13

alemán – café – teléfono – cantante
árbol – canción – examen – estudiar
ordenador – ventana – periódico
móvil – pintura – música

Esdrújulas	Llanas	Agudas
te**lé**fono	can**tan**te	ale**mán**
___	___	___
___	___	___
___	___	___
___	___	___

Reglas de acentuación

a) Las palabras **agudas** llevan tilde cuando terminan en vocal, *n* o *s*.

b) Las palabras **llanas** llevan tilde cuando terminan en consonante diferente de *n* o *s*.

c) Las palabras **esdrújulas** llevan tilde siempre.

2. Escucha y escribe las tildes que faltan. 14

1. Andres me llamo por telefono para saludarme.
2. Barbara trabaja en una empresa de informatica en Mexico.
3. Yo estudie decoracion en Milan.
4. Antes Raul vivia cerca de aqui, pero ahora esta viviendo en Valencia.
5. Aqui hace mas calor que alli.
6. Ella es mas guapa que el.
7. Los telefonos moviles son muy comodos.
8. Esta casa es mas centrica que tu piso.

Autoevaluación

1. Relaciona.

1. Estos zapatos son nuevos, por eso — **c**
2. Juan lleva dos pendientes
3. Los futbolistas cuidan especialmente
4. Uso guantes
5. Ana lleva varios anillos
6. Cuando cojo mucho peso

a) me duelen los brazos
b) sus piernas
c) me duelen los pies
d) porque tengo frío en las manos
e) en cada oreja
f) en los dedos

2. Completa el texto con el pretérito imperfecto de los verbos entre paréntesis.

Marisa y Alfredo se casaron la semana pasada. Ahora viven juntos en Madrid, pero antes de conocerse, cuando ellos (1) *eran* (ser) jóvenes, los dos (2)_____ (vivir) en distintas ciudades. Marisa (3)_____ (trabajar) con un grupo de teatro infantil y (4)_____ (estudiar) en la universidad. Alfredo (5)_____ (hacer) películas con un grupo de aficionados y (6)_____ (escribir) magníficos guiones. Un día, cuando los dos (7)_____ (ir) a un festival de cine, se conocieron y, desde entonces, ya no se separan nunca.

3. Subraya el verbo más adecuado.

1. Ayer *fui* / *iba* a ver a Jacinto.
2. Cuando Luis *tenía* / *tuvo* diez años, *jugaba* / *jugó* al fútbol todos los sábados.
3. Antes me *gustaba* / *gustó* la música rock, pero ahora me *gustaba* / *gusta* la música romántica.
4. Elena y Emilio antes no *tuvieron* / *tenían* hijos y ahora tienen dos.
5. Elena y Emilio *iban* / *fueron* a París el año 2002.
6. Mi marido *jugó* / *jugaba* al baloncesto cuando *era* / *fue* joven.
7. Yo no fumo, pero antes *fumé* / *fumaba* mucho.

4. Escribe las preguntas sobre planes para el próximo fin de semana.

1. ¿Tú / estudiar?
   ¿Vas a estudiar?
2. ¿Vosotros / ir al cine?
   _____
3. ¿Lorenzo / escuchar música?
   _____
4. ¿Tu novio / comprar ropa?
   _____
5. ¿Tú / navegar por Internet?
   _____
6. ¿Vosotros / hacer los ejercicios de español?
   _____
7. ¿Ellos / ir al fútbol?
   _____

5. Escucha al grupo de música *Los Escorpiones* hablando con su *manager* y contesta las preguntas. **15**

1. ¿Cuándo va a estar el nuevo disco de *Los Escorpiones* en el mercado?
2. ¿Cuándo van a empezar la gira?
3. ¿Van a hacer su propia página web?
4. ¿Qué van a hacer en septiembre?
5. ¿Quién va a cantar con ellos en el concierto?

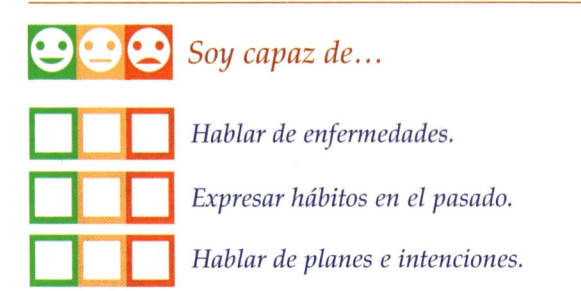

Soy capaz de…

☐ ☐ Hablar de enfermedades.

☐ ☐ Expresar hábitos en el pasado.

☐ ☐ Hablar de planes e intenciones.

10 D

noventa y dos

De acá y de allá

MISMO IDIOMA, DIFERENTE CARÁCTER

1. ¿Qué sabes de Venezuela? ¿Sabes el nombre de la comida nacional? Coméntalo con tus compañeros.

2. Lee el texto sobre Erika y señala verdadero o falso.

1. Erika es de Salamanca. **F**
2. En España la gente es más ruda que en Venezuela. ☐
3. En Caracas la gente no grita tanto como los españoles. ☐
4. Las arepas son típicas de Venezuela. ☐
5. En Caracas no hay tanta variedad de frutas como en España. ☐
6. A Erika no le gustaba mucho ir a la playa con sus panas. ☐

ENTREVISTA A ERIKA

Erika es venezolana, tiene 25 años y es informática. Vive en Salamanca desde hace tres años.

¿Qué diferencias hay entre la vida que llevabas en Caracas y tu vida actual?
Bueno, no hay mucha diferencia porque allá trabajaba en una oficina grande y aquí también. Quizás la diferencia más importante está en la gente. Cuando llegué, yo pensaba que todo el mundo estaba enfadado, me parecía que discutían y gritaban mucho. Allá la gente no es tan ruda, dice las cosas más suavemente, no es tan directa como los españoles.

¿Qué cosas hacías antes que ahora no puedes hacer?
Lógicamente, he cambiado mis hábitos de alimentación. En Caracas comía casi todos los días "arepas" (unas tortas hechas de maíz rellenas de muchas cosas: queso, pollo, cerdo…). También echo de menos el *pabellón*, que es un plato combinado de *caraotas* (una especie de frijoles), arroz blanco, *tajadas* (plátano frito) y carne de res a trocitos…, está riquísimo. ¡Ah!, también tomaba varias veces al día zumos naturales de piña, *lechoza* (papaya), *patilla* (sandía), *parchita* (maracuyá)…

¿Y qué hacías en tu tiempo libre?
Sí, eso también es diferente porque allí los fines de semana iba con *mis panas* (amigos) a la playa. Llevábamos la tienda de campaña y la *cava* (nevera) y era estupendo. Aquí en Salamanca no hay playa, pero hay una vida cultural muy interesante. La verdad es que estoy aprendiendo mucho sobre la historia de España.

10 D

noventa y tres 93

11 Interrogativos.

A. ¿Quieres ser millonario?

1. Comenta con tus compañeros.

¿Te gustan los concursos de la televisión?
¿Cuál es el concurso más famoso en tu país?
¿Qué personajes de las fotografías conoces?

2. Lee y contesta el cuestionario.

1. ¿Dónde se encuentra la pirámide del Sol?
   a. Egipto
   b. La India
   c. México

2. ¿Quién fue el primer hombre que pisó la Luna?
   a. Amstrong
   b. Collins
   c. Nixon

3. ¿Qué novela dio fama a Cervantes?
   a. *Las mil y una noches*
   b. *El Quijote*
   c. *Romeo y Julieta*

4. ¿Cuál es la capital de Dinamarca?
   a. Copenhague
   b. Estocolmo
   c. París

5. ¿De qué país fue presidente Nelson Mandela?
   a. India
   b. Marruecos
   c. Suráfrica

6. ¿Cuántos músicos formaban los Beatles?
   a. cinco
   b. tres
   c. cuatro

ESCUCHAR

3. Escucha y comprueba. 16

GRAMÁTICA

> **Pronombres interrogativos**
>
> **¿QUÉ o CUÁL?**
>
> - Se utiliza *QUÉ* + **verbo** para dar a elegir entre varias cosas diferentes:
>
>   *¿Qué prefieres, una camisa o unos pantalones?*
>
> - Para dar a elegir entre varias cosas del mismo tipo se utiliza:
>
>   a. *QUÉ* + **nombre**
>   *¿Qué camisa prefieres, ésta o ésa?*
>
>   b. *CUÁL* + **verbo**
>   *¿Cuál prefieres, ésta o ésa?*
>
> **CUÁNTO/A/OS/AS**
>
> *CUÁNTO* + **verbo**
> *¿Cuánto le debo?*
>
> *CUÁNTO/A/OS/AS* + **nombre**
> *¿Cuántos hijos tienes?*
> *¿Cuántas horas entrenas?*
> *¿Cuánta azúcar quieres?*
> *¿Cuánto dinero llevas?*

4. Ordena las preguntas siguientes. Después, contéstalas.

1. ¿ver / televisión / qué / en / te / la / gusta?
   ¿Qué te gusta ver en la televisión?
2. ¿amigos / tus / adónde / con / vas?
3. ¿practicas / deporte / qué?
4. ¿tu / cuál / actriz / es / favorita?
5. ¿tu / es / cuál / favorito / escritor?
6. ¿duermes / horas / por / cuántas / noche / la?
7. ¿carne / prefieres / qué / la / pescado / o / el?
8. ¿hay / clase / en / cuántos / tu / compañeros?
9. ¿bebes / día / cuánta / al / agua?
10. ¿qué / arroz / prefieres / pan / o?

5. Completa las preguntas siguientes con un pronombre interrogativo. Luego, relaciónalas con sus respuestas.

> cuándo – cuál – cuántas – dónde – quién
> cuánto – ~~cómo~~ – quién – qué

1. ¿*Cómo* vienes a clase? ☐
2. ¿A _____ has llamado por teléfono? ☐
3. ¿_____ vas a acostarte? ☐
4. ¿_____ están los niños? ☐
5. ¿_____ has comprado? ☐
6. ¿_____ le debo? ☐
7. ¿_____ te gusta más? ☐
8. ¿De _____ es esto? ☐
9. ¿_____ manzanas hay? ☐

a) El rojo.   f) A las once y media.
b) De Juan.   g) En su cuarto.
c) A María.   h) Veinte euros.
d) Andando.   i) Un libro para mí.
e) No hay muchas.

ESCUCHAR

6. Estas son las respuestas del ciclista Carlos Hernández. Escribe las preguntas.

1. *¿Dónde vives?*
   Vivo en Toledo.
2. Me levanto a las seis de la mañana.
3. Entreno todos los días, menos uno.
4. Mi día de descanso es el lunes.
5. Bebo tres litros de agua al día.
6. Como mucha pasta y alimentos energéticos.

7. Escucha la entrevista radiofónica y comprueba. **17**

HABLAR

8. Imagina que tu compañero es un deportista famoso y hazle la entrevista del ejercicio anterior.

noventa y cinco   95

Narrar.

B. Biografías

1. ¿Qué sabes de Carlos Gardel? Prepara algunas preguntas.

¿Nacionalidad?   *¿Profesión?*
¿Casado?   *¿Estilo?*

2. Lee y escucha la biografía de Carlos Gardel y responde a las preguntas anteriores.

CARLOS GARDEL

"Nací en Buenos Aires, Argentina, a los dos años y medio de edad", respondía Carlos Gardel a las preguntas sobre su nacimiento.

Probablemente nació en Toulouse, Francia, el 11 de noviembre de 1890, pero desde muy pequeño vivió en el barrio porteño de Buenos Aires.

Empezó a cantar en el coro escolar y en las calles de su barrio, donde trabajaba en diversos oficios.

En 1913 él y su compañero José Razzano cantaron en el cabaré más lujoso y caro de Buenos Aires, el Armenoville, y tuvieron tanto éxito que el público los sacó a hombros por las calles. Entonces el propietario del cabaré les hizo un contrato con un sueldo increíble para el dúo.

En 1917, el poeta Pascual Contursi compuso el primer tango-canción, titulado *Mi noche triste*. Carlos Gardel la grabó poco después, y se convirtió así en el primer cantor de tango-canción. Gardel fue el inventor de una manera de cantar el tango. A partir de este momento, su fama creció; en su repertorio había canciones criollas, sambas, valses, pasodobles, etcétera.

Durante los años 20, Gardel viajó a Europa. Durante los años 30 hizo varias películas: *Luces de Buenos Aires*, *Espérame*, *El día que me quieras*…

Junto al poeta Alfredo Le Pera, Gardel compuso canciones tan conocidas como *Mi Buenos Aires querido* y *Volver*, y con ellas conquistó al público de Europa y América. Nunca se casó.

El 24 de junio de 1935, durante una gira por Latinoamérica, murió en un accidente de avión en Medellín. Y nació el mito.

3. Formula las preguntas y busca las respuestas en el texto.

1. ¿Dónde / nacer / Carlos Gardel?

2. ¿Dónde / empezar a cantar?

3. ¿Quién / ser / su compañero de canto?

4. ¿Qué / inventar / Gardel?

5. ¿Qué / hacer / en los años 20?

6. ¿Qué / hacer / en los años 30?

7. ¿Cuándo / casarse?

8. ¿Cuándo / morir?

9. ¿Cómo / morir?

GRAMÁTICA

> - El **pretérito indefinido** se usa especialmente en las biografías con marcadores temporales concretos:
>
>   Carlos Gardel **nació** el 11 de noviembre de 1890.
>
> - También se usa el **pretérito indefinido** cuando hablamos de un periodo de tiempo cerrado:
>
>   Durante los años 20, Gardel **viajó** a Europa.

4. Completa la biografía de Celia Cruz con los verbos del recuadro en pretérito indefinido.

> nacer – fallecer – grabar – empezar (x 3)
> dejar – instalarse – recibir – ganar

CELIA CRUZ
LA REINA DE LA SALSA

Celia Cruz *nació* el 21 de octubre de 1929 en La Habana, Cuba.

Celia (1)_____ a cantar desde pequeña, y lo hacía muy bien.
En 1947 (2)_____ un premio por cantar en la radio y, entonces, (3)_____ a estudiar música.
En 1950 (4)_____ a trabajar en la banda musical "La Sonora Matancera", y con ese grupo (5)_____ la Cuba de Fidel Castro en julio de 1960, y (6)_____ en Estados Unidos.
En Estados Unidos (7)_____ varios discos con Tito Puente y con otros salseros reconocidos a nivel mundial.
Durante los años 90, (8)_____ muchos premios, pero el más memorable es quizás el que recibió de manos del presidente de Estados Unidos, Bill Clinton, el Dote Nacional por las Artes.
La *Reina de la Salsa* (9)_____ el 16 de julio de 2003 en Nueva Jersey a causa de un cáncer.

5. Escucha y comprueba. 19

ESCRIBIR Y HABLAR

6. En grupos de tres. Con tus compañeros, piensa en un personaje famoso de tu país y escribe una biografía. Puede ser actor, político, escritor, pintor, etcétera.

PRONUNCIACIÓN Y ORTOGRAFÍA

> **Acentuación de los interrogativos**
>
> - Los pronombres *qué, cómo, cuándo, cuánto*, etc., llevan tilde cuando son interrogativos, tanto directos como indirectos:
>
>   ¿*Cómo* se llama el director?
>   Yo no sé *dónde* vive Juan.
>
> - También lleva tilde el verbo en pretérito indefinido (la primera y tercera persona) si es regular.
>
>   Habló, empezó, vivió…
>
> - No llevan tilde los irregulares:
>
>   Hizo, vino, pudo…

1. En las frases siguientes hemos omitido todas las tildes. Colócalas en su sitio.

1. Elena nacio en 1956 y cuando tenia 19 años conocio a Pablo, su marido.
2. ¿Cuando nacio tu hijo?
3. ¿Quien vino anoche a tu casa?
4. ¿Cuantas novelas escribio Cervantes?
5. Ayer, Luis llego tarde a la reunion.
6. ¿En que año se casaron tus padres?
7. Mi marido no llamo por telefono.
8. Ese actor hizo varias peliculas importantes.
9. Yo nunca llego tarde, soy muy puntual.
10. El dijo: "naci en 1954".

Fechas y números.

C. Islas del Caribe

1. Lee y completa los textos con los números del recuadro.

Las islas del Caribe forman una cadena desde la costa de Florida hasta Venezuela. Cuentan con unas hermosas playas, a las que los turistas acuden en masa.

```
10 millones – 10.990 – 1865 – 1959
40 – 1962 – 55 – 110.860 – 7.500.000
48.730 – 1898
```

CUBA Es el único estado comunista del continente americano, y Fidel Castro es su presidente desde (1) *1959.* Tiene una superficie de (2)_____ km². Consiguió la independencia de España en (3)_____ . Tiene una población de más de (4)_____ de habitantes. El (5)_____ % de la población es católica y el (6)_____ % no practica ninguna religión. Su idioma oficial es el español.

JAMAICA Es la tercera isla caribeña por su tamaño, (7)_____ km². Políticamente es una democracia parlamentaria y consiguió su independencia del Reino Unido en (8)_____ . Su idioma oficial es el inglés. La mayor parte de sus ingresos procede del turismo.

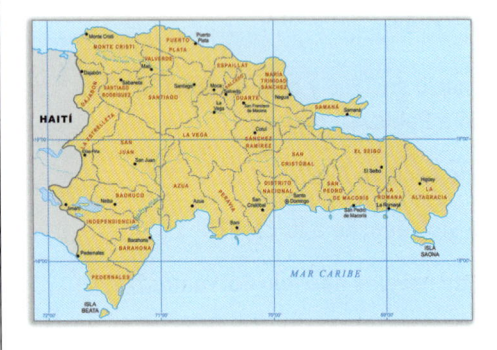

REPÚBLICA DOMINICANA Es la segunda isla más grande del Caribe, con una superficie de (9)_____ km², y con una población de (10)_____ habitantes. En (11)_____ consiguió su independencia de España. Su idioma oficial es el español.

2. Escucha y comprueba. **20**

3. Lee el texto otra vez y contesta las preguntas.

1. ¿Qué sistema político tienen en Cuba?
2. ¿Cuántos años hace que Cuba es independiente?
3. ¿Cuál de las tres islas tiene mayor superficie?
4. ¿Cuál es la isla más pequeña?
5. ¿Qué sistema político tienen en Jamaica?
6. ¿Qué lengua se habla en la República Dominicana?

HABLAR

4. En parejas. Escribe diez números del 1 al 10.000.000 y díctaselos a tu compañero. Después, compruébalos.

5. Completa el calendario con los meses del año del recuadro.

> junio – diciembre – agosto – febrero
> octubre – abril

Meses del año

enero
____

marzo
____

mayo
____

julio
____

septiembre
____

noviembre
____

6. Escucha y relaciona. 21

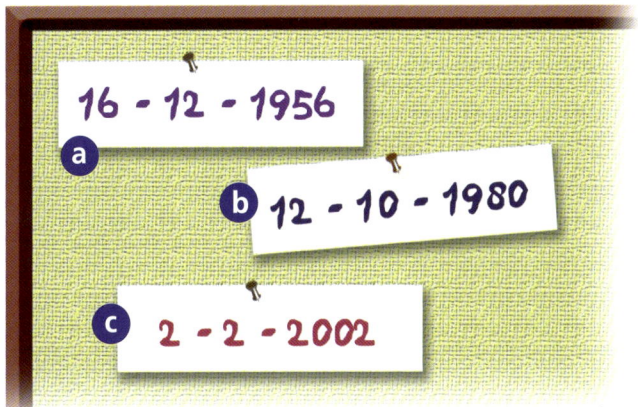

a. 16 - 12 - 1956
b. 12 - 10 - 1980
c. 2 - 2 - 2002

1. doce de octubre de mil novecientos ochenta. ☐
2. dos de febrero de dos mil dos. ☐
3. dieciséis de diciembre de mil novecientos cincuenta y seis. ☐

7. Escucha y completa las fechas. 22

a. 22 - *agosto* - 1953
b. 11 - 3 - _____
c. 14 - _____ - 2003
d. _____ - 6 - 1789
e. 30 - _____ - 1493
f. _____ - 7 - 1945

8. Responde las siguientes preguntas como en el ejemplo.

1. ¿Cuándo es tu cumpleaños? (16-XII)
   El dieciséis de diciembre.
2. ¿Cuándo se celebra el día de Navidad? (24-XII)
3. ¿Cuándo se celebra el día de Año Nuevo? (1-I)
4. ¿Cuándo se celebra el Día de la Hispanidad? (12-X)
5. ¿Cuándo se celebra la fiesta nacional en tu país?

HABLAR

9. Pregunta a varios compañeros la fecha de su cumpleaños y toma nota.

A. *Ángel, ¿cuándo es tu cumpleaños?*
B. *El 12 de octubre.*

10. En parejas. En cuatro papelitos escribe cuatro fechas importantes para ti. Mezcla los papelitos con los de tu compañero, ordenándolos cronológicamente. Después pregunta como en el ejemplo.

A. ¿Qué pasó el 3 de diciembre de 1987?
B. El 3 de diciembre de 1987 conocí a Pepe, mi primer novio.
A. ¿Cómo fue?, ¿dónde?…

11. Escucha la canción *Eva María se fue* y responde: ¿qué se llevó Eva M.ª a la playa? 23

noventa y nueve 99

Autoevaluación

1. Completa las preguntas con el pronombre interrogativo correspondiente. Después, relaciona cada pregunta con su respuesta.

1. ¿*Adónde* fuiste el domingo por la tarde? ☐
2. ¿_____ vas a clase de español? ☐
3. ¿_____ vienes a clase? ☐
4. ¿_____ hermanos tienes? ☐
5. ¿_____ compañeras hay en tu clase? ☐
6. ¿_____ es tu color preferido? ☐
7. ¿_____ comida te gusta más? ☐
8. ¿_____ cuesta esta camisa? ☐

a. En autobús.
b. El verde.
c. 54 €.
d. Al cine.
e. La tortilla española.
f. No tengo ninguno.
g. Martes y jueves.
h. Doce.

2. Corrige los errores.

1. ¿Cuál libro quieres?
   ¿Qué libro quieres?
2. ¿Cuántas idiomas hablas?
   _____
3. En el partido hay más de un mil espectadores.
   _____
4. Llegamos a Cuba el décimo de septiembre.
   _____
5. Vinieron a la boda más de doscientos personas.
   _____
6. Yo nació en 1967.
   _____
7. Celia Cruz empezó cantar desde pequeña.
   _____
8. ¿Qué vino a verte ayer?
   _____

3. Escribe las siguientes fechas y cantidades.

1. 350.000 personas.
   Trescientas cincuenta mil personas.
2. 10-12-1492
   _____
3. 25-05-2004
   _____
4. 1.246.000
   _____
5. 6.496 espectadores
   _____
6. 6-01-1999
   _____
7. 532 km
   _____
8. 1.400 personas
   _____

4. Completa el texto con la forma correcta del verbo (indefinido o imperfecto).

PABLO RUIZ PICASSO (1) *nació* (nacer) en Málaga el 28 de octubre de 1881. Su padre, profesor de dibujo, le (2)_____ (enseñar) a pintar. Con 14 años (3)_____ (trasladarse) a Barcelona con su familia y (4)_____ (estudiar) en la Escuela de Bellas Artes. En 1904 se (5)_____ (ir) a París. Durante esta primera época, en sus cuadros (6)_____ (pintar) el ambiente parisino.
Su obra (7)_____ (evolucionar), y pasó por distintas épocas, en las que sus cuadros (8)_____ (mostrar) la pobreza, el amor, la naturaleza… En 1937 (9)_____ (pintar) el Guernica, un cuadro sobre la guerra, considerado una de las obras más importantes del siglo XX. Una de sus últimas exposiciones (10)_____ (ser) en el Museo de Louvre en 1971, cuando el artista tenía 90 años. Picasso (11)_____ (morir) en Mougins en 1973.

☺ 😐 ☹ *Soy capaz de…*

☐ ☐ ☐ *Formular preguntas.*
☐ ☐ ☐ *Escribir una biografía.*
☐ ☐ ☐ *Decir los números y hablar de fechas.*

De acá y de allá

LA ALHAMBRA

1. ¿Qué sabes de la Alhambra de Granada? Coméntalo con tu profesor.

LEER

2. Lee.

BIENVENIDOS A LA ALHAMBRA DE GRANADA

La Alhambra está en Granada, sobre una alta colina, desde la que se puede ver toda la ciudad.

La Alhambra es un palacio-ciudadela donde residían los sultanes y los altos funcionarios de la corte árabe. Se empezó a construir en el siglo XIII. Es un conjunto monumental en el que se distinguen distintas zonas: los palacios, la zona militar o Alcazaba, la ciudad o Medina y el Generalife. Todo ello está rodeado de bosques, jardines y huertas.

También podemos encontrar edificios de otras épocas, como el palacio de Carlos V (s. XVI), donde se halla el Museo de la Alhambra.

Miles de visitantes se maravillan cada año ante la combinación de patios, arcos y fuentes; especialmente el patio de los Leones, representación del paraíso en la arquitectura islámica.

Para apreciar los valores arquitectónicos y paisajísticos de la Alhambra es aconsejable acercarse al barrio del Albaicín o al Sacromonte. Desde ellos puede observarse la relación de la Alhambra con la ciudad de Granada.

3. ¿Verdadero o falso? Corrige las falsas.

1. La Alhambra se encuentra en Córdoba.
2. Los sultanes vivían en la Alhambra.
3. Tres zonas distintas forman actualmente la Alhambra de Granada.
4. Los distintos edificios están unidos por jardines y bosques.
5. El museo de la Alhambra se encuentra en el Generalife.
6. Desde el barrio del Albaicín se ve la Alhambra.

11 D

ciento uno 101

12

Hablar del pasado. Pretérito indefinido.

A. Unas vacaciones inolvidables

1. Comenta con tus compañeros.

¿Recuerdas algunas vacaciones especialmente? ¿Fueron muy buenas o muy malas? ¿Adónde fuiste? ¿Con quién fuiste?

LEER

2. Lee.

El verano pasado estuve de vacaciones con mi familia en Turquía. Primero fuimos a Estambul, allí vimos la basílica de Santa Sofía y el palacio de Topkapi, compramos recuerdos en el Gran Bazar y dimos un paseo en barco por el Bósforo, por el mar de Mármara. Luego fuimos a la Capadocia donde pudimos admirar un paisaje extraordinario hecho por la erosión, un capricho de la naturaleza. Visitamos las ciudades subterráneas de Kaimakli y Ozkonak donde vivieron durante años los turcos.
Por último, visitamos las islas de Asia Menor y nos bañamos en las limpias aguas del mar Egeo. Lo que más me gustó es que en todas partes encontramos gente amable y hospitalaria.

3. Contesta las preguntas.

1. ¿Adónde fue Paloma de vacaciones el año pasado?
2. ¿Con quién fue?
3. ¿Qué hicieron en Estambul?
4. ¿Qué vieron en la Capadocia?
5. ¿Dónde se bañaron?
6. ¿Qué es lo que más le gustó?

Pretérito indefinido

Verbos irregulares

Dar	di, diste, dio, dimos, disteis, dieron.
Estar	estuve, estuviste, estuvo, estuvimos, estuvisteis, estuvieron.
Hacer	hice, hiciste, hizo, hicimos, hicisteis, hicieron.
Ir / Ser	fui, fuiste, fue, fuimos, fuisteis, fueron.
Poder	pude, pudiste, pudo, pudimos, pudisteis, pudieron.
Venir	vine, viniste, vino, vinimos, vinisteis, vinieron.

4. Lee y completa la historia con los verbos del recuadro en pretérito indefinido.

> ir (x 3) – pasar – tardar
> ser – llegar – encontrar – tener – estar
> gastar – recoger – volver

A. ¿Adónde (1) *fuiste* de vacaciones el año pasado, Pablo?

B. No quiero recordarlo, (2)_____ a Noruega.

A. ¿Y qué te (3)_____ ?

B. Bueno, (4)_____ en tren y (5)_____ dos días en llegar a Oslo, el viaje (6)_____ larguísimo. Cuando (7)_____ , hacía mucho frío y llovía (¡en agosto!) y no tenía ropa adecuada. Por la noche no (8)_____ sitio libre en el albergue de estudiantes y (9)_____ que ir a un hotel. No tienes idea de lo caros que son los hoteles de Oslo. (10)_____ tres días sin poder salir del hotel por la lluvia y el frío. Y (11)_____ todo el dinero en el hotel. Así que a los tres días (12)_____ mis cosas y (13)_____ a España.

A. ¡Vaya, hombre!

B. Sí, lo mejor fue que el día que cogí el tren para volver salió el sol.

5. Escucha y comprueba. `24`

6. Forma frases en pretérito indefinido.

1. Roberto (ir) de vacaciones a la Costa del Sol.
   Roberto fue de vacaciones a la Costa del Sol.
2. Ayer (venir) mis padres a verme.
3. El domingo pasado (ver) a Luisa.
4. Pilar (vivir) dos años en París.
5. Ayer (no estudiar) los verbos (yo).
6. La profesora (dar, le) el diccionario a Hans.
7. Yo no (venir) a clase el martes.
8. Ella no (poder) terminar el trabajo.
9. Nosotros (salir) a dar una vuelta anoche.
10. Hace dos años, yo (estar) de vacaciones en Cancún.

7. Mira los dibujos. ¿Qué hizo Rafael ayer domingo? Utiliza los verbos del recuadro.

> levantarse – desayunar – salir – comprar
> mojarse – resfriarse – ducharse
> acostarse – empezar a llover

8. Escucha y comprueba. `25`

ciento tres 103

Hablar del pasado reciente y de experiencias.

B. ¿Cómo te ha ido hoy?

1. Lee y escucha. 26

NOTICIAS DE LA TIERRA

En las últimas 24 horas:
- Más de 250.000 mujeres han sido madres.
- La Tierra ha recorrido más de 40.000 kilómetros.
- Los distintos gobiernos del mundo han gastado más de dos billones de euros en armas.
- La contaminación de la Tierra ha aumentado.
- Los europeos han comido más de dos millones de pizzas.
- Más de 35.000 personas han muerto de hambre en el mundo.

2. ¿Verdadero o falso?

1. La contaminación aumenta día a día. ☐
2. No muere mucha gente de hambre. ☐
3. Las pizzas son una comida muy popular en Europa. ☐
4. Más de 200.000 mujeres tienen hijos cada día. ☐

GRAMÁTICA

Pretérito perfecto

He
Has
Ha   + participio
Hemos
Habéis
Han

Participios regulares

Gastar	gast**ado**
Comer	com**ido**
Salir	sal**ido**

Participios irregulares

Abrir	abierto	Ser	sido
Ver	visto	Hacer	hecho
Decir	dicho	Escribir	escrito
Morir	muerto	Volver	vuelto

3. Completa el diálogo con el pretérito perfecto de los verbos entre paréntesis.

HOMBRES DE SU CASA

Lavan, cocinan, planchan, hacen la compra. Son los nuevos amos de casa. Son pocos, pero aumentan día a día. Leo es uno de ellos.

Leo: ¿Qué tal? ¿Cómo te (1) *ha ido* (ir) hoy?
Ana: El día (2)_____ (ser) terrible. Juan y yo (3)_____ (tener) una reunión de cuatro horas con los clientes japoneses y luego (4)_____ (terminar) el informe para la comisión económica. Y tú, ¿qué tal?
Leo: Yo también (5)_____ (tener) hoy mucho trabajo. Primero, (6)_____ (llevar) a los niños al colegio, después (7)_____ (hacer) la compra y luego (8)_____ (planchar) la ropa antes de hacer la comida. Por la tarde los niños y yo (9)_____ (estar) en el parque con los amiguitos de Pablo.
Ana: ¡Uff, qué día! Ahora nos queda un ratito para descansar y ver la televisión.

4. Escucha y comprueba. **27**

5. Escribe 10 frases sobre lo que has hecho hoy y léeselas a tu compañero.

He enviado varios correos a mis amigos.

GRAMÁTICA

- Usamos el **pretérito perfecto** para preguntar por experiencias.

  ¿Has montado alguna vez en globo?

- En las respuestas usamos el **pretérito perfecto** o el **pretérito indefinido** según el marco temporal de la acción (experiencia).

  – *No, no he montado nunca.*
  – *Sí, he montado muchas veces.*
  – *Sí, monté una vez el verano pasado.*

6. Completa las preguntas. Utiliza el pretérito perfecto de los verbos del recuadro.

> arreglar – perder – comer – llegar – hablar
> ver – escribir – ~~montar~~ – ir – plantar

¿Lo has hecho alguna vez?

1. *¿Has montado* en globo alguna vez?
2. ¿_____ las llaves?
3. ¿_____ un poema?
4. ¿_____ una bicicleta?
5. ¿_____ tarde a una reunión?
6. ¿_____ en público?
7. ¿_____ pescado crudo?
8. ¿_____ a la ópera?
9. ¿_____ un árbol?
10. ¿_____ un cuadro de Picasso?

HABLAR Y ESCRIBIR

7. Hazle las preguntas del ejercicio 5 a tu compañero. Anota las respuestas y escribe un párrafo o unas frases.

Michel no ha montado nunca en globo, pero ha viajado en avión muchas veces. No ha escrito nunca poesía ni ha arreglado una bicicleta.

LEER

8. Elige la forma correcta del verbo.

Esta mañana (1) leímos / *hemos leído* en la prensa la noticia de que el famoso grupo "Pasión Imposible" (2) decidió / ha decidido separarse. Ya el año pasado (3) se oyeron / se han oído rumores de que el grupo (4) estaba / ha estado en crisis.

La situación (5) se resolvió / se ha resuelto con la grabación de un nuevo disco. Pero por fin en las últimas 24 horas (6) saltó / ha saltado la noticia.

(7) Se suspendió / se ha suspendido el concierto previsto para hoy en Madrid y la noticia añade que hace unas horas (8) decidieron / han decidido dar por terminada su relación profesional, a pesar del gran éxito que (9) tuvieron / han tenido en la gira del año pasado.

Hablar de diferencias culturales.

C. No se puede mirar

1. Mira los dibujos. ¿Dónde están? ¿Qué hacen?

a b c
d e f

2. Lee los consejos y normas de la revista *El Viajero* y relaciónalos con las ilustraciones.

EL VIAJERO

Para viajar sin problemas hay que tener en cuenta algunas normas y consejos.

1. En algunas zonas de África, hay que pedir permiso antes de hacer una fotografía a una persona. `a`
2. En los países árabes, hay que quitarse los zapatos antes de entrar a las mezquitas. ☐
3. En Inglaterra, no se puede señalar a la gente con el dedo. ☐
4. En Japón, no se puede mirar a la gente a los ojos. ☐
5. En Tailandia, hay que recibir los regalos con las dos manos. ☐
6. En Francia, hay que dar tres besos a un amigo cuando te lo encuentras. ☐

GRAMÁTICA Y COMUNICACIÓN

- *Hay que / no hay que* + infinitivo se usa para expresar obligaciones generales.

  *Para preparar un biberón **hay que** hervir el agua.*

- *(No) se puede* + infinitivo se usa para expresar permiso o prohibición.

  *En esta zona **se puede** jugar al fútbol.*
  *No **se puede** beber agua de esa fuente.*

3. Hemos preguntado a algunos estudiantes de español sobre las diferencias culturales. Lee y subraya la opción correcta.

BARBORA ZEMKOVA / Checa

Vivo en España desde hace dos años, y hay algunas cosas en la forma de comer de los españoles que no entiendo. Por ejemplo, no sé por qué (1) *hay que / no hay que* comer tanto pan. O por qué (2) *hay que / no hay que* mezclar el arroz y los huevos fritos, o las lentejas de primero y el pescado de segundo, cuando son platos que por separado ya alimentan suficientemente. Pero las tapas y los pinchos me encantan.

XUAN-THANH / Chino

La educación en mi país está muy marcada por el respeto y la disciplina. Por ejemplo, cuando entra un profesor en la clase (3) *hay que / no se puede* levantarse e inclinar la cabeza.
(4) *No se puede / hay que* llamarle por su nombre, ni mucho menos tutearle.

ROSA NENKOVA / Ucraniana

Al llegar a España sentí una gran liberación al comprobar que en este país todo es posible: (5) *hay que / no hay que* pagar las multas inmediatamente, (6) *hay que / no hay que* cumplir los horarios puntualmente y cada uno aparca el coche donde quiere.

ESCUCHAR

4. Escucha a Svieta Lauruska, de Bielorrusia, hablando de su experiencia. Completa las frases con *hay que / no hay que / no se puede*. 28

1. En España, cuando encuentras a un conocido *hay que* darle dos besos.
2. En España, cuando entras a una casa _____ dejar los zapatos fuera.
3. En Bielorrusia, _____ llamar de "tú" al profesor.
4. En Bielorrusia, _____ levantarse cuando el profesor entra en el aula.
5. Para adaptarse bien a un país _____ conocer su idioma.

5. ¿Qué hay que hacer si nos encontramos con las siguientes señales? Usa *hay que / no hay que / no se puede*, más los verbos del recuadro.

tocar – parar – fumar – ~~hablar~~
enseñar – beber

1. *No se puede hablar.*

PRONUNCIACIÓN Y ORTOGRAFÍA

Sílaba tónica

En todas las palabras hay una sílaba que se pronuncia con más fuerza. Es la sílaba tónica. Según el lugar de la sílaba tónica, las palabras se clasifican en:
Agudas: Cuando la sílaba tónica es la última.
Llanas: Cuando la sílaba tónica es la penúltima.
Esdrújulas: Cuando la sílaba tónica es la antepenúltima.

1. Escucha y observa la sílaba tónica. 29

médico – co**mer** – **li**bro – ven**ta**na – lec**ción**
pa**só** – me**jor** – **rá**pido – **ma**no – be**bí**
can**té** – tra**ba**jo – traba**jó**

2. Escucha otra vez y repite. 29

3. Escucha las palabras siguientes y subraya la sílaba tónica. 30

café – mesa – música – Madrid – español
madre – árabe – estudiar – comí – comió
como – vino – venir – móvil – teléfono
profesor – nacional – zapato – camisa

4. Escribe cada palabra en la columna correspondiente.

Esdrújulas	Llanas	Agudas
música	*ventana*	*café*

12 C

ciento siete 107

Autoevaluación

1. Prepara un cuestionario para tu compañero/a sobre lo que hizo el domingo pasado. Luego pregúntale y haz un informe.

1. ¿A qué hora (levantarse)?
   ¿A qué hora te levantaste el domingo pasado?
2. ¿Adónde (ir)?
   _____
3. ¿Qué (hacer) por la mañana?
   _____
4. ¿Dónde (comer)?
   _____
5. ¿Con quién (comer)?
   _____
6. ¿(Estudiar) español?
   _____
7. ¿(Ver) la tele?
   _____
8. ¿Qué (hacer) por la tarde?
   _____

El domingo pasado mi compañera Yoriko se levantó a las nueve, luego…

2. Completa con los verbos *ser* o *estar*.

1. Mi hermana *es* alta y morena.
2. Los niños _____ contentos.
3. Mi marido _____ muy trabajador.
4. Miguel _____ muy preocupado.
5. ¿ _____ (tú) nerviosa por tu boda?
6. El marido de mi hermana no _____ español.
7. Las cervezas no _____ frías.

3. Completa el texto con el pretérito perfecto de los verbos entre paréntesis.

Alicia y Ricardo están esperando para hacer una entrevista de trabajo. (1) *Han llegado* (llegar) puntuales, pero no (2)_____ (tener) tiempo de prepararse, y no (3)_____ (leer) ninguna información sobre la empresa. Por eso no (4)_____ (pensar) en ninguna respuesta inteligente. (5)_____ (realizar) antes distintos trabajos, pero Ricardo no (6)_____ (trabajar) nunca en una empresa de publicidad. Alicia (7)_____ (ponerse) un traje nuevo y Ricardo (8)_____ (comprarse) una corbata para la ocasión.

4. Escribe la historia de Rubén con Laura. Utiliza el pretérito perfecto o el pretérito indefinido.

Historia de Rubén: *El sábado pasado,*
1. Conocer a Laura.
   Conocí a Laura.
2. Bailar con ella.
   _____
3. Pasárselo bien.
   _____
4. Acompañarla a casa.
   _____

Desde entonces hasta hoy,
5. Verla todos los días.
   _____
6. Ir a buscarla a casa todas las tardes.
   _____
7. Llamarla por teléfono todas las noches.
   _____

5. Escribe un párrafo del diario de un/a ama de casa. Utiliza los verbos del recuadro.

> levantarse – hacer la compra – planchar
> hacer la comida – llevar al niño al colegio
> ir al parque – leer el periódico – ver la tele

Soy capaz de…

☐ ☐ ☐ *Hablar del pasado.*

☐ ☐ ☐ *Hablar de actividades recientes y de experiencias.*

☐ ☐ ☐ *Hablar de costumbres diferentes.*

De acá y de allá

BODAS DEL MUNDO

¿Te gusta ir a las bodas?

1. Lee y escucha. 31

¡SÍ, QUIERO!

Una boda siempre es un buen momento para conocer las costumbres más arraigadas de cada cultura. Una forma ideal de cotilleo cultural.

En Europa, las parejas eligen la primavera o el verano para unir sus vidas: el buen tiempo resulta esencial.

En China, se celebran bodas especialmente cuando hay buenas cosechas y la familia cuenta con algún dinero extra.

En Perú, los novios pueden beber, pero tienen que estar quietos, como estatuas de sal, los tres días siguientes a la boda para que los malos espíritus no se cuelen en sus vidas.

En la India, los padres ponen anuncios en los periódicos para buscar esposos y esposas para sus hijos e hijas.

En Hawai, todo vale: casarse a caballo o bajo las profundidades del mar, organizar una fiesta medieval o ponerse el bañador de los domingos para intercambiarse en la playa los anillos de coral.

Pero, a pesar de las diferencias, siempre es un día de celebraciones, reunión familiar y encuentro entre amigos.

2. Contesta las preguntas.

1. ¿En que época del año se casan normalmente los europeos?
2. ¿Cuándo se celebran las bodas en China?
3. ¿Qué cosa no pueden hacer los novios en Perú durante los tres días siguientes a la boda?
4. ¿Quién busca novio a las chicas en la India?
5. ¿Cómo te gustaría celebrar tu boda en Hawai?
6. Y en tu país, ¿cómo celebráis el día de la boda?

ciento nueve 109

13

Hablar de viviendas y su decoración.

A. Un lugar para vivir

1. Mira las fotos. ¿Cuál te gusta más? ¿Dónde te gustaría vivir? ¿Por qué?

A mí me gustaría vivir en el chalé porque tiene jardín y a mí me gustan las plantas.

2. En una agencia de venta y alquiler de pisos, varias personas están buscando vivienda. Escucha y toma nota. ¿Qué cosas son importantes para cada uno? **32**

Roberto: *pequeño*, _____

Familia Hierro: _____

Carmen y Francisco: _____

HABLAR

3. En parejas. Prepara una conversación con tu compañero/a en una agencia inmobiliaria.

A. *Buenos días, ¿en qué puedo ayudarle?*
B. *Estoy buscando un piso, un chalé, una casa…*
A. *¿En el centro o lejos del centro?*

VOCABULARIO

4. Escribe la letra correspondiente.

1. ducha	c	9. nevera	
2. microondas		10. espejo	
3. armario		11. cama	
4. librería		12. lavadora	
5. chimenea		13. lavabo	
6. mesita de noche		14. manta	
7. sillón		15. horno	
8. silla		16. alfombra	

110   *ciento diez*

5. Coloca cada cosa en su habitación.

salón-comedor	baño	dormitorio	cocina
librería			

LEER

6. Mira las fotos.

1. ¿La casa es antigua o moderna?
2. ¿Quién puede vivir ahí, una familia joven o mayor, con hijos, sin hijos?

7. Lee el artículo y contesta.

1. ¿A qué se dedica Leticia Sánchez?
2. ¿De qué color están pintadas las paredes de su casa?
3. ¿Dónde pasa mucho tiempo?
4. ¿Qué tiene en el jardín?
5. Describe el salón de su casa.

8. Lee otra vez y completa las frases con información del artículo.

1. La casa donde vive Leticia se encuentra a _____ de Madrid, en una _____ rodeada de muchos parques.
2. En el salón hay una _____, una mesa y un _____ marrón de cuero.
3. En el jardín tiene una _____ con _____, y ahí toma el _____.

ESCRIBIR

9. Describe tu casa ideal. Primero prepara la descripción con estas preguntas, luego cuéntaselo a tus compañeros.

1. ¿Dónde está: en el campo, en el centro de la ciudad, en la montaña, al lado del mar?
2. ¿Cuántas plantas tiene? ¿Qué habitaciones hay arriba y qué hay abajo?
3. ¿Cuántos dormitorios tiene?
4. ¿Tiene garaje, jardín, piscina, terraza?
5. ¿De qué estilo es: moderno, antiguo?
6. ¿Cómo son los muebles: clásicos, funcionales, de hierro, de madera?

EL RINCÓN DE Leticia Sánchez

Hoy visitamos la casa de Leticia Sánchez, diseñadora de la revista *Viajar*. Su casa, situada a 10 kilómetros de Madrid, tiene una luz especial.

"Odio las casas de ahora, que tienen los techos bajos. Mi casa tiene que ser amplia. Me gustan las paredes pintadas con colores suaves, que dan una armonía especial. Las casas pintadas de colores me cansan. La habitación que más utilizo es el salón. Me gusta mucho el sofá, tapizado con piel marrón. A mi hija le encanta sentarse en él a ver la televisión. El suelo es de madera y en las ventanas no tengo cortinas, pues me gusta que entre la luz.

Otro de mis lugares preferidos es el jardín. En él tengo una mesa y unas sillas muy cómodas en donde puedo tomar el sol y leer. También me gusta cuidar las plantas.

Cuando era más joven me gustaba vivir en el centro de Madrid. Pero desde que tuve a mi hija preferí venir a vivir a un lugar con más zonas verdes y alejado de la contaminación. Me encanta dar paseos por los parques que hay alrededor de mi urbanización, y los fines de semana monto en bici con mi marido y mi hija".

Hablar del futuro.
Hacer predicciones.

B. ¿Qué pasará?

1. ¿Dónde crees que estarás dentro de veinte años?

Dentro de veinte años yo estaré en...

2. Lee y escucha. 33

Durante el siglo XX la vida en la Tierra ha experimentado cambios importantísimos. En este siglo XXI que acaba de empezar,

¿QUÉ CAMBIOS HABRÁ?

- ¿Habrá más contaminación atmosférica o menos?
- ¿Se curarán enfermedades como el cáncer, el sida, la malaria?
- ¿La gente vivirá en el campo o en ciudades cada vez más grandes?
- ¿Habrá guerras o se acabarán para siempre?
- ¿Cómo viajará la gente: en coche, en avión, en nave espacial?
- ¿Podremos ir de vacaciones a la Luna o a Marte por poco dinero?

Invitamos a nuestros lectores a hacer predicciones. Escríbannos, por favor.

3. Lee otra vez el artículo y señala la predicción que te interesa más.

Que iremos de vacaciones a la Luna por poco dinero.

GRAMÁTICA

Futuro imperfecto

Verbos regulares en -ar, -er, -ir

Hablar

Hablar**é**	Hablar**emos**
Hablar**ás**	Hablar**éis**
Hablar**á**	Hablar**án**

Irregulares

Haber	habré	**Tener**	tendré
Hacer	haré	**Salir**	saldré
Poder	podré	**Poner**	pondré

El futuro se usa:
- Con marcadores temporales como *mañana, el año próximo, la semana que viene, el mes próximo.*
- Para hacer promesas y predicciones:
  El año que viene iré a verte a tu país.

4. Forma frases.

1. Mañana / ir / al cine contigo (yo).
   Mañana iré al cine contigo.
2. Dentro de un año / terminar / mis estudios (yo).
3. El sábado / salir / con ellos (nosotros).
4. El mes que viene / haber / una fiesta de disfraces.
5. Esta noche / hacer la cena / Olga.
6. Mañana / no poder / venir a clase (él).
7. Dentro de un mes / volver / a su país (ellos).
8. Este fin de semana / venir / mis amigos a casa.
9. Esta tarde / salir (nosotros) / a dar una vuelta.

ESCRIBIR Y HABLAR

5. Escribe dos predicciones para dentro de 50 años. Coméntalas con tus compañeros.

Yo creo que habrá menos contaminación porque los coches funcionarán con agua. Además, la gente vivirá más de cien años.

6. Escribe en un papel tus expectativas para el futuro. No pongas el nombre en tu papel. Luego dáselo a tu profesor. El profesor te dará otro, ¿sabes quién lo ha escrito?

Dentro de 10 años seré una actriz famosa. Tendré mucho éxito y haré un montón de películas.

7. Relaciona cada frase con las fotos.

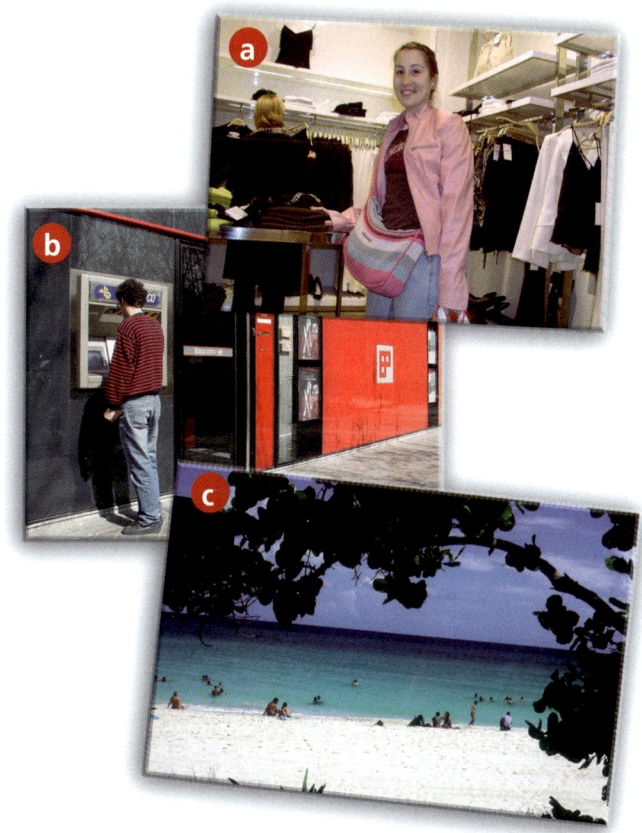

1. Si no está contento con su compra, le devolvemos su dinero. ☐
2. Si te gusta el sol y la playa, ven al Caribe. ☐
3. Si invierte aquí, ganará el doble. ☐

8. Subraya los verbos en las frases anteriores.

GRAMÁTICA

Oraciones condicionales
- *Si* + **presente de indicativo**, presente.
  Si no llueve, salgo todos los días.
- *Si* + **presente de indicativo**, imperativo.
  Si no llueve, ven a mi casa.
- *Si* + **presente de indicativo**, futuro.
  Si no llueve, iré a tu casa.

9. Relaciona.

1. Si no hay autobuses, ☐
2. Si puedes, ☐
3. Si salgo pronto de trabajar, ☐
4. Si compras tres paquetes, ☐
5. Si dejas de fumar, ☐
6. Si me dan vacaciones en junio, ☐
7. Si Rosa e Ignacio no vienen pronto, ☐

a) iré a ver a Marta. e) me iré al Caribe.
b) coge un taxi. f) ahorrarás dinero.
c) perderemos el tren. g) te encontrarás mejor.
d) compra el pan y el periódico.

10. En las elecciones, todos los políticos suelen hacer promesas. Completa las promesas siguientes.

1. Si mi partido gana las elecciones, (crear, nos.) _____ más puestos de trabajo.
2. Si ustedes nos (votar) _____, nosotros (subir) _____ las pensiones.
3. Si (salir, yo) _____ elegido, les prometo que el gobierno (gastar) _____ más dinero en educación y sanidad.
4. Por último, les prometo que todo el mundo (tener) _____ lo que necesita si ustedes (votar) _____ a mi partido.

11. Escucha y comprueba. 34

12. En parejas. Piensa una buena frase para cada uno de estos productos, luego vota las mejores.

1. Máquina de afeitar. *Si utiliza la máquina de afeitar "Piel", las mujeres no le abandonarán.*
2. Gel de baño.
3. Detergente para la ropa.
4. Un restaurante.
5. Una escuela de idiomas.

ciento trece 113

Pronombres de objeto directo e indirecto.

C. ¿Quién te lo ha regalado?

1. Pide cosas prestadas a tu compañero.

A. ¿Me dejas la goma?
B. Sí, claro, cóge**la**.
A. ¿Me dejas tu diccionario?
B. No, lo siento, **lo** necesito yo.

2. Lee y completa.

> me los – te los – los – me la – el mío – telos

1. A. ¿Y estos vaqueros?, ¿de quién son?
   B. Son míos.
   A. ¡Qué bonitos! ¿Me _____ dejas?
   B. Sí, claro, llevá_____ .
2. A. Nuria, ¿es tuyo este cinturón?
   B. No, _____ _____ es más ancho que este.
3. A. ¿De quién es esta raqueta?
   B. Mía.
   A. ¿Es nueva?
   B. Sí, _____ _____ ha comprado mi madre.
4. A. ¡Qué pendientes tan bonitos! ¿Quién _____ _____ ha regalado?
   B. ¿Te gustan? _____ _____ ha regalado mi novio.

3. Escucha y comprueba. 35

HABLAR

4. Ha sido el cumpleaños de tu compañero/a y le han regalado algunas cosas. Pregúntale quién le ha regalado cada cosa.

A. ¡Qué reloj tan bonito!, ¿quién te lo ha regalado?
B. Me lo ha regalado Mar.
A. ¡Qué gafas de sol tan bonitas!, ¿quién…

Haz lo mismo con otros objetos: *bolígrafo, móvil, bolso, cartera, corbata, anillo, pantalones, camiseta,* etcétera.

GRAMÁTICA

Pronombres de objeto directo e indirecto		
sujeto	objeto directo	objeto indirecto
Yo	me	me
Tú	te	te
Él/ella/Vd.	lo, la	le (se)
Nosotros/as	nos	nos
Vosotros/as	os	os
Ellos/as/Vdes.	los, las	les (se)

A. ¿Le has dado <u>las llaves</u> <u>a Mercedes</u>?
                  O.D.   O.I.
B. Sí, ya <s>le</s>   <u>las</u> he dado
    O.I. O.D.
    <u>se</u>

5. Completa con los pronombres.

1. A. ¿Le has dado el dinero al fontanero?
   B. Sí, ya *se lo* he dado.
2. A. ¿Les has dado los muebles a los vecinos?
   B. Sí, ya ____ ____ he dado.
3. A. ¿Le has dado las plantas a Isabel?
   B. Sí, ya ____ ____ he dado.
4. A. ¿Le has dado la foto a Enrique?
   B. Sí, ya ____ ____ he dado.

6. Coloca el pronombre en el lugar adecuado.

1. ¿Qué *le* has regalado a mamá? (le)
2. Julia, Enrique ha llamado por teléfono tres veces. (te)
3. A. ¿Has visto a los vecinos?
   B. No, hoy no he visto. (los)
4. A. ¿Has traído el libro al niño? (le)
   B. No he traído porque no he encontrado en la librería. (se, lo, lo)
5. Vamos ya, los amigos están esperando. (nos)
6. Esperamos en nuestra casa de la playa. (os)
7. A. ¿Has dicho a tus padres que casas con Lola? (les, te)
   B. No, todavía no he dicho. (se, lo)

ESCUCHAR

7. La jefa del departamento comercial le pide a Carlos cuentas del trabajo que ha realizado en esta semana. Escucha y señala qué es lo que Carlos ha hecho (V) y lo que no ha hecho (X). **36**

1. Enviar la información de las novedades a los otros departamentos. ☐
2. Enviar el presupuesto al director general. ☐
3. Ver al director del banco acerca del préstamo. ☐
4. Pasar las facturas a contabilidad. ☐
5. Entregar el pedido a los clientes de Sevilla. ☐

8. Escucha otra vez y escribe las contestaciones de Carlos. **36**

1. Sí, se la pasé a Cristina el martes.
2. _____
3. _____
4. _____
5. _____

PRONUNCIACIÓN Y ORTOGRAFÍA

Acentuación

1. Escucha y escribe cada palabra en la columna correspondiente. **37**

limón – rápido – lápiz – ácido – papelera
examen – japonés – trabajo – lápices
lección – sofá – escribir – rapidez – alemana
iraní – coche – ordenador – crisis

Esdrújulas	Llanas	Agudas

13 C

2. Escucha otra vez y repite. **37**

3. Completa las reglas de acentuación.

Llevan tilde las palabras **agudas** que terminan en ____ , ____ , ____ .
No llevan tilde las palabras **llanas** que terminan en ____ , ____ , ____ .
Llevan tilde _____ las palabras **esdrújulas**.

ciento quince   115

Autoevaluación

1. Lee los anuncios y completa los huecos con las palabras del recuadro.

> dormitorios – chalé – ascensor – terraza
> jardín – habitación

1. **El Pilar.** Piso exterior, 3 _____, suelo de parqué, calefacción individual, quinta planta con _____ 267.500 €. Ref. 1.175.
2. **Centro.** Apartamento, una _____, garaje. A estrenar. 205.000 €. Ref. 408.
3. **Rozas.** _____, 200 m², 3 cuartos de baño, 5 dormitorios, _____, piscina. 420.000 €. Ref. 359.
4. **Chueca.** Ático-dúplex a estrenar, 60 m² de vivienda, 40 m² de _____, ascensor. 330.000 €. Ref. 562.

2. Contesta como en el modelo.

1. A. ¿Rosa, ¿has limpiado los cristales?
   B. No, *los limpiaré* mañana.
2. A. Julián, ¿has hecho la cena?
   B. No, _____ más tarde.
3. A. Alberto, ¿has comprado el periódico?
   B. No, _____ luego.
4. A. Luisa, ¿has puesto la alfombra?
   B. No, _____ mañana.
5. A. Mamá, ¿has puesto la lavadora?
   B. No, _____ el viernes que viene.
6. A. Ana, ¿has planchado mis pantalones?
   B. No, _____ esta tarde.

3. Subraya el verbo correcto.

1. Si *tienes* / *tendrás* tiempo, ven a mi casa.
2. *Compraremos* / *compramos* un sofá nuevo si *hay* / *habrá* rebajas.
3. Si la lavadora no *funcionará* / *funciona*, llévala a arreglar.
4. Si *tenemos* / *tendremos* dinero, iremos de vacaciones a Cancún.
5. Para mí, la vida es maravillosa si no *tendré* / *tengo* nada que hacer y *puedo* / *podré* hacer lo que quiera.
6. Mis padres me *comprarán* / *compran* una guitarra si yo *apruebo* / *aprobaré* el curso.

4. Escribe el final.

1. Si me toca la lotería de Navidad, _____
2. Si tienes tiempo, _____
3. Me casaré, _____
4. Llámame, _____

5. Contesta como en el modelo.

1. A. ¿Quién te ha dado este libro?
   B. *Me lo ha dado* mi profesor.
2. A. ¿Quién te ha regalado estos pendientes?
   B. _____ mi novio.
3. A. ¿Quién te ha dicho eso?
   B. _____ Arturo.
4. A. ¿Quién te ha dado la chaqueta esa?
   B. _____ mi hermano.
5. A. ¿Quién le ha dado el helado a la niña?
   B. _____ la abuela.
6. A. ¿Quién le ha prestado el coche a Carlos?
   B. _____
7. A. ¿Quién les ha regalado esas playeras a los gemelos?
   B. _____ su padrino.
8. A. ¿Quién os ha regalado esa bicicleta?
   B. _____
9. A. ¿Quién te ha enviado este correo?
   B. _____ mi jefe.

Soy capaz de…

☐ ☐ ☐ *Expresar deseos* (me gustaría…)
☐ ☐ ☐ *Hablar del futuro.*
☐ ☐ ☐ *Expresar condiciones posibles.*

De acá y de allá

MACHU PICCHU

1. ¿Qué sabes de Machu Picchu?

2. Lee el texto y completa con las palabras del recuadro.

> antigua – que – montañas – autobús – sabe
> disfrutar – viaje – a – por – dura – fueron

MACHU PICCHU

MACHU PICCHU es una (1)_____ ciudad inca, próxima a Cuzco, rodeada de (2)_____, construida en un lugar casi inaccesible. Las ruinas (3)_____ descubiertas por Hiram A. Bingham en 1912 y aún hoy no se (4)_____ bien cuál es su origen. Consiste en unas 150 edificaciones comunicadas por pasillos y escaleras y rodeadas (5)_____ una muralla.

Machu Picchu está (6)_____ unos 300 km de Cuzco y para llegar allí sólo hay dos formas: se puede ir andando por el Camino del Inca, que pasa a través de las montañas, tiene unos 40 km y se necesitan tres duros días de marcha para recorrerlo. O bien en tren desde Cuzco hasta Aguas Calientes y desde aquí subir en un (7)_____ hasta la ciudad sagrada.

El (8)_____ en tren es una experiencia única y apasionante. (9)_____ ocho horas en las que los turistas pueden (10)_____ de bellísimos paisajes, charlar con los demás pasajeros y tomar té, pasteles o huevos (11)_____ venden los peruanos en las estaciones y paradas del tren.

3. Con tu compañero, prepara cinco preguntas para hacérselas a otra pareja de compañeros. Gana la pareja que acierte más preguntas.

¿Cuántos kilómetros hay de Cuzco a Machu Picchu en tren?

13 D

ciento diecisiete 117

14 *Hablar de hábitos y circunstancias del pasado.*

A. No había tantos coches

1. ¿Imaginas cómo era la vida hace 100 años? Piensa una diferencia y coméntalo con tus compañeros.

Hace cien años no había televisión y ahora sí.

2. Lee.

3. Responde a las preguntas.

1. ¿A qué se dedicaba el padre de María Guerra?
2. ¿Cómo iba a la escuela? ¿Por qué?
3. ¿A qué edad entró a trabajar?
4. ¿Qué le gustaba hacer los domingos?
5. ¿Entraban las mujeres solas en los cafés? ¿Por qué?
6. ¿Adónde iba Emilio de pequeño?
7. ¿Cuál fue su primer trabajo?
8. ¿A qué se dedicó en su vida adulta?

EL MADRID DE 1900

En 1900, los niños madrileños se bañaban en el río Manzanares o cruzaban las calles sin mirar. Ahora es imposible.

María Guerra tiene 92 años ahora y cuenta cómo era su infancia: "Mi padre era conductor de tranvía. Yo fui a un colegio de monjas hasta los 14 años. Como no había transporte, todos los días tenía que andar más de media hora para llegar. Cuando tenía catorce años entré a trabajar en un taller de modistas. Los domingos salía con mis amigas a bailar o al teatro, íbamos siempre al teatro Latina. En Madrid había muchos cafés, pero las mujeres no entrábamos solas, porque estaba mal visto".

Por su parte, Emilio Rodríguez dice que le gustaba más jugar en la calle que ir a la escuela. Iba a la puerta del Palacio Real a ver el cambio de guardia en tiempos de Alfonso XIII. También recuerda la primera vez que fue al cine: le pareció maravilloso. A los 14 años empezó a trabajar en una pastelería y todos los días repartía los bollos a domicilio.

Luego entró a trabajar en una imprenta y se hizo tipógrafo.

Tanto María como Emilio piensan que la vida ha cambiado desde que ellos eran jóvenes, y que ahora se vive muchísimo mejor que antes.

Adaptado de *EL PAÍS*

GRAMÁTICA

> **Pretérito imperfecto**
>
> - Se usa para hablar de acciones habituales en el pasado.
>   *Iba todos los domingos a bailar.*
>
> - Para describir en el pasado.
>   *La vida era más dura, no había tantas máquinas para trabajar.*
>
> - Para describir una situación.
>   *Como no había transporte, tenía que ir andando.*

4. Subraya el verbo adecuado.

1. Marisa cuando *era* / *fue* pequeña vivía en Londres.
2. Antes a mí me *gustaba* / *gustó* el chocolate, pero ahora no me gusta nada.
3. Ernesto *trabajó* / *trabajaba* en esa empresa hasta el año pasado.
4. Como no *tenía* / *tuve* dinero, no me *compré* / *compraba* los pantalones.
5. Hace 100 años Madrid *tuvo* / *tenía* medio millón de habitantes.
6. Mis padres se *conocían* / *conocieron* en una fiesta, y dos años más tarde se casaron.
7. La primera vez que *veía* / *vio* el mar le *parecía* / *pareció* maravilloso.
8. El domingo pasado *vimos* / *veíamos* una película que me *gustó* / *gustaba* mucho.
9. A los dos hermanos les *gustó* / *gustaba* mucho el fútbol, y por eso se *hacían* / *hicieron* futbolistas.

ESCUCHAR

5. Varias personas están hablando de su adolescencia. Escucha y señala *V* o *F*. **38**

1. Paloma está preocupada por su hijo. **V**
2. Paloma tenía que volver a casa a las 11. ☐
3. Aurora tenía el mismo problema que Paloma. ☐
4. Aurora no podía llevar minifalda ni fumar en Salamanca. ☐
5. A los chicos los educaban de otra manera. ☐
6. En las familias había pequeñas broncas por el pelo de los chicos. ☐
7. Los padres de antes sufrían igual que los padres de ahora. ☐

HABLAR

6. ¿Qué hacías tú cuando eras adolescente? Lee las siguientes actividades, piensa cuáles hacías tú y cuáles no, y luego coméntalo con tu compañero.

A. *Yo, cuando era joven, tocaba la guitarra. ¿Y tú?*
B. *No, yo no. Yo hacía deporte, jugaba al baloncesto en el colegio.*

1. Tocar la guitarra.
2. Hacer deporte.
3. Escribir poesía.
4. Ver vídeos.
5. Ir a la discoteca.
6. Escuchar música a todo volumen.
7. Ir a clases de español.
8. Navegar por Internet.
9. Llevar minifalda, trabajar, etc.

ESCRIBIR Y HABLAR

7. En parejas. Imagina cómo era la vida en tu país o ciudad hace 100 años. Con tu compañero, escribe un párrafo. Puedes hablar de los transportes, el trabajo, la comida, la ropa.

Hace 100 años no había metro, la gente iba en tranvía, caballo, tren o andando. Las casas eran…

Comparar.

B. Yo no gano tanto como tú

1. Mira las fotos y lee los datos sobre Patricia y Blanca. ¿Quién gana más? ¿Quién trabaja más?

Patricia

Edad: 43 años.
Altura: 1,62 m.
Familia: marido y tres hijos.
Vivienda: chalé adosado de dos plantas.
Profesión: abogada.
Horario de trabajo: 10 horas diarias.
Salario: 2.500 € al mes.
Coche: Ford Mondeo.
Aficiones: trabajar en el jardín, leer y escuchar música.

Blanca

Edad: 32 años.
Altura: 1,70 m.
Familia: dos hijos.
Vivienda: un piso de 80 m².
Profesión: empleada de banco.
Horario de trabajo: 8 horas diarias.
Salario: 1.900 € al mes.
Coche: Opel Astra.
Aficiones: ir al cine y hacer deporte.

2. ¿Verdadero o falso?

1. Blanca es mayor que Patricia. ☐
2. Blanca es tan alta como Patricia. ☐
3. La casa de Patricia es más grande que la casa de Blanca. ☐
4. Blanca trabaja menos horas que Patricia. ☐
5. A Blanca le gusta salir más que a Patricia. ☐
6. Blanca gana tanto como Patricia. ☐

GRAMÁTICA

Comparativos

- *Más / menos* + adjetivo + *que*:
  Juan es **más alto que** Antonio.

- *Más / menos* + nombre + *que*:
  Yo gano **menos dinero que** mi mujer.

- Verbo + *más / menos* + *que*:
  Andrés corre **más que** Carlos.

- *Tan* + adjetivo + *como*:
  Mi novia es **tan alta como** yo.

- *Tanto/a / tantos/as* + sustantivo + *como*:
  Ana tiene **tantos amigos como** Sara.

- Verbo + *tanto* + *como*:
  Mi madre **trabaja tanto como** mi padre.

Comparativos irregulares

Más bueno / bien	*mejor*
Más malo / mal	*peor*
Más grande / viejo	*mayor*
Más pequeño / joven	*menor*

3. Escribe cuatro frases comparando: el coche, el trabajo, el sueldo y el número de hijos de Patricia y Blanca.

ESCUCHAR

4. Escucha la conversación telefónica entre Celia, que vive en Madrid, y su amigo Luis, que se ha ido a vivir a Cercedilla, un pueblo de la sierra. Completa la tabla con los signos +/– . **39**

	MADRID	CERCEDILLA
Diversiones		
Contaminación		
Buenas vistas		
Tiendas		
Tranquilidad		
Prisa		

5. Mira los anuncios y busca la información.

1. ¿En qué anuncio aparece una comida que pica mucho?
2. ¿En qué anuncio aparece un alimento que está muy rico?
3. ¿En qué anuncio aparece un dulce de Navidad que cuesta mucho dinero?
4. ¿En qué anuncio aparecen lugares muy limpios y solitarios?

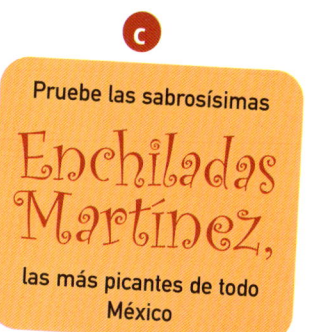

a) TURRÓN 1880
El turrón más caro del mundo

b) Llévese nuestro riquísimo pan integral
Panecillos La Sorianita

c) Pruebe las sabrosísimas *Enchiladas Martínez*, las más picantes de todo México

d) Viaje a Cuba con **VIAJES GUAJIRA**, los más económicos, los más seguros, los inigualables.
- Disfrute de la mayor isla del Caribe.
- Limpísimas playas.
- Aguas transparentes.
- Solitarios cayos.

GRAMÁTICA

Superlativo relativo

*El turrón **más** caro **del** mundo.*
*El alumno **que más** estudia **de** la clase.*

Superlativo absoluto

Muy + adjetivo = adjetivo + *-ísimo/a/s*

Muy raro = raro + -ísimo = rarísimo
Muy fácil = fácil + -ísimo = facilísimo

rico	riqu**ísimo**
fuerte	fort**ísimo**
amable	amabil**ísimo**
cerca	cerqu**ísima**
antiguo	antiqu**ísimo**

6. Completa las siguientes frases hablando de tu país.

Ciudad / grande.
La ciudad más grande de mi país es…

1. Mes / frío.
2. Fiesta / importante.
3. Edificio / antiguo.
4. Equipo de fútbol / bueno.
5. Lugar de vacaciones / interesante.
6. Cantante / famoso.

HABLAR

7. En grupos de cuatro, discute con tus compañeros.

¿Quién es el mejor cantante del mundo?
¿Quién es el mejor deportista de tu país?
¿Cuál es la mejor ciudad para vivir?

14 B

ciento veintiuno 121

Orientarse en la ciudad.

C. Moverse por la ciudad

VOCABULARIO

1. Mira el dibujo, escucha y repite. 40

1. a la derecha de
2. detrás de
3. a la izquierda de
4. delante de
5. enfrente de
6. cerca de
7. lejos de
8. en la esquina
9. en el cruce

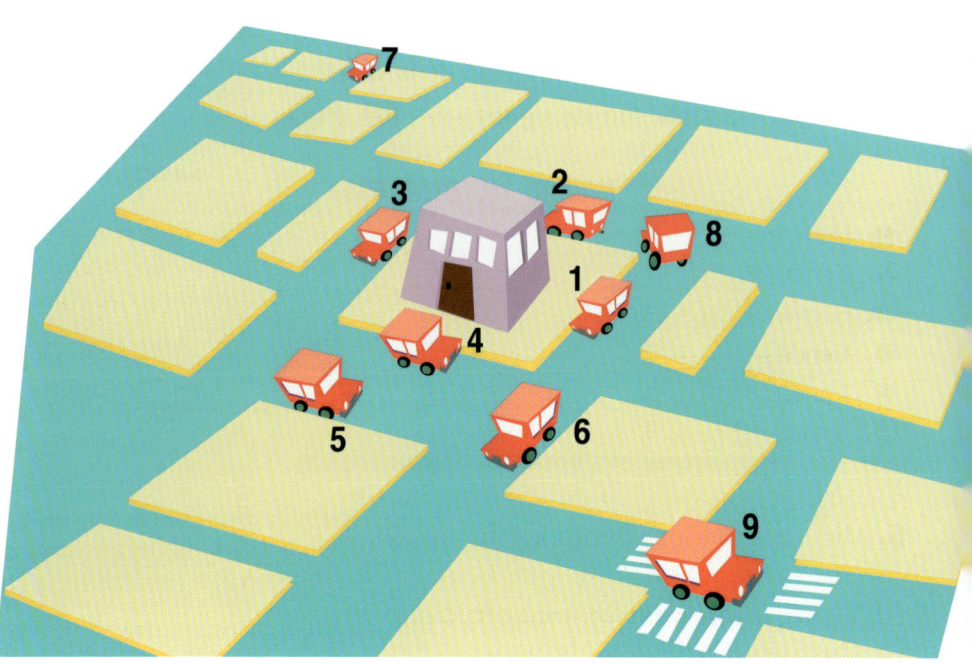

2. Mira el pueblo y completa las siguientes frases con la expresión de lugar correspondiente.

Nos hemos comprado una casa preciosa en un bonito barrio residencial.

1. *Delante de* la casa hay un jardín.
2. _____ la casa hay una piscina.
3. _____ la casa hay una iglesia.
4. _____ hay un semáforo.
5. _____ hay un puesto de periódicos.
6. _____ la casa hay un banco.
7. Hay un río _____ la casa.
8. _____ la casa se ven las montañas.

ESCUCHAR

3. Escucha y completa los diálogos. 41

1. A. Perdone, ¿podría decirme dónde hay un puesto de periódicos?
   B. Siga recto y *enfrente* del banco, justo (1)_____ , ahí lo encontrará.

122   ciento veintidós

2. A. Disculpe, estoy buscando una farmacia. ¿Sabe si hay alguna por aquí?
   B. ¿Ve usted esa iglesia? Pues (2)_____ de la iglesia está la farmacia, (3)_____ la oficina de correos.
3. A. Por favor, ¿me podría indicar cómo llegar al ayuntamiento?
   B. Sí, claro. Siga todo recto y, (4)_____, tuerza (5)_____. (6)_____ la escuela está el ayuntamiento.

VOCABULARIO

MEDIOS DE TRANSPORTE

4. Mira los dibujos y comenta con tus compañeros.

¿Cómo vienes a clase?
¿Qué medio de transporte prefieres cuando vas de vacaciones?
¿Qué medio de transporte te parece más seguro?

5. Según tu opinión, ¿son estas afirmaciones verdaderas o falsas? Después compáralas con las respuestas de tu compañero.

1. Los trenes son más puntuales que los autobuses.
2. Viajar en autocar es más caro que viajar en tren.
3. Las motos son más seguras que los coches.
4. El avión es el medio de transporte más rápido.
5. El metro es más lento que el autobús.
6. La bicicleta es el medio de transporte más limpio.

PRONUNCIACIÓN Y ORTOGRAFÍA

Diptongos

- Las vocales en español se clasifican en vocales abiertas (**a-e-o**) y vocales cerradas (**i-u**).
- Cuando dos vocales se pronuncian en una sola sílaba tenemos un **diptongo**.
  – una vocal abierta + una vocal cerrada:
    ai, au, ei, eu, oi, ou.
    ai-re, cau-sa, Zeus.
  – una vocal cerrada + una vocal abierta:
    io, ia, ie, ua, ue, uo.
    ra-dio, his-to-ria, tie-rra, puer-to.
  – dos vocales cerradas: *fui.*

1. Escucha y repite. 42

diez – seis – pie – pausa – historia
puedo – oigo – agua – diario – horario
rey – cien – sauna

2. Señala la palabra que oyes. 43

dios/dos – rey/res – aula/ala – pez/pie
mes/mies – bien/ven – cielo/celo – euro/oro
cuero/coro – podo/puedo

3. Escucha otra vez y repite. 43

Autoevaluación

1. Escribe sobre lo que hacías y no hacías cuando eras joven. Utiliza los verbos del recuadro.

> hablar español – utilizar el ordenador
> dormir ocho horas – fumar – beber café
> trabajar – ir al gimnasio

Antes no hablaba español. Ahora hablo español.

2. Completa los huecos con el verbo entre paréntesis en la forma correcta (pretérito imperfecto o pretérito indefinido).

1. Mi hermano *trabajó* (trabajar) muchos años en Alemania.
2. Cuando _____ (ser) joven, mi padre _____ (fumar) puros.
3. Mi abuelo _____ (leer) el mismo periódico toda su vida.
4. Antes de empezar a trabajar _____ (pasar) tres veranos en Inglaterra.
5. Mis padres y yo, después de la cena, siempre _____ (ver) la televisión.
6. Los alimentos antes _____ (ser) más sabrosos.
7. Antes de tener a los niños, mi mujer y yo _____ (salir) dos veces por semana.
8. El domingo pasado, Pablo y yo _____ (jugar) un campeonato de tenis.
9. Ayer (yo) _____ (enviar) cinco correos electrónicos a tu empresa.
10. Yo no me _____ (comprar) el CD de Enrique Iglesias porque _____ (ser) muy caro.

3. Completa las siguientes frases con las palabras del recuadro.

> más (x 4) – ~~que~~ – menos – tan (x 2)
> como – tanta

1. El coche que ha comprado tu hijo es mejor *que* el mío: no gasta (1)_____ gasolina y es bastante (2)_____ seguro.
2. Me encanta la natación, es uno de los deportes (3)_____ completos que hay. No es tan emocionante (4)_____ el "puenting", pero es (5)_____ divertido que la pesca, y es (6)_____ caro que el esquí.
3. La casa de mi compañera es (7)____ grande como la mía, pero el jardín no es (8)____ grande como el nuestro y la piscina es (9)____ pequeña.

4. Escribe seis frases sobre los siguientes personajes. Usa la forma comparativa de los adjetivos del recuadro, como en el ejemplo.

> simpático/a – inteligente – guapo/a
> rico – mayor – joven

Beckham es más / menos / tan guapo que / como…

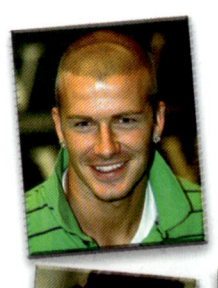

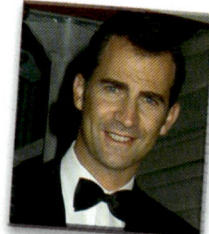

5. Escribe cinco frases sobre los personajes del ejercicio anterior. Utiliza el superlativo como en el ejemplo.

Penélope Cruz es la más guapa.

Soy capaz de…

- ☐☐☐ *Hablar de acciones habituales y describir el pasado.*
- ☐☐☐ *Hacer comparaciones.*
- ☐☐☐ *Moverme por la ciudad.*

De acá y de allá

BUENOS AIRES

1. Lee el texto.

LA CIUDAD DE BUENOS AIRES

Buenos Aires es probablemente la más elegante y destacada capital de Sudamérica. Tiene 13 millones de habitantes llamados popularmente "porteños".

Buenos Aires tiene distintos barrios para visitar. Uno puede dirigirse hacia el sur, paseando por las calles de San Telmo, hogar del tango. Un poco más hacia el sur está el famoso barrio del puerto, La Boca, con casas de metal pintadas de brillantes colores. Este barrio es la cuna del Boca Juniors, el equipo de fútbol más popular, la máxima expresión de la pasión nacional por el deporte rey. Al otro lado de la ciudad, hacia el norte, está el barrio de La Recoleta, uno de los más elegantes del país. Un poco más lejos, el Moderno Palermo, lleno de árboles, tiene un zoo y bonitos parques y jardines. Y el Palermo Viejo, un vecindario más pequeño, lleno de bares de moda y restaurantes internacionales.

El corazón de la capital se extiende a lo largo de la orilla oeste del Río de la Plata, al que todos los porteños consideran el más ancho del mundo.

Este "París del Sur" no dejará de sorprendernos, con sus ciudadanos elegantes y orgullosos, sociables y animados.

Guía Lonely Planet, Planeta

2. Corrige las siguientes frases falsas.

1. Buenos Aires es la capital menos conocida de Sudamérica.
   Buenos Aires es probablemente la capital más destacada de Sudamérica.
2. El barrio de La Boca es conocido por sus lujosas viviendas.
3. El equipo de fútbol más popular tiene su cuna en el barrio de San Telmo.
4. El barrio de La Recoleta no es un barrio muy elegante.
5. El Moderno Palermo es un barrio industrial.
6. En La Recoleta están los bares de moda.
7. Los porteños suelen ser aburridos e insociables.

Anunciarse en el periódico.

15

A. Segunda mano

1. ¿Has comprado alguna vez cosas de segunda mano? ¿Te dieron buen resultado?

2. Lee los anuncios y busca la información.

1. ¿Por qué se vende el frigorífico?
2. ¿Qué vende Juan Manuel?
3. ¿Cuánto vale el lavavajillas?
4. ¿Cómo está la cámara fotográfica?
5. ¿Cuántas puertas tiene el frigorífico?

BICICLETA DE MONTAÑA seminueva, 21 v., 3 platos, azul. 100 €. Llamar noches. Tfno.: 91 472 15 26

LAVAVAJILLAS con 4 programas, prácticamente nuevo. 210 €. Móvil: 696 73 76 82

CÁMARA DIGITAL Canon-IXUS 2, Zoom óptico 2x, resolución 3,2 megapixels, batería de litio. Perfecto estado. 200 €. Tfno.: 91 573 72 84

EQUIPO MÚSICA, 4 bafles Bose, amplificador Denon, 150 W, compacto para 6 CD. Ideal disco-bar. 1.200 € negociables. Preguntar por Juan Manuel. Tfno.: 93 441 56 17

PIANO en buen estado, semicola, 12 años, 1.500 €. También banqueta nueva. Móvil: 674 75 34 91

FRIGORÍFICO LG, 4 estrellas, 2 puertas. Económico. Urge por traslado. Tfno.: 91 569 46 37

3. Lee otra vez los anuncios y escribe las preguntas para las siguientes respuestas.

1. *¿De qué color es la bicicleta?* Azul.
2. 1.200 €.
3. 4 programas.
4. En buen estado.
5. 91 573 72 84.

ESCUCHAR

4. Escucha la conversación telefónica entre dos jóvenes que tratan de vender / comprar una moto. Completa la información. **44**

1. Marca: _____
2. Color: _____
3. Precio: _____
4. Dirección del vendedor: _____
5. Hora de la cita: _____

COMUNICACIÓN

Comprar y vender por teléfono

¿Es ahí donde venden…?
¿Cuántos años tiene?
¿De qué color es?
¿Cuánto pide?
¿Cuándo puedo verlo/a?
¿A qué hora quedamos?

HABLAR

5. Practica con tu compañero la conversación telefónica con los anuncios de la actividad 2.

ESCRIBIR

6. Escribe el anuncio correspondiente a la oferta de la moto.

7. Piensa en algo que quieras vender. Escribe un anuncio para el periódico *Segunda Mano*.

ESCUCHAR Y HABLAR

8. Escucha y responde. ¿En qué se gasta el dinero Susana? ¿En qué se gasta el dinero Ángel? **45**

Susana: _____ Ángel: _____

9. En parejas, comenta con tu compañero.

¿En qué te gastas el dinero?
¿Qué te has comprado últimamente?
¿Para qué ahorras?

10. Lee y señala verdadero o falso.

INTERCAMBIAR EN VEZ DE COMPRAR

¿Por qué no conseguir un "canguro" a cambio de una traducción o pintarle a alguien una habitación a cambio de que cuide el jardín? Son algunos ejemplos de los servicios que se intercambian en las asociaciones de trueque.

Todas ellas funcionan de forma similar: sus socios se comprometen a intercambiar cosas y servicios de forma gratuita. Para eso, suelen editar un boletín donde puedes encontrar lo que cada miembro está dispuesto a realizar.

Cuando necesitas algo, te diriges a la persona que puede realizarlo y acuerdas con ella el valor del servicio.

Los servicios que se intercambian son muy variados: cuidado de niños, asesoramientos jurídicos, masajes, trabajos de bricolaje, clases de informática… En cuanto a los objetos, se intercambian aquellas cosas que ya han dejado de ser útiles: una cuna, unos patines. Aunque parezca increíble, la mayoría de la gente está más dispuesta a ofrecer servicios que a solicitarlos.

Para más información, no dudes en contactar con nosotros.

Cooperativa de trueque
EL FORO (Madrid)
www.elforo.com

1. En las asociaciones de trueque nadie paga con dinero. ☐
2. Puedes encontrar las ofertas llamando por teléfono. ☐
3. Se intercambian cosas que no sirven para nada. ☐
4. No hay mucha variedad de ofertas de intercambio. ☐
5. Hay más oferta de servicios que solicitudes. ☐

ciento veintisiete 127

Expresar cantidades indeterminadas.

B. En la compra

1. Completa la tabla con las cosas que puedes comprar en un puesto de frutas y verduras.

Verduras	Frutas
coliflor	naranjas

2. Ordena este diálogo entre un cliente (A) y el vendedor de un puesto de frutas y verduras (B).

- B. ¿Cuántas quiere? ☐
- A. Sí, también quiero una lechuga. ☐
- B. Buenas tardes, ¿qué desea? [1]
- A. Dos kilos. ☐
- B. Aquí las tiene, ¿algo más? ☐
- A. Quería comprar unas naranjas de zumo. ☐

- B. Lo siento, no me queda ninguna. ¿Quiere unas judías verdes? ☐
- A. Adiós, muchas gracias. ☐
- B. Sí, claro… y aquí tiene sus vueltas, muchas gracias. ☐
- A. Tome, ¿puede darme una bolsa, por favor?
- B. 5,25 €. ☐
- A. No, gracias. No quiero nada más. ¿Cuánto es? ☐

3. Escucha y comprueba. 46

4. Completa la tabla con las siguientes expresiones del recuadro.

> ¿Qué desea? – ¿Quiere algo más?
> ¿Cuánto es? – ¿Pueden enviármelo a casa?
> Quería comprar… – Aquí tiene la vuelta

El vendedor dice	El cliente dice
¿Qué desea?	¿Cuánto cuesta?

HABLAR

5. En parejas. Practica un diálogo entre un vendedor de frutas y verduras y un comprador con la siguiente lista de la compra.

- 2 kg de patatas.
- 1/2 kg de pimientos verdes.
- 1 kg de manzanas.
- 1 cabeza de ajos.

GRAMÁTICA

> **Indefinidos**
>
> **Invariables**
>
> - Para personas: alguien, nadie.
>   – ¿Ha llamado *alguien*?
>   – *No, esta mañana no ha llamado nadie.*
>
> - Para cosas: algo, nada.
>   – ¿Quiere usted tomar *algo*?
>   – *No, gracias, no me apetece nada.*
>
> **Variables**
>
> - Para personas y cosas: algún(o), -a, -os, -as
>   ningún(o), -a
>   – ¿Tienes *alguna* revista de coches?
>   – *No, no tengo ninguna.*

6. Elige la palabra correcta.

1. A. Huele a quemado, ¿tienes *algo* / *nada* en el horno?
   B. No, no tengo *algo* / *nada*.
2. A. No se oye *ningún* / *algún* ruido. ¿Vive *algún* / *alguien* arriba?
   B. No, no vive *nada* / *nadie*.
3. A. ¿Tienes *algo* / *alguien* que hacer esta tarde?
   B. Sí, tengo *algunos* / *ningún* trabajos pendientes.
4. A. ¿Hay *algunas* / *alguna* silla en la cocina?
   B. No, no hay *ninguna* / *alguna*.
5. A. ¿Quieres *algo* / *nada* para merendar?
   B. No, gracias. Ya no me apetece *nada* / *nadie*.

7. Completa con: *algún*, *-a*, *-os*, *-as*, o *ningún*, *-a*.

1. ¿Has estado *alguna* vez en Sevilla?
2. _____ niños comen muy mal.
3. No tenemos _____ libro con ese título.
4. Todos no, pero _____ son muy buenos estudiantes.
5. ¿Queda _____ refresco en la nevera?
6. En mi habitación no tengo _____ póster, no me gustan.
7. _____ nadadoras europeas superaron sus marcas.
8. Buenas tardes. ¿Tiene _____ mesa libre?
9. Andrés, no queda _____ botella de leche para desayunar.
10. _____ alumnos llegaron tarde a clase por la huelga de transporte.

PRONUNCIACIÓN Y ORTOGRAFÍA

> **Diptongo e hiato**
>
> Algunas veces dos vocales unidas no se pronuncian como una sílaba, sino como dos:
> pa-ís, Dí-ez, o-ír, rí-o, pa-e-lla, le-ón, dí-a.
>
> A este fenómeno se le llama **hiato**.

1. Escucha y repite las palabras anteriores. 47

2. Escucha las palabras y di cuántas sílabas tienen. 48

radio: *ra-dio, 2*   rio:
secretaría: alegría:
diez: secretario:
armario: cuadro:
vacío: avión:
mía: farmacia:

3. Subraya la palabra adecuada.

1. Este libro cuesta *diez* / *Díez* euros.
2. Mi hermana es *secretaria* / *secretaría* del director general.
3. Pedro se *rio* / *río* mucho de la historia.
4. El *río* / *rio* Duero no pasa por Lisboa.
5. Eso tienes que preguntarlo en la *secretaria* / *secretaría*.
6. No entiendo nada, ¡qué *lío* / *lio*!
7. Los bomberos iban *hacia* / *hacía* la casa que se quemó.
8. Antes yo *hacia* / *hacía* gimnasia, pero ahora no tengo tiempo.
9. Mis vecinos se llaman *diez* / *Díez* de apellido.

4. Escucha y comprueba. 49

Dar instrucciones en forma impersonal.

C. Cocina fácil

VOCABULARIO

1. Mira los dibujos.

trocear
picar
freír
cocer
machacar

GRAMÁTICA Y COMUNICACIÓN

Oraciones impersonales para dar instrucciones

- Muchas veces, para dar instrucciones (por ejemplo, en recetas) se utiliza la forma impersonal *se* + verbo en tercera persona del singular o del plural.
  – *Se cuece la carne y se pica menudita.*
  – *Se pican y se fríen los ajos.*

2. Escucha y relaciona las palabras de las dos columnas. 50

1. trocear — a) ajos
2. machacar — b) calamar
3. picar — c) agua
4. cocer — d) pimiento
5. freír — e) cebolla

3. Escucha la receta y complétala. 51

4. Completa las frases con el verbo adecuado.

echar – trocear – machacar – freír
~~lavar~~ – servir

1. *Se lavan* las patatas con agua fría.
2. _____ la cebolla en aceite bien caliente.
3. _____ el arroz en la paellera.
4. La paella _____ en la mesa después de reposar unos minutos.
5. _____ los ajos en el mortero.
6. _____ los calamares en trozos pequeños.

PAELLA DE MARISCO

Ingredientes

- 150 g de gambas.
- un calamar.
- 1/2 kg de mejillones.
- 1 cebolla pequeña.
- un tomate.
- un pimiento.
- azafrán.
- dos dientes de ajo.
- aceite de oliva.
- verduras optativas: guisantes y judías verdes.

Elaboración

Primero se lavan las (1) *gambas*, el calamar y los (2)_____. Después se trocea el (3)_____. En una paellera, se calienta el (4)_____ y se fríen el pimiento y la (5)_____ bien picada y luego el (6)_____. Cuando está todo frito, se echan los mariscos y las (7)_____. Se deja cocer, a fuego lento, unos diez minutos y luego se echa el (8)_____ y a continuación el agua. La cantidad de agua será el doble de la de arroz. El arroz cocerá unos veinte minutos. Mientras se cuece, en un mortero, se machacan los (9)_____ con la sal, el (10)_____ y se echa en la paellera. Se deja reposar unos minutos.

5. Mira las fotos. ¿Dónde están? ¿Qué están tomando en cada una: la comida, el aperitivo o la merienda?

6. Completa los diálogos con ayuda del recuadro de comunicación. Después, relaciona cada diálogo con las fotos.

1. A. Por favor, pónganos dos cañas y un vino.
   B. (1) *¿Quieren algo de tapa?*
   C. Sí, pónganos tres tapas de morcilla.

2. A. ¿Qué tal está la paella?
   B. Está buenísima; y el salmón, ¿qué tal está?
   A. Está un poco soso. Camarero, (2)_____ _____, por favor.

3. A. (3) ¿_____?
   B. (4)_____ de primero ensaladilla rusa y de segundo, ternera asada.
   C. Pues a mí (5)_____ menestra de verduras y de segundo, cordero.
   A. (6)_____, ¿qué quieren?
   B. Vino de la casa y agua, por favor.

4. A. Por favor, (7)¿_____?
   B. Sí, enseguida. Son 5,30 euros.
   C. Deja, deja. Hoy me toca pagar a mí.

5. A. Buenas tardes. (8)¿_____?
   B. (9)_____ dos cafés con leche y un té con limón.
   A. (10)¿_____?
   B. Sí, traiga unos churros, por favor.

7. Escucha y comprueba. 52

COMUNICACIÓN

El cliente

• Para pedir una consumición:
Póngame, pónganos. Traiga…, por favor. Yo quiero…

• Para pedir la cuenta:
La cuenta, por favor. (Por favor), ¿me / nos cobra? ¿Me dice cuánto le debo?

El camarero

¿Qué van a tomar?
¿Qué quieren tomar / comer?
¿Qué les pongo?
¿Quieren algo de comer / tapa?
Y de beber, ¿qué quieren?

HABLAR

8. En parejas, preparad dos diálogos, uno en un restaurante y otro en una cafetería.

Autoevaluación

1. ¿Qué palabra no pertenece al grupo?

1. huevos, leche, *zapatos,* pan.
2. postales, ropa, periódicos, revistas.
3. naranjas, plátanos, fresas, carne.
4. pescado, rotulador, lápiz, cuaderno.
5. coliflor, zanahoria, bolígrafo, patatas.
6. manzanas, pimientos, ajos, pollo.

2. Completa con *algo / alguien* o *nada / nadie*.

1. Aquí no vive *nadie.*
2. ¿Tienes _____ que decir?
3. No tengo _____ que declarar.
4. ¿Ha llamado _____ ?
5. No ha venido _____ a verte.
6. No quiero cenar _____ .
7. ¿Quieres tomar _____ ?
8. No se lo he dicho a _____ .
9. ¿Viene _____ esta tarde?
10. No tengo _____ que hacer.

3. Completa las frases con una palabra de cada columna.

A	B
algún	oveja
alguna	día
algunos	esculturas
algunas	amigos
ningún	chiste
ninguna	moneda

1. Ayer por la tarde vinieron *algunos amigos* a verte.
2. Es una gran exposición. _____ _____ tienen mucho valor.
3. No hay _____ _____ negra en este rebaño.
4. Estoy aburrido. Cuéntame _____ _____ .
5. ¿Tienes _____ _____ de 2 €?
6. Lucía no ha llegado _____ _____ tarde a trabajar.

4. Completa con las palabra del recuadro.

agua – cebolla – freír – pica – picada – ~~ternera~~ – fríen – cucharada – cocer – ajos

PICADILLO CON TOMATES HABANERO

INGREDIENTES: *carne de vaca, sal, manteca, ajos, cebolla, ajíes, vinagre, tomates.*

Se pone primero una libra de vaca o de (1) *ternera* a (2)_____ en jarro y medio de (3)_____ y sal. Cuando está cocida se (4)_____ muy menudita. Se pican y se (5)_____ aparte en cuatro onzas de manteca de puerco, una cabeza de (6)_____, media (7)_____, dos ajíes dulces y seis tomates. Cuando está medio frito se añade la carne (8)_____ con una (9)_____ de vinagre, se revuelve bien y se deja (10)_____. Luego se echa un poco de caldo que se habrá sacado antes y se sirve en una fuente.

5. Completa las frases como en el ejemplo.

Los sellos *se compran* (comprar) en el estanco.
1. En la papelería _____ (vender) cuadernos.
2. La ropa _____ (lavar) con detergente.
3. En Internet _____ (encontrar) casi toda la información.
4. Los nombres propios _____ (escribir) con mayúscula.
5. ¿Todavía no _____ (saber) la hora de llegada del tren?
6. ¿Cómo _____ (escribir) tu apellido, con *b* o con *v*?

Soy capaz de…

☐ ☐ ☐ *Poner un anuncio en un periódico.*
☐ ☐ ☐ *Expresar cantidades indeterminadas.*
☐ ☐ ☐ *Dar instrucciones en forma impersonal.*

De acá y de allá

COMER FUERA

1. ¿Cuál es el plato típico de tu país? ¿Cómo se hace?

2. Lee la carta del Restaurante Internacional.

3. Contesta las siguientes preguntas y después comenta las respuestas con las de tus compañeros.

1. ¿Conoces alguno de los platos del Restaurante Internacional?
2. ¿Sales alguna vez a comer o cenar fuera de casa?
3. ¿Qué tipo de restaurantes sueles elegir?
4. ¿Cuál es tu comida favorita?
5. ¿Qué comida no te gusta nada?
6. ¿Cuál es la comida más rara que has comido alguna vez?

Menú Restaurante Internacional

CHINA
Pollo con almendras
(pollo, almendras y verduras variadas picadas y rehogadas).

ITALIA
Espaguetis a la carbonara
(pasta cocida, con huevo, queso y beicon).

ESPAÑA
Tortilla de patatas
(patatas troceadas, con huevo y cebolla).

FRANCIA
Crêpes
(tortitas de harina y huevo, fritas en mantequilla, rellenas de dulce o salado).

BRASIL
Feijoada
(plato tradicional hecho con judías pintas, ajo, especias y carne de cerdo).

GRECIA
Moussaka
(plato al horno, con cordero, tomates, berenjena, bechamel y queso).

ciento treinta y tres 133

16 — Uso del imperativo para dar consejos.

A. Este verano, salud

1. ¿Vas alguna vez a la playa?

2. Lee y escucha las instrucciones del cartel. 53

GRAMÁTICA

Imperativo afirmativo y negativo

Regulares

Entrar			Beber	
(tú)	entra	no entres	bebe	no bebas
(Vd.)	entre	no entre	beba	no beba

Irregulares

Salir			Poner(se)	
(tú)	sal	no salgas	ponte	no te pongas
(Vd.)	salga	no salga	póngase	no se ponga

- Cuando el imperativo afirmativo va acompañado de uno o dos pronombres personales, éstos van detrás y se escriben juntos.

  Dúchate, dámelo, póngase.

- Si el imperativo está en forma negativa, los pronombres van delante del verbo y separados.

  No te duches, no me lo des.

En la piscina, dúchate antes de entrar en el agua.

Bebe suficiente líquido.

Respeta las señales de peligro. El banderín rojo indica que el mar está revuelto y no puedes bañarte.

Ponles a los niños algo en la cabeza y una camiseta para protegerles del sol.

Entra en el agua poco a poco.

Conserva la playa limpia. No tires basura. Utiliza la papelera.

Para no quemarte, toma el sol poco a poco y ponte siempre crema protectora solar.

No te bañes después de una comida abundante o de un ejercicio intenso.

Sal inmediatamente del agua si estás cansado de nadar.

134 ciento treinta y cuatro

3. Lee otra vez y contesta las preguntas.

1. ¿Cuándo no puedes bañarte?
2. ¿Cómo debes meterte en el agua?
3. ¿Qué hay que hacer para mantener limpia la playa?
4. ¿Cuándo debes salir del agua?
5. ¿Qué hay que hacer antes de entrar en la piscina?
6. ¿Qué hay que hacer para no quemarse?

4. Mira otra vez el cartel y subraya los imperativos.

5. Completa las frases con el imperativo adecuado.

1. Rosa, no *salgas* a la calle sin gorro. (salir)
2. Arturo, _____ la crema protectora para el sol. (ponerse)
3. Eduardo, no _____ más vino, no es bueno. (beber)
4. Señor Castaño, _____ en mi despacho, por favor, yo iré ahora. (entrar)
5. Usted, señora, _____ aquí y no moleste. (ponerse)
6. Laura, hija, no _____ ahora, acabas de comer. (bañarse)
7. Ana, _____ le el cubo y la pala a ese niño. (dar)

6. Escribe en forma negativa.

1. Ponte el bañador rojo.
   No te pongas el bañador rojo.
2. Tira esos papeles a la papelera.
3. Bebe más líquido.
4. Dame la toalla.
5. Ponme más crema protectora.
6. Sal del agua.
7. Lleva el perro a la playa.
8. Ponte las zapatillas.

7. Elena y su marido han ido a la playa y han pasado mucho rato al sol. Ahora Juan se encuentra mal. Escucha la conversación con el médico y completa. 54

DOCTOR: Buenas tardes, ¿(1)_____?
JUAN: Mire, es que hemos estado en la playa y tengo la espalda roja.
DOCTOR: A ver, (2)_____ la camisa. Se ha quemado la espalda ¿(3)_____ ha estado al sol?
JUAN: Unas dos horas.
DOCTOR: ¿Y no se ha puesto crema (4)_____?
ELENA: Yo se lo he dicho, pero los hombres…
JUAN: Y también (5)_____ la cabeza…
DOCTOR: Bueno, para tomar el sol hay que tomar precauciones. Ahora póngase esta (6)_____ contra las quemaduras y tómese estas (7)_____ para el dolor de cabeza. Y otra vez, póngase crema protectora y cómprese una (8)_____. No es bueno tomar tanto sol.
JUAN: Sí, doctor, gracias.

HABLAR

8. En parejas. *A* es el médico y *B* el enfermo. Practica los diálogos en la consulta del médico. Elige uno de los problemas del recuadro.

> dolor de garganta / de cabeza / de estómago
> insomnio = no poder dormir
> estar cansado – tener gripe

A. *Buenos días, ¿qué le pasa?*
B. *Buenos días. Verá, es que no puedo dormir.*
A. *¿Cuánto tiempo hace que le pasa?*
B. *Dos meses.*

16 A

ciento treinta y cinco 135

Hablar de estados de ánimo.

B. Mi jefe está de mal humor

1. ¿Cómo estás hoy?

- de buen/mal humor
- contento/a
- enfadado/a
- nervioso/a
- normal, ni bien, ni mal

2. Relaciona cada imagen con un adjetivo.

1. deprimida — a
2. caliente
3. cansado
4. harta
5. enamorada
6. desordenada

3. Completa con los adjetivos anteriores.

1. A. Javier, ¿qué te pasa?, tienes mala cara.
   B. Hoy he tenido mucho trabajo y estoy *cansado*.

2. A. Hola, María, ¿qué tal?
   B. Fatal, estoy _____ de limpiar y de ordenar la casa, y mis hijos no ayudan nada.

3. A. Jesús, toma ya la sopa.
   B. No puedo, está muy _____ .

4. A. ¿Qué le pasa a Aída?
   B. No sé, está muy rara, yo creo que está _____ .

5. A. Luis, tu mesa está muy _____ , así no puedes estudiar bien.

6. A. ¿Por qué está _____ Ana?
   B. Porque ha muerto su padre.

4. Escucha y comprueba. 55

GRAMÁTICA

Verbo *Estar*

- Usamos **estar** para describir estados de ánimo de las personas:
  *Mi madre **está** cansada de trabajar.*
- Estados temporales de las cosas:
  *Este café **está** muy caliente.*

5. Subraya el verbo adecuado.

1. Ya *soy / estoy* harta de ver siempre los mismos programas de la tele.
2. Javier, limpia tu cuarto, *es / está* muy sucio.
3. Las verduras *son / están* muy buenas para la salud.
4. Mamá, estos macarrones *son / están* buenísimos.
5. Ayer *éramos / estábamos* aburridos y nos fuimos al cine.
6. A mí no me gusta la clase de historia, *es / está* muy aburrida.

6. Relaciona.

1. contento
2. nervioso
3. lleno
4. limpio
5. libre
6. reservado
7. deprimido

a) animado
b) sucio
c) triste
d) libre
e) ocupado
f) vacío
g) tranquilo

GRAMÁTICA

Adjetivos + verbo *ser* o *estar*

Algunos adjetivos cambian totalmente de significado si se usan con **ser** o con **estar**.

ser / estar despierto   ser / estar bueno
ser / estar listo   ser / estar reservado

7. Relaciona.

1. Ser listo   a) ser inteligente
2. Estar bueno   b) estar preparado
3. Estar despierto   c) no estar dormido
4. Ser despierto   d) tener buen corazón
5. Ser bueno   e) no hablar de sí mismo
6. Estar listo   f) no estar enfermo
7. Ser reservado   g) ser hábil

8. Escribe frases con estas expresiones y léeselas a tus compañeros.

Andrés es un chico despierto, sabe muchas cosas.

ESCUCHAR

9. Carmen y Marisa se encuentran y hablan de su familia. Escucha y señala *V* o *F*. 56

1. La madre de Marisa está enferma. ☐
2. El padre tiene la tensión alta. ☐
3. La hermana de Marisa se ha separado. ☐
4. El cuñado de Marisa está deprimido. ☐
5. Los niños están con la cuñada. ☐
6. Carmen tiene un nuevo trabajo. ☐

10. Lee la historia de Leo Verdura. Responde las preguntas.

1. ¿Qué le pasa a Raad?
2. ¿Qué expresiones utiliza Leo para animar a su amigo?
3. ¿Al final Raad está más animado? ¿Por qué?

ciento treinta y siete 137

Expresar deseos.
Presente de subjuntivo.

C. ¡Que te mejores!

1. ¿A quién se dice esa expresión (*¡que te mejores!*) en español? ¿En tu idioma se dicen cosas similares?

1. A alguien que está enfermo. ☐
2. A alguien que tiene pronto un examen. ☐
3. A alguien que es muy mala persona. ☐

2. Mira las imágenes y relaciónalas con las expresiones.

1. ¡Que te mejores! **b**
2. ¡Que tengas buen viaje! ☐
3. ¡Que le aproveche! ☐
4. ¡Que seáis felices! ☐
5. ¡Que cumplas muchos más! ☐

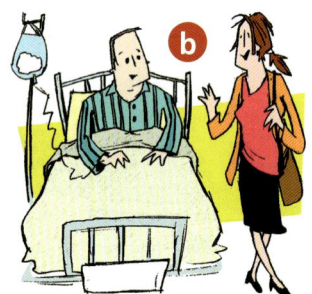

GRAMÁTICA

Presente de subjuntivo

Regulares

Descansar	Comer	Vivir
descans**e**	com**a**	viv**a**
descans**es**	com**as**	viv**as**
descans**e**	com**a**	viv**a**
descans**emos**	com**amos**	viv**amos**
descans**éis**	com**áis**	viv**áis**
descans**en**	com**an**	viv**an**

Irregulares frecuentes

Tener	Ser	Ir	Venir
Tenga	sea	vaya	venga
tengas	seas	vayas	vengas
tenga	sea	vaya	venga
tengamos	seamos	vayamos	vengamos
tengáis	seáis	vayáis	vengáis
tengan	sean	vayan	vengan

- El presente de subjuntivo se utiliza aquí para expresar buenos deseos ante una situación:
  *¡Que **seáis** felices! (En una boda)*

- También se utiliza en frases que dependen de un verbo principal:
  *Espero que tú **vengas** a mi boda.*

- Si el sujeto del verbo principal y el de la subordinada es el mismo, se usa el infinitivo:
  ***Espero llegar** a tiempo.*
  (yo)   (yo)

3. Escribe la forma del subjuntivo.

1. Ella, ir: *vaya*
2. Ellos, venir: _____
3. Nos., tener: _____
4. Yo, ser: _____
5. Vd., venir: _____
6. Tú, cumplir: _____
7. Ellos, estudiar: _____
8. Yo, casarse: _____
9. Tú, vivir: _____
10. Él, ser _____
11. Ella, tener _____
12. Ellos, terminar: _____
13. Nos., ser: _____
14. Vdes., mejorar: _____
15. Yo, ir: _____
16. Tú, escribir: _____
17. Vos., venir: _____
18. Tú, tener: _____

4. Todos los padres tienen expectativas y buenos deseos para el futuro de sus hijos. ¿Qué esperan tus padres de ti?

> estudiar mucho – trabajar pronto
> casarse con un buen/a chico/a – tener hijos
> comprar una casa – ir a verlos – ser feliz

Mis padres esperan que yo estudie mucho.

ESCUCHAR

5. Roberto y Maribel hablan de sus deseos para el futuro. Escucha y completa la información. 57

Roberto espera _____
Maribel espera que sus hijos _____

HABLAR

6. Piensa y escribe en un papel algunos deseos y expectativas. Luego háblalo con tus compañeros.

Yo espero encontrar un buen trabajo.
Yo espero que mi novia encuentre un buen trabajo.

ESCRIBIR

7. Completa el correo con los datos del recuadro.

> Un abrazo – Cómo están – tiene que ir
> Te escribo – que estés – esté mejor
> me digas – espero – El curso dura

Viaje a Barcelona

Para: Araceli
Cc:
Asunto: Viaje a Barcelona
Cuenta: Rosa <rosa@jazzfree.com>

Sevilla, 14 de marzo de 2005

Querida Araceli:
¿Qué tal estás? Espero (1)_____ bien. Nosotros estamos bien, trabajando como siempre.
(2)_____ para pedirte un favor. Resulta que Julia (3)_____ este verano a Barcelona a hacer un curso de Derecho Internacional y he pensado que podía estar en tu casa. ¿Qué te parece? (4)_____ dos semanas, exactamente del 1 al 15 de julio. Si tienes algún problema no tienes más que decírmelo.
¿Y tus padres? ¿(5)_____? Espero que tu padre ya (6)_____ de su enfermedad.
¿Y tu trabajo? ¿Sigues en el mismo hospital?
Bueno, (7)_____ que me escribas y me digas qué piensas del tema.
(8)_____ muy fuerte de tu amiga.
Rosa.

PRONUNCIACIÓN Y ORTOGRAFÍA

1. Escucha y señala la palabra que oyes. 58

> pero – perro // poro – polo // pala – para
> tara – tala // morar – molar
> caro – carro // poro – porro // pero – perro

2. Escucha y completa con *r* o *rr*. 59

1. Dame una pala pa___a trabajar.
2. Este jersey es muy ca___o, y además tiene una ta___a.
3. Quie___o un polo de mo___as.
4. El pe___o de ___osa se llama Toby.
5. Maribel tiene la ca___a sucia.
6. En México los coches se llaman ca___os.

3. Comprueba con tu compañero.

16 C

ciento treinta y nueve 139

Autoevaluación

1. Completa la tabla.

Afirmativo	Negativo
Báñate	No te bañes
Pasa	_____
Ábrelo	_____
_____	No lo compres
_____	No lo comas
Sal	_____
_____	No entres
Espere	_____
_____	No beba
Siéntate	_____

2. Completa la conversación.

MÉDICO: Pase y siéntese. ¿ _____ ?
FERNANDO: No sé, no me _____ bien, _____ la cabeza y _____ mucha tos.
MÉDICO: ¿ _____ empezó el dolor y la tos?
FERNANDO: _____ dos días, el lunes.
MÉDICO: ¿ _____ usted fiebre?
FERNANDO: Sí, esta mañana me he puesto el _____ y tenía 38,5 grados.
MÉDICO: Creo que es un resfriado. _____ estas pastillas para el dolor de cabeza y este jarabe para la tos. _____ mucho líquido y no _____ a la calle. _____ a verme la semana próxima.
FERNANDO: Gracias, doctor.

3. Escribe el adjetivo contrario.

1. tranquilo _____
2. contento _____
3. deprimido _____
4. vacío _____
5. aburrido _____
6. limpio _____
7. ordenado _____
8. libre _____
9. cansado _____
10. caliente _____

4. ¿Qué se dice en estas situaciones? Mira el recuadro.

> Que tengas buen viaje – Que te diviertas
> Que les aproveche – Que descanses
> Que te mejores – Que tengas suerte

1. A un amigo que se va a una fiesta.
   ¡Que te diviertas!
2. A alguien que va a examinarse del carné de conducir.
   _____
3. A una persona que se va a dormir.
   _____
4. A una pareja que está comiendo.
   _____
5. A alguien que está enfermo.
   _____
6. A alguien que se va de viaje.
   _____

5. Ordena las frases.

1. mañana / no / esperamos / Nosotros / que / llueva
   Nosotros esperamos que mañana no llueva.
2. hijo / su / estudie / que / Medicina / Él espera
   _____
3. Ricardo / pronto / que / Espero / venga
   _____
4. espera / estudios / los / acabar / ya / María
   _____
5. estéis / Esperamos / bien / que
   _____
6. pases / buen / de / cumpleaños / día / que / Espero
   _____
7. que / Lucía / conmigo / se case / Espero
   _____
8. me / pronto / Espero / que / escribas
   _____

Soy capaz de…

☐ ☐ ☐ Utilizar el imperativo para dar consejos.
☐ ☐ ☐ Hablar de estados de ánimo.
☐ ☐ ☐ Expresar deseos. Presente de subjuntivo.

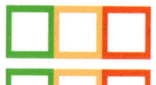

140 ciento cuarenta

De acá y de allá

EMIGRAR A OTRO PAÍS

1. ¿Qué sabes de los emigrantes hispanoamericanos en Estados Unidos?

2. Lee el texto y completa las frases con la información del mismo.

VIVIR ENTRE DOS MUNDOS

Paloma de la Cruz es una de los millones de hispanos que viven "entre dos mundos". Nació en Ecuador y vive en Estados Unidos desde 1988. Es periodista y actualmente trabaja en la cadena nacional NBC.

¿Por qué viniste a Estados Unidos?

Yo salí de mi país porque era joven, tenía inquietudes y ambiciones. Tenía una prima en Los Ángeles, así que me vine acá. Desde que llegué empecé a trabajar y estudiar. Además de trabajar iba a la escuela nocturna para mejorar mi inglés y estudiar otras materias. Y poco a poco descubrí mi camino, mi vocación. Empecé a trabajar en noticias, en televisión. Me encantó y aquí estoy.

¿Qué significa ser emigrante?

Ser un emigrante no es fácil. Te alejas de la gente que te quería, de lugares conocidos, de tus amigos. Por otro lado empiezas un mundo nuevo, otras maneras de vivir y tienes que adaptarte día a día. Al principio es duro, luego aprendes a desenvolverte en tu nueva vida y te acostumbras. Para ganar algo, para tener una vida mejor, tienes que perder algo. La condición de emigrante es así. Aunque ahora tengo aquí mi vida, voy mucho a mi país, vuelvo cada año a ver a mi familia y mis amigos y trato de ayudarles en lo que puedo.

1. Paloma Cruz es _____, llegó a Estados Unidos _____ .
2. Emigró porque _____ y porque tenía _____ en _____ .
3. Durante el día _____ y por la noche _____ para _____ .
4. Ser emigrante es difícil porque _____ .
5. Paloma _____ a Ecuador _____ para _____ .

3. ¿Conoces a algún emigrante? ¿Qué problemas tuvo al llegar? Si tú mismo eres un emigrante, ¿qué problemas has tenido?

ciento cuarenta y uno

17

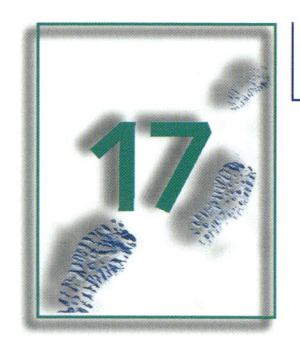

Hablar de las condiciones de trabajo.

A. Buscando trabajo

1. Comenta con tu compañero/a.

¿Cuántos trabajos has tenido?
¿Qué día de la semana es el mejor para ti?
¿Qué día es el peor? ¿Por qué?

VOCABULARIO

2. Mira los dibujos. Escribe el número correspondiente.

> 1. mecánico 2. profesor 3. periodista
> 4. dependiente 5. conductor de autobús
> 6. guía turística 7. enfermera
> 8. cocinero 9. peluquera 10. programador

3. Relaciona las profesiones del ejercicio anterior con los siguientes lugares de trabajo.

> **periódico:** *periodista*
> **agencia de viajes:**
> **taller mecánico:**
> **peluquería:**
> **supermercado:**
> **colegio/instituto:**
> **restaurante:**
> **empresa de transportes:**
> **hospital:**
> **empresa informática:**

4. ¿Quién dice las siguientes frases?

1. Llevo a la gente en mi autobús: *el conductor de autobús.*
2. Corto el pelo a mis clientes: _____
3. Me gusta arreglar coches: _____
4. Informo a los turistas: _____
5. Enseño a mis alumnos: _____

HABLAR

5. ¿Y tú, qué haces? Elige una de las profesiones anteriores y descríbela para que la adivine tu compañero.

6. Lee y completa con las expresiones del recuadro. Después escucha y comprueba. 60

> ¿Cuánto es el sueldo? – ¿Qué piden?
> Llamo por el anuncio del periódico
> ¿Qué horario de trabajo tienen?

| TALLER MECÁNICO necesita pintor de automóviles. | Se requiere:
• experiencia
• carné de conducir
• residencia en Madrid |

142 ciento cuarenta y dos

ALICIA: Mira, aquí hay un anuncio donde necesitan un pintor de coches.
PEDRO: (1)_____.
ALICIA: Piden algo de experiencia, tener el carné de conducir y vivir en Madrid.
PEDRO: ¡Ah, muy bien! Voy a llamar. Buenos días, (2)_____. Soy pintor de coches y quiero enterarme de las condiciones del trabajo.
EMPRESARIO: Sí, dime, ¿qué quieres saber?
PEDRO: ¿Dónde está el taller?
EMPRESARIO: En el km 16 de la carretera de La Coruña.
PEDRO: Y, (3)_____.
EMPRESARIO: Empezamos a las 8:30 de la mañana y acabamos a las 17:30 de la tarde, con una hora para comer. Trabajamos un sábado sí y otro no.
PEDRO: (4)_____.
EMPRESARIO: Para empezar, son catorce pagas de 1.000 €, y luego… ya hablaremos.
PEDRO: Bueno, pues… me pasaré mañana para hablar con ustedes…

HABLAR

7. En parejas, *A* es el candidato y *B* el jefe de personal. Llama a cada uno de los anuncios para informarte de las condiciones. Pregunta por el lugar de trabajo, el horario, el sueldo…

Dependiente SECCIÓN HOMBRE
Máximo 30 años. Buena presencia.
Foto imprescindible. Tel.: 914 985 612

COOPERATIVA DE PROFESORES necesita
Profesores de Educación Primaria y Secundaria en diferentes especialidades. Interesados llamar al tel.:
915 697 848

8. Lee el texto y luego contesta las preguntas.

CARLOS ES PELUQUERO. Trabaja en una peluquería de señoras en Madrid. Es una de las peluquerías más caras del centro de la ciudad. Trabaja seis días a la semana, de lunes a sábado. Su horario empieza a las 10 de la mañana y termina a las 6 de la tarde.

Normalmente atiende a muchos clientes cada día. A veces, a su peluquería van artistas famosas. Su clienta más conocida es Penélope Cruz. A Carlos le gusta hablar con sus clientas de sus familias y de las vacaciones.

No gana mucho dinero, pero a veces le dan muy buenas propinas. "Me encanta mi trabajo", dice Carlos. "Es muy interesante. Algún día abriré mi propia peluquería".

1. ¿Cuál es el trabajo de Carlos?
2. ¿Dónde trabaja?
3. ¿Cuántos días trabaja a la semana?
4. ¿A qué hora termina de trabajar?
5. ¿Quién es su clienta más famosa?
6. ¿Tiene un sueldo muy alto?
7. ¿Qué planes tiene para el futuro?

ESCUCHAR

9. Escucha a Sofía hablando sobre su trabajo. ¿Son las frases verdaderas o falsas? **61**

1. Sofía es enfermera. **V**
2. Trabaja en un hospital en Barcelona. ☐
3. Cada semana cambia el turno. ☐
4. Trabaja con personas mayores. ☐
5. A ella le encanta su trabajo. ☐

HABLAR

10. En grupos de 4, uno piensa en un trabajo y los otros adivinan cuál es, haciendo preguntas como las de los recuadros.

¿Trabajas… en una oficina? – en casa?
en una empresa grande? – los fines de semana?
por la mañana / tarde / noche?
¿Tienes que… conducir? – trabajar con el ordenador?
llevar uniforme? – utilizar algún tipo de máquina?
viajar?
¿Normalmente… hablas mucho?
conoces a mucha gente? – das órdenes a otros?
utilizas un idioma extranjero?

17 A

ciento cuarenta y tres 143

Noticias del periódico.

B. Sucesos

1. ¿Cuáles son los periódicos más importantes en tu país?

2. Mira los extractos de este periódico. Relaciónalos con las distintas secciones.

> a. anuncios por palabras   b. internacionales
> c. cartelera   d. locales   e. sucesos
> f. nacionales   g. cartas al director
> h. deportes

CUATRO GOLES DE RONALDO
Real Madrid – 5
Sevilla – 1   [h]

El Parque de Doñana se recupera de las fuertes agresiones ecológicas sufridas el pasado año.

El alcalde ha inaugurado la ampliación del Museo de Arte Contemporáneo "Reina Sofía".

Bicicleta de montaña, muy buenas condiciones. 150 €
Tel.: 919024670

Escribo esta carta para expresar mi indignación por la mala organización…

Detenido un ladrón que actuaba en las paradas de autobuses.

La Unión Europea, tras aprobar su Constitución, nombra nuevo Presidente.

Tricicle representa su obra *Sit*
Teatro Nuevo Apolo   Última semana

3. Mira los dibujos y relaciona.

1. Cuando estaba esperando el autobús…
2. Mientras estábamos viendo el partido…
3. Cuando se estaba duchando…
4. Mientras estaban de vacaciones…
5. Cuando estaba estudiando…

a) …la llamaron por teléfono.
b) …me robaron el bolso.
c) …los ladrones entraron en su casa.
d) …se estropeó la televisión.
e) …Juan vino a buscarme.

GRAMÁTICA

- Con el **pretérito indefinido** se expresa una acción acabada en el pasado.
  Me robaron el bolso.

- Con la forma **estaba + gerundio** se expresa una acción en desarrollo en el pasado.
  Estaba esperando el autobús.

- Ambas formas se utilizan juntas cuando una acción puntual ocurre en el medio de otra acción en desarrollo.
  Cuando estaba esperando al autobús, me robaron el bolso.

4. Elige la forma correcta de los verbos.

DOS HOMBRES *intentaron* / *estaban intentando* escapar de la prisión cuando otro recluso se quejó a los guardias del ruido. Los guardias inmediatamente (1) *detuvieron* / *estaban deteniendo* a los dos hombres.

EN ITALIA un hipnotizador (2) *encontró* / *estaba encontrando* a dos ladrones en su casa. Los ladrones (3) *buscaron* / *estaban buscando* dinero. El hipnotizador trató de hipnotizarlos, pero ellos no le escucharon y (4) *escaparon* / *estaban escapando* con el dinero.

UN LADRÓN no encontró nada de dinero cuando intentaba robar en una cafetería de Valladolid. Escondió al dueño de la cafetería y (5) *empezó* / *estaba empezando* a servir a los clientes. El ladrón (6) *sirvió* / *estaba sirviendo* a dos policías cuando ellos le (7) *detuvieron* / *estaban deteniendo*.

5. Mira los dibujos y forma las frases.

1. esquiar / caerse.
   Cuando estaba esquiando, se cayó.
2. esperar a mi novia / encontrarse con unos amigos.
3. (nosotros) comer / llegar Laura.
4. (ellos) llegar a Madrid / el coche / tener una avería.
5. (yo) correr por la playa / ver a Juan.
6. hablar con mi hermana / quemarse la comida.

GRAMÁTICA

Pretérito pluscuamperfecto

Pretérito imperfecto de *haber* + participio

Había
Habías
Había   + escapado / escondido / servido
Habíamos
Habíais
Habían

- Con el **pretérito pluscuamperfecto** expresamos acciones pasadas que son anteriores a otras.

*Cuando **llegó** la policía, el ladrón se **había** **escapado**.*

6. Pon el verbo en la forma correcta (pretérito indefinido o pretérito pluscuamperfecto).

1. Juan *llamó* (llamar) por teléfono a Elena esta mañana, pero ya *se había ido* (irse).
2. Andrés _____ (perder) el reloj que sus padres le _____ (regalar).
3. La policía _____ (descubrir) dónde _____ (esconder) los diamantes los ladrones.
4. Nadie _____ (venir) a la fiesta porque a Sara se le _____ (olvidar) avisar a sus amigos.
5. Julia _____ (enfadarse) con Antonio porque él _____ (llegar) tarde a la cita.

Estilo indirecto.

C. Excusas

1. Lee la siguiente viñeta.

"¿Vienes el domingo a mi fiesta?"

"Mmmm....es que este domingo tengo clase de danza del vientre"

"Mmmm....es que quedé ayer con mi primo para cortale el pelo este domingo"

"Mmmm....es que le he comprado un reloj a mi abuela y se lo llevo este domingo"

"Mmmm....es que voy a llevar el gato a una fiesta de disfraces este domingo"

"¿Vas a hacer la fiesta el domingo?"

"Pues...no sé porque..."

"Ana me dijo que tenía clase de danza del vientre"

"Enrique me dijo que había quedado con su primo para cortarle el pelo"

"María me dijo que había comprado un reloj a su abuela y se lo llevaba el domingo"

"Ángel me dijo que iba a llevar el gato a una fiesta de disfraces"

GRAMÁTICA

Estilo directo	Estilo indirecto
... dijo...	... me dijo que...
"tengo clase"	... **tenía** clase
"quedé ayer"	... **había quedado** ayer
"antes hacía deporte"	... antes **hacía** deporte
"he comprado un reloj"	... **había comprado** un reloj
"voy a llevar el gato..."	... **iba a llevar** el gato

2. Transforma a estilo indirecto las frases seleccionadas de una entrevista realizada por la Cadena Ter al famoso fotógrafo Juan Cebreros sobre su trabajo.

1. Cuando era joven, trabajaba en un laboratorio fotográfico.
   Juan dijo que cuando era joven, trabajaba en un laboratorio fotográfico.

2. Me gusta mucho mi trabajo.

3. Tengo un equipo de tres compañeros estupendos.

4. El verano pasado hicimos un reportaje muy interesante sobre el Sahara.

5. Hace unos días nos han dado un premio por este reportaje.

6. El mes que viene vamos a viajar a Costa Rica para realizar un nuevo trabajo.

Preguntas en estilo indirecto

- En preguntas con pronombre interrogativo, se mantiene el interrogativo:

  ¿Cuántos años tienes?, preguntó Juan.
  *Juan le preguntó **que cuántos años tenía**.*

- En preguntas sin interrogativo, se utiliza la conjunción *si*.

  ¿Tienes tres hijos?, preguntó Juan.
  *Juan **le preguntó si** tenía tres hijos.*

ESCUCHAR

3. Rosa ha estado fuera de la ciudad este fin de semana. Escucha y completa los cinco mensajes que le han dejado en su contestador. 62

1. ¡Hola, soy Carlos! He comprado *las entradas* para el concierto. ¿Quedamos *mañana* a las *5 de la tarde* en la puerta del teatro?

2. Soy Paloma. Ya he terminado de leer _____ . ¿_____ hora paso a dejártelo?

3. ¡Buenos días! Llamamos del _____ . Su pedido ya está preparado. Puede recogerlo _____ .

4. ¡Hola, soy Manuel! _____ me llamó Luisa. He quedado con ella para _____ . ¿Te vienes a comer?

5. Llamo de la consulta del doctor Ramírez. La cita de _____ ha sido aplazada para _____ a la misma hora. Gracias.

4. La compañera de piso de Rosa le ha escrito el primer mensaje. Escribe tú los otros.

Llamó Carlos y dijo que había comprado las entradas para el concierto y quería saber si quedabais mañana a las cinco de la tarde en la puerta del teatro.

PRONUNCIACIÓN Y ORTOGRAFÍA

Oposición /p/ – /b/

1. Escucha y repite. 63

> padre – pelo – puedo – pongo – polo
> papá – pipa – perro – piso – pan – playa

2. Escucha y repite. 64

> vamos – ven – bien – balón – abuelo
> visto – beber – vivo – billete – volver

3. Escucha y señala la palabra que oyes. 65

1.	Valencia	Palencia
2.	pan	van
3.	baño	paño
4.	pista	vista
5.	bota	poda
6.	piso	viso
7.	patata	batata
8.	pino	vino
9.	pollo	bollo
10.	perro	berro

Autoevaluación

1. Completa el crucigrama.

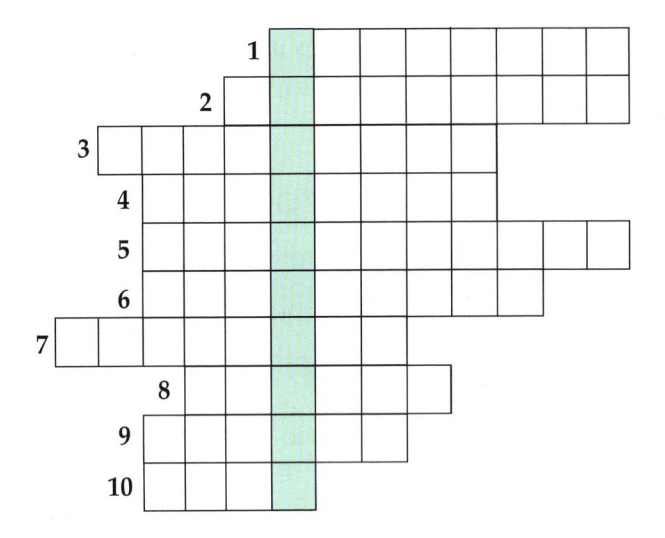

1. Enseña a sus alumnos
2. Corta el pelo a sus clientes.
3. Cuida a los enfermos en el hospital.
4. Prepara comidas en un restaurante.
5. Trabaja con ordenadores.
6. Lleva un autobús.
7. Arregla coches.
8. Compone música.
9. Pinta cuadros.
10. Acompaña a los turistas.

2. La semana pasada me encontré con un amigo que hacía diez años que no veía. Completa el texto, utilizando el pretérito pluscuamperfecto.

Me dijo que *había terminado* (terminar) la carrera y que (1)_____ (encontrar) trabajo, que él y su novia (2)_____ (casarse) y se (3)_____ (comprar) un piso. Me contó que su padre (4)_____ (jubilarse) y a su hermana le (5)_____ (tocar) la lotería.

3. Un policía ha parado a un motorista y le hace las siguientes preguntas. Cambia la conversación a estilo indirecto.

POLICÍA: ¿Cómo se llama?
MOTORISTA: Juan Gutiérrez.
POLICÍA: ¿De quién es la moto?
MOTORISTA: Me la he comprado hace una semana.
POLICÍA: ¿Tiene permiso de conducir?
MOTORISTA: Sí, lo tengo.
POLICÍA: ¿Puedo verlo?
MOTORISTA: No lo llevo encima.
POLICÍA: ¿Puede llevarlo a la Oficina de Tráfico lo antes posible?
MOTORISTA: Sí, no hay ningún problema.
POLICÍA: Puede continuar.

El policía le preguntó cómo se llamaba y el motorista respondió Juan Gutiérrez. Luego le preguntó…

4. El sábado por la mañana Susana llamó a su amigo Pedro para quedar. Pon los verbos en su forma más adecuada. (*Estar* + gerundio / pretérito indefinido)

1. Pedro *estaba escuchando* (escuchar) la radio cuando Susana le *llamó* (llamar) por teléfono.
2. Ellos _____ (pensar) qué hacer cuando Pedro _____ (proponer) jugar un partido de tenis.
3. Cuando _____ (llegar), otras dos personas _____ (usar) la pista de tenis.
4. Pedro _____ (comprar) unos helados mientras _____ (esperar) para jugar.
5. Cuando ellos _____ (jugar), _____ (empezar) a llover.

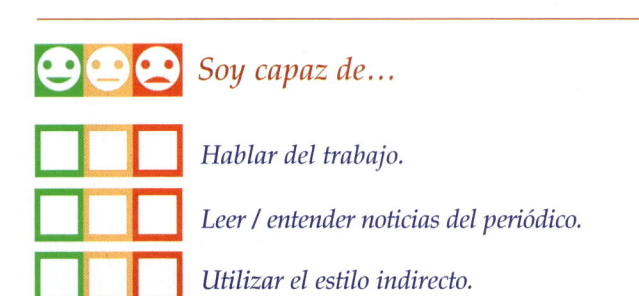

Soy capaz de…

☐ ☐ *Hablar del trabajo.*

☐ ☐ *Leer / entender noticias del periódico.*

☐ ☐ *Utilizar el estilo indirecto.*

148 ciento cuarenta y ocho

De acá y de allá

ESCRITORES DE HABLA HISPANA

1. ¿Qué escritores de habla hispana conoces? Lee sobre estos dos famosos escritores.

ISABEL ALLENDE (1942)

NOVELISTA y periodista chilena nacida en Lima, Perú. Su padre era diplomático. Trabajó como periodista y también hizo cine y televisión. Se exilió a Venezuela en 1973 cuando su tío Salvador Allende, presidente de Chile, murió asesinado. En el exilio escribió su primera novela: *La casa de los espíritus,* que fue muy bien acogida por la crítica y llevada al cine.

En sus siguientes novelas continuó tratando asuntos personales y políticos. *De amor y de sombra, Eva Luna* y *Cuentos de Eva Luna* son algunas de ellas.

En 1995 publicó *Paula*, un libro de recuerdos dedicado a su hija, que murió después de una larga enfermedad. Con sus obras ha ganado reconocimiento internacional.

MANUEL VÁZQUEZ MONTALBÁN
(1939-2003)

POETA, periodista y novelista nacido en Barcelona. La política y la crítica social fue constante en su obra. En 1991 recibió el Premio Nacional de Literatura por la novela *Galíndez*, y el Premio Planeta en 1978 con la novela *Los mares del sur.* Como periodista colaboró en revistas y diarios con artículos sobre la actualidad política y social española.

Entre sus obras destaca el ciclo de novelas que protagoniza el detective Pepe Carvalho, así como la *Autobiografía del general Franco*, que describe en primera persona la vida del dictador.

Murió el 18 de octubre de 2003 a causa de un paro cardiaco en Tailandia.

2. ¿Verdadero o falso?

1. Los dos escritores empezaron su carrera literaria como periodistas. ☐
2. Isabel Allende escribió su primera novela en Chile. ☐
3. La temática de ambos escritores está relacionada con la vida política. ☐
4. Han hecho una película basada en la primera novela de Isabel Allende. ☐
5. Isabel Allende sólo es conocida en Hispanoamérica. ☐
6. Manuel Vázquez Montalbán no sólo escribió novela. ☐
7. Pepe Carvalho fue un personaje muy importante en su obra. ☐
8. Murió en su casa de Barcelona. ☐

18

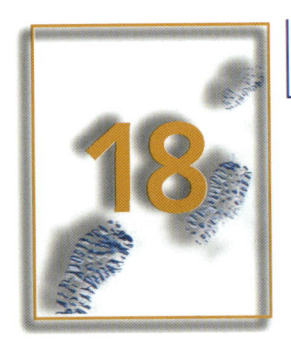

Hablar de la duración de una actividad actual.

A. ¿cuánto tiempo llevas esperando?

1. Mira las imágenes. ¿Dónde están? ¿Qué están haciendo?

2. Lee y escucha. 66

A.
PILAR: ¿Cuánto tiempo llevas trabajando en este hospital?
MÓNICA: Tres meses, ¿y tú?
PILAR: Yo llevo sólo un día. Empecé ayer. Estoy un poco nerviosa.

B.
SUSANA: Hablas muy bien español. ¿Cuánto tiempo llevas estudiándolo?
PIERRE: En mi país estudié cuatro años y ahora llevo cinco meses en Barcelona.

C.
ALBERTO: ¿Cuánto tiempo llevas esperando?
IGNACIO: Más de una hora. Llegué a las 7 y ya son las 8 y cuarto.
VIRGINIA: Yo llevo dos horas, desde las seis.

3. Completa según la información de los diálogos.

1. A. ¿Cuánto tiempo lleva _____ Pilar en el hospital?
   B. Pilar _____ _____ en el hospital un día.

2. A. ¿Cuánto tiempo _____ _____ español Pierre?
   B. Pierre lleva _____ español cuatro años y cinco meses.

3. A. ¿Cuánto tiempo llevan _____ en la cola?
   B. Ignacio _____ esperando más de una hora y Virginia _____ _____ desde las cinco.

4. Responde *sí* o *no*.

1. ¿Trabajan Pilar y Mónica en el hospital ahora?
2. ¿Estudia Pierre español actualmente?
3. ¿Están esperando en la cola Ignacio y Virginia?

GRAMÁTICA Y COMUNICACIÓN

> ### Llevar + gerundio
>
> - Utilizamos la expresión **llevar + gerundio** para hablar de una actividad que empezó en el pasado y continúa en el presente, especialmente para expresar la duración de tal actividad.
>
>   (Luis está trabajando ahora. Empezó hace dos horas.)
>   Luis **lleva trabajando** dos horas.
>   Luis **lleva trabajando** desde las 4.
>
> - También se dice el marcador temporal entre **llevar** y el **verbo en gerundio**.
>
>   Luis **lleva** dos horas **trabajando**.
>   Luis **lleva** desde las cuatro **trabajando**.

5. Sigue el ejemplo.

1. Carlos está tocando el piano (1 hora).
   Carlos lleva tocando el piano una hora.
2. Yo vivo en Segovia (6 meses).
3. Los niños están viendo la tele (las tres).
4. David sale con Margarita (septiembre).
5. Diana trabaja en Argentina (1 año).
6. Mis amigos estudian español (2 años).
7. Nosotros cantamos en un coro (mucho tiempo).
8. Miguel juega al ajedrez (varios años).
9. Ellos nos están esperando (media hora).

6. Retoma la actividad anterior y escribe la pregunta y la respuesta correspondiente. Luego, practica con tu compañero los diálogos.

   A. *¿Cuánto tiempo lleva tocando el piano Carlos?* o
   ¿Cuánto tiempo lleva Carlos tocando el piano?
   B. *Carlos lleva una hora tocando el piano.*

7. Escucha a estos dos jóvenes que viven en España, hijos de padres extranjeros. Señala V o F. Corrige las afirmaciones falsas. **67**

A. CHEN, 15 años, padres chinos

1. Los padres de Chen tienen un restaurante. **V**
2. Llevan en España 19 años. ☐
3. Los padres no hablan español. ☐
4. A Chen no le gusta la cultura española. ☐
5. Los españoles son más abiertos que los chinos. ☐
6. Chen lleva dos años jugando en un equipo de fútbol. ☐

B. MIGUEL THOMPSON, padres británicos

1. Los padres de Miguel son de Toledo. **F**
   Los padres son británicos.
2. Miguel se siente más cerca de los españoles. ☐
3. Los padres llevan casi trece años en España. ☐
4. Los españoles son más abiertos que los ingleses. ☐
5. Algunas veces Miguel choca con gente cerrada. ☐

HABLAR

8. Imagina una serie de actividades. Practica con tu compañero como en el ejemplo. Utiliza la lista siguiente como ayuda.

- Estudiar un idioma: árabe, italiano, chino…
- Salir con un chico/a.
- Trabajar en una empresa de informática / seguros / construcción.
- Jugar al fútbol / tenis / baloncesto en un equipo.
- Aprender a bailar flamenco / tango / danza del vientre…
- Vivir en el campo…

A. *¿Sabes? Estoy estudiando árabe.*
B. *¿Ah sí? Cuánto tiempo llevas estudiando (árabe)?*
A. *Llevo seis meses.*

18 A

ciento cincuenta y uno   151

Hablar de cine y actividades de tiempo libre.

B. ¿Qué has hecho el fin de semana?

1. Comenta con tus compañeros.

*¿Te gusta el cine? ¿Cuántas películas ves al mes?
¿Qué película, de las últimas que has visto,
te ha gustado más?
¿Recuerdas alguna película de habla hispana?*

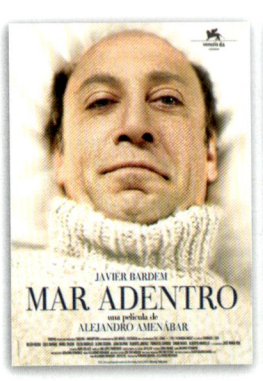

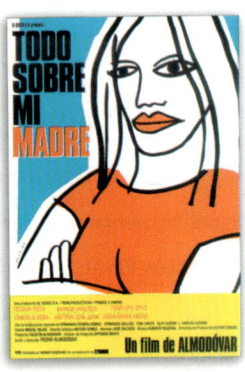

GRAMÁTICA

Pretérito indefinido / pretérito perfecto

- Se usa el **pretérito perfecto** en las preguntas y cuando se habla de un tiempo no cerrado.

- Se usa el **pretérito indefinido** para hablar de acciones acabadas.

*¿Qué **has hecho** este fin de semana?
El sábado **estuve** en el cine y el domingo **fui** a la playa.*

HABLAR

3. Practica con tu compañero/a diálogos semejantes a los anteriores. Piensa algunas actividades de tiempo libre.

A. *¿Qué has hecho este fin de semana?*
B. *El sábado fui a ver un museo y el domingo no salí.*

4. Relaciona las siguientes definiciones con cada tipo de película.

1. Una película divertida que hace reír. ☐
2. Una película de indios y vaqueros. ☐
3. Una película en la que se canta y se baila. ☐
4. Película sobre fantasías del futuro. ☐
5. Película en la que se pasa mucho miedo. ☐
6. Película con policías y ladrones. ☐
7. Película con enfrentamientos bélicos. ☐
8. Película con muchas aventuras. ☐

a. musical
b. ciencia-ficción
c. comedia
d. terror
e. oeste
f. guerra
g. acción
h. policíaca

ESCUCHAR

2. Escucha y di si las siguientes afirmaciones son verdaderas o falsas. 68

1. Pepa vio una película española. ☐
2. Beatriz estuvo en el cine con sus amigos. ☐
3. Beatriz y sus amigos fueron a la playa el domingo. ☐
4. Mariano no ha salido durante el fin de semana. ☐
5. El partido de fútbol fue muy divertido. ☐

VOCABULARIO

5. Coloca los adjetivos del recuadro en la columna correspondiente.

> aburrido – interesante – divertida – rara
> maravillosa – horrible – estúpida
> desagradable – original – emocionante

Opiniones positivas	Opiniones negativas
divertida	rara

LEER

6. Lee el texto y completa con las palabras del recuadro.

> famoso – argentina – ópera – guión – risa
> director – premio – crisis – actores

EL HIJO DE LA NOVIA

El hijo de la novia es una superproducción (1) *argentina* con todos los ingredientes para tener éxito. Tiene un gran reparto de (2)_____, encabezado por **Ricardo Darín** y **Héctor Alterio**, y un (3)_____ que sabe combinar la (4)_____ con la emoción.
El hijo de la novia, trata de un hombre de 40 años que pasa una (5)_____ y se plantea qué está haciendo con su vida. El (6)_____ es **Juan José Campanella**.

CARMEN

Esta película trata una historia de amor y pasión, inspirada en la (7)_____ de Bizet. **Carmen** es el segundo musical de **Carlos Saura** y está protagonizado por el (8)_____ bailarín español **Antonio Gades**.
Recibió el (9)_____ a la Mejor Contribución Artística en el Festival de Cannes y fue nominada al Oscar como mejor película extranjera en 1984.

7. Contesta las siguientes preguntas.

1. ¿Qué nacionalidad tiene *El hijo de la novia*?
2. ¿Quiénes son sus protagonistas?
3. ¿Con qué adjetivos define la crítica la película?
4. ¿Quién dirigió la película *Carmen*?
5. ¿Qué nacionalidad tiene su protagonista?
6. ¿Qué tipo de película es *Carmen*?

8. Lee y completa con el vocabulario del recuadro.

> todo – casi todo el mundo – la mayoría
> casi la mitad – muy pocos – pocos

Tiempo libre. Actividades practicadas habitualmente por los jóvenes.

Cultura
Visitar museos y exposiciones 43%
Asistir a conferencias 10%
Leer libros 67%

Música
Escuchar música en directo 77%
Escuchar música grabada 100%
Oír la radio 48%

Ocio
Practicar un deporte 61%
Ir al cine 82%
Ver la TV 70%
Chatear 50%
Salir con los amigos 100%
Colaborar con alguna ONG 12%

1. *Casi la mitad* de los jóvenes visitan museos y exposiciones.
2. _____ asisten a conferencias.
3. _____ lee libros.
4. _____ escucha música en directo.
5. _____ escucha música grabada.
6. _____ de los jóvenes oye la radio.
7. _____ va al cine.
8. _____ salen con los amigos.
9. _____ jóvenes colaboran con alguna ONG.

Expresar gustos y opiniones.

C. ¿Qué te parece este...?

1. Mira los pósters y piensa dos adjetivos para cada uno.

> horrible – precioso – no está mal
> maravilloso – romántico
> original – bonito – soso

PABLO: Mira este de la niña, qué (1)_____. ¿Te gusta?
ANA: No mucho, a mí me gusta más (2)_____, el del bosque.
PABLO: ¿Ese? Es horrible. A mí me gusta más el de (3)_____.
ANA: No me extraña, pero a mí ese no me gusta nada.
PABLO: Entonces, ¿cuál nos llevamos?
ANA: ¿No (4)_____ romántico el de los árboles?
PABLO: No, a mí me parece que es un poco (5)_____, soso.

HABLAR

3. Con tu compañero practica opinando sobre los pósters.

A. ¿Qué póster te gusta más?
B. El 1. Me parece que es (muy)…
A. A mí también. / A mí no. A mí me gusta más… porque me parece…
A. ¿Qué póster te gusta menos?
B. El… no me gusta nada. Me parece que es…
A. A mí tampoco. / A mí sí me gusta, es…

4. En la lista siguiente, hay algunos problemas que preocupan a los jóvenes. Señala los que te preocupan a ti.

TÚ

- El paro.
- Las drogas y el tabaco.
- Las discusiones con los padres.
- La contaminación y el medio ambiente.
- La corrupción política.
- La vivienda.
- La falta de dinero.
- Otros:

ESCUCHAR

2. Pablo y Ana están buscando pósters para su habitación. Escucha y completa lo que dicen. 69

5. Roberto y Julia tienen diecisiete años. Escucha una vez la conversación y señala en la lista anterior los temas que mencionan. 70

6. Escucha otra vez y señala *V* o *F*. Corrige las afirmaciones falsas. 70

1. A Roberto no le importa la política. **V**
2. Roberto cree que cada vez hay más contaminación. ☐
3. Julia cree que los políticos son sinceros. ☐
4. Los trabajos cada vez son peores. ☐
5. La vivienda no es un problema importante ☐
6. Roberto discute con sus padres todos los días ☐
7. Julia piensa que hay muchas maneras de pasar el fin de semana. ☐

COMUNICACIÓN

Expresar opinión

*A mí **me preocupa** la contaminación del aire.*
A mí también. / A mí no.
*A Roberto no **le interesa** la política.*
A mí tampoco. / A mí sí.

*Yo **creo** / **pienso** que los políticos no son sinceros.*
Yo también lo creo. / Yo no lo creo.

7. Responde a las afirmaciones siguientes con las expresiones del recuadro.

A mí sí – A mí no – A mí también
Yo no – A mí tampoco – Yo también

1. A mí no me interesan nada las noticias.
   A mí tampoco.
2. A mi novio no le importa el dinero.
3. A mí me parece que cada vez hay más contaminación atmosférica.
4. Yo creo que los jóvenes de ahora son más egoístas que los de antes.
5. A mí me parece que las drogas son un problema muy importante.
6. A mí me preocupa mucho la corrupción política.

8. En grupos de 4. Escribe un párrafo opinando sobre los temas de la actividad cuatro. Luego, coméntalo con tus compañeros.

A mí el problema que más me preocupa es la vivienda. Yo tengo novio y quiero casarme, pero no tenemos dinero para comprarnos un piso porque están carísimos. Yo creo que nunca me iré de casa de mis padres.

PRONUNCIACIÓN Y ORTOGRAFÍA

El sonido /θ/. La **c** y la **z**. *Za, ce, ci, zo, zu.*

1. Escucha y repite. 71

cine – zapato – zona – azul – cielo – azúcar
cigarrillo – cerveza – cenicero

2. Escribe algunas frases con las palabras del ejercicio uno y léeselas a tu compañero.

No me gusta el cine.

3. Después de escuchar la grabación, dicta este trabalenguas a tu compañero. Si te gusta, apréndelo de memoria. 72

*Si cien cenicientas encienden cien cirios,
cien mil cenicientas encenderán cien mil cirios.*

- Muchos hablantes de español de España (en Canarias y Andalucía) y de Hispanoamérica no suelen realizar este sonido, lo pronuncian como **s**. A este fenómeno se le llama *seseo*.

Autoevaluación

1. Completa las frases utilizando *llevar* + gerundio con los verbos del recuadro.

> trabajar – bailar – ~~salir~~ – jugar – vivir
> buscar – aprender

1. Javier y Margarita *llevan saliendo* juntos dos años.
2. Ellos _____ piso desde el año pasado.
3. ¿Cuánto tiempo (tú) _____ al tenis?
4. Juan _____ en esta empresa desde el año pasado.
5. Yo _____ inglés toda la vida.
6. Mis amigos y yo _____ flamenco toda la noche.
7. ¿Cuánto tiempo (vosotros) _____ en Madrid?

2. Ayer hablaste con una jugadora de tenis profesional y descubriste la siguiente información. ¿Qué preguntaste en cada momento? Sigue el modelo.

1. Lleva jugando al tenis desde que tenía seis años.
   ¿Cuánto tiempo llevas jugando al tenis?
2. Lleva participando en torneos profesionales desde los trece años.
   _____
3. Lleva viviendo en Mónaco dos años.
   _____
4. Lleva haciendo yoga cinco años.
   _____
5. Hace dos años que entrena con Alberto Costa.
   _____
6. Sale con un actor famoso desde hace seis meses.
   _____

3. Completa el texto con las palabras del recuadro.

> humor – comedia – terror – original
> actriz – divertida – éxito – obra

La Comunidad

Esta película dirigida por Álex de la Iglesia ha sido un gran (1)_____ , al igual que su anterior (2)_____ *El día de la Bestia*, debido a la genial mezcla de (3)_____ y (4)_____ que hace su director. Esta película resulta muy (5)_____ y (6)_____ . La (7)_____ principal, Carmen Maura, hace un trabajo excelente.

4. Ordena las siguientes frases.

1. piensa / español / Todo / aprender / mundo / que / el / útil / es / muy.
   _____
2. de / salen / fines / La / amigos / de / sus / mayoría / con / los / los / semana / jóvenes.
   _____
3. mitad / población / en / la / mundial / China / de / Casi / vive / la.
   _____
4. pocos / gusta / A / niños / la / les / muy / verdura.
   _____

5. Completa con las siguientes expresiones.

> preocuparse – ~~me preocupa~~ – creo
> espero – piensan

(1) *Me preocupa* el futuro de la Tierra. (2)_____ que es un lugar maravilloso para vivir. Algunas personas (3)_____ que es difícil evitar la destrucción del planeta, pero yo no estoy de acuerdo. Según mi opinión, los políticos deben (4)_____ por buscar las soluciones a los problemas. (5)_____ que no sea demasiado tarde.

Soy capaz de…

☐ ☐ ☐ *Hablar de la duración de una actividad actual.*

☐ ☐ ☐ *Hablar de cine y actividades de tiempo libre.*

☐ ☐ ☐ *Expresar gustos y opiniones.*

De acá y de allá

FIESTAS DEL MUNDO

1. Lee y escucha a tres estudiantes de español que cuentan cómo son las fiestas de sus respectivos países. 73

LA FIESTA DE LAS FLORES DE MAYO

Yo soy de un pueblo de Filipinas. En mi pueblo es muy importante la fiesta que se llama Flores de Mayo. En esa ocasión las calles y la iglesia están llenas de flores. El último día de mayo las chicas del pueblo se visten con trajes muy elegantes. Recorren todas las calles del pueblo llevando velas. Cuando terminan el recorrido todos vamos a la iglesia a escuchar la misa.

2. ¿Verdadero o falso?

1. El Día de la Luna se celebra siempre en la misma fecha. ☐
2. Debe ser una noche de luna llena. ☐
3. La Fiesta de las Flores se celebra a primeros de mayo. ☐
4. Chicos y chicas recorren las calles con velas. ☐
5. Aid es Seguer se celebra en el Ramadán. ☐
6. Se preparan comidas durante tres días. ☐

3. ¿Cuál es la fiesta más importante de tu país? ¿Qué se celebra? ¿Cómo se celebra? Escribe un párrafo y luego coméntalo con tus compañeros.

EL DÍA DE LA LUNA

Mi país es China. La fiesta más importante es el Día de la Luna. No tiene fecha fija y depende del calendario chino. Generalmente es un día de septiembre, siempre con luna llena. En este día se reúne toda la familia (abuelos, padres, hijos…) y se preparan muchas comidas. La más importante es un pastel de carne, mermelada y almendra, que tiene forma redonda y simboliza la perfección. El Día de la Luna por la noche las familias se sientan al aire libre y comen y beben mientras observan la luna.

Otra fiesta importante es la de Año Nuevo, que suele celebrarse a primeros o mediados de febrero.

LA FIESTA DE AID ES SEGUER

Después de Ramadán (en el que los musulmanes ayunan durante un mes), empieza la fiesta de Aid es Seguer, que dura tres días. El primer día por la mañana temprano todos van a rezar a la mezquita y allí se encuentran con sus amigos. A mediodía regresan a comer a casa con toda la familia. Hay cordero, pollo y toda clase de comidas ricas. Por la tarde bailan, los hombres por un lado y las mujeres por otro. Todo el mundo lleva ropa nueva y los niños reciben regalos. Es una fiesta muy alegre.

ciento cincuenta y siete 157

Actividades en pareja
Estudiante A

1. GENTE FAMOSA (U. 1)

A. Pregunta a B la información sobre los números 1, 3, 5, 7, 9.

¿Cómo se llama el número 1? ¿De dónde es? ¿A qué se dedica?

1.

2. Ricky Martin. Puertorriqueño. Cantante.

3.

4. Nelson Mandela. Surafricano. Presidente.

5.

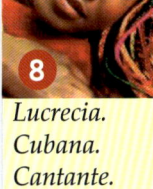

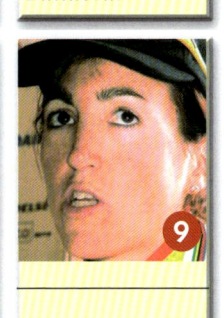

6. Sara Baras. Española. Bailaora.

7.

8. Lucrecia. Cubana. Cantante.

9.

B. Responde a B la información sobre los números 2, 4, 6 y 8.

Se llama Ricky Martin. Es puertorriqueño. Es cantante.

2. DATOS PERSONALES (U. 1)

A. Pregunta a B para completar la ficha.

Nombre _____
Apellido _____
Domicilio _____
Ciudad _____
Teléfono _____

B. Lee esta información y responde a las preguntas de B.

Me llamo Julia Rodríguez y vivo en Valencia, en la calle del Mar, 12. Mi número de teléfono es el 693 568 220

3. ¿DÓNDE ESTÁN LAS LLAVES? (U. 2)

A. Pregunta a B dónde están los objetos de los recuadros.

¿Dónde están las gafas?

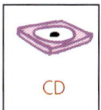

gafas | zapatillas deportivas | CD | bolígrafo | cuaderno | agenda

ciento cincuenta y nueve 159

B. Responde a B dónde están sus objetos.

El móvil está al lado del ordenador.

4. GUSTOS (U. 5)

A. Pregunta a B sobre sus gustos.

¿Te gusta el chocolate?
¿Te gustan los deportes?

	Mucho	Bastante	No mucho	Nada
El chocolate				
Tomar el sol				
Los deportes				
Los gatos				
Los coches				
Ver la tele				
Leer				
La fruta				

B. Responde a B las preguntas sobre tus gustos.

Sí, mucho / Sí, bastante / No mucho / No, nada.

5. EN EL HOTEL (U. 4)

A. Pregunta a B la información sobre el hotel Miramar y completa el cuadro.

a) ¿En qué planta está:
– la peluquería
– la discoteca
– la boutique
– la piscina
– el comedor para desayunar?

¿En qué planta está la peluquería?

b) Pregunta los precios de las habitaciones.
¿Cuánto cuesta la habitación doble/individual?

c) Pregunta el horario de las comidas.
¿A qué hora se puede desayunar?

HOTEL MIRAMAR

Quinta planta _____
Cuarta planta _____
Tercera planta _____
Segunda planta _____
Primera planta _____
Planta baja   **RECEPCIÓN**
Sótano   **PARKING**

PRECIOS:
Habitación individual: ____
Habitación doble: ____

COMIDAS:
Desayunos: de ____ a 11 h
Comidas: de ____ a ____ h
Cenas: de ____ a ____ h

B. Responde a las preguntas de B sobre el hotel Embajador.

HOTEL EMBAJADOR

Quinta planta   **CAFETERÍA**
Cuarta planta   **SALÓN DE BAILE**
Tercera planta   **SAUNA Y GIMNASIO**
Segunda planta   **RESTAURANTE**
Primera planta   **SALÓN DE CONFERENCIAS**
Planta baja   **RECEPCIÓN**
Sótano   **PARKING**

PRECIOS:
Habituación individual: 100 €
Habitación doble: 145 €

COMIDAS:
Desayunos: de 7.30 a 10.30 h
Comidas: de 13 a 15 h
Cenas: de 20 a 23 h

6. ¿HAY UNA FARMACIA? (U. 8)

A. Explica a B dónde está cada establecimiento.

La farmacia está en la calle Colombia, al lado del quiosco.

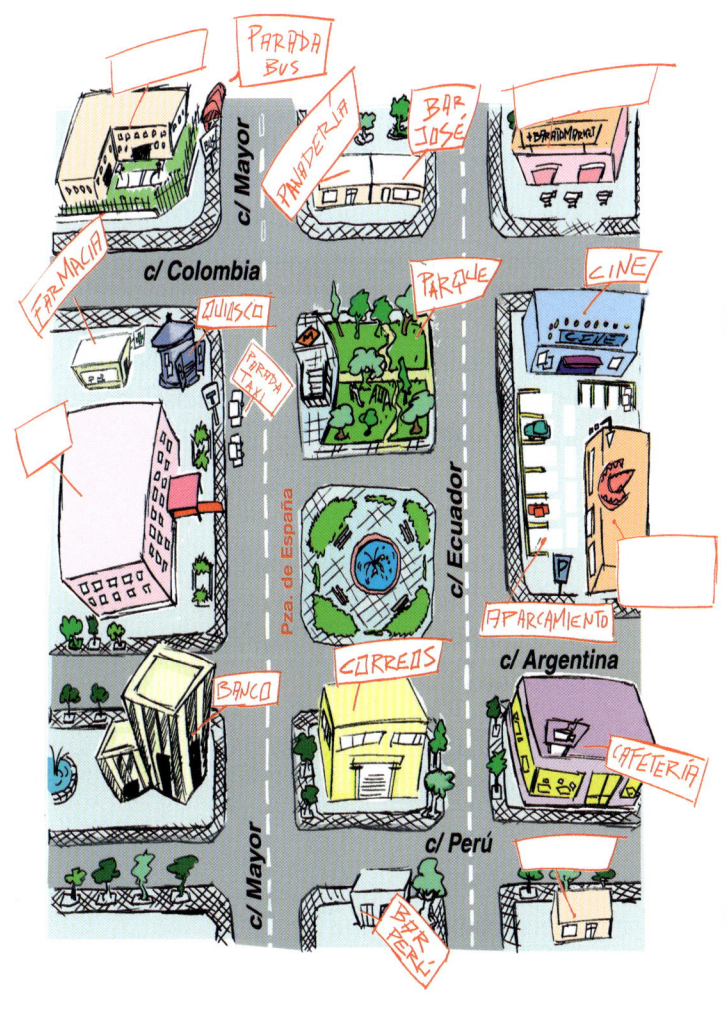

B. Escucha a B y señala dónde están los establecimientos en su plano.

7. ¿QUÉ HICISTE AYER? (U. 8)

A. Encuentra en la clase a alguien que hizo ayer estas cosas. Pregunta a varios compañeros.

¿Te levantaste antes de las 8?
¿Desayunaste café con leche?
¿Fuiste al supermercado?

1. Se levantó antes de las 8 _____
2. Desayunó café con leche _____
3. Fue al supermercado _____
4. Leyó un periódico _____
5. Comió fuera de su casa _____
6. Fue al gimnasio _____
7. Vio un partido de fútbol _____
8. Vio una película _____
9. Vio las noticias de la tele _____
10. Navegó por Internet _____
11. Habló por teléfono con sus padres _____
12. Cenó una ensalada _____
13. Se acostó antes de las once _____

8. HÁBITOS DE SALUD (U. 9)

A. Dicta y escucha el dictado de tu compañero para completar el texto sobre la salud.

Para tener buena _____ _____ _____ cuidarse. Todos sabemos cuáles _____ ___ _____ ____ saludables: comer frutas y _____, _____ ____ _____ carne, no fumar ni beber _____, ____ _____ _____ ___ días, beber mucha _____, _____ _____ _____ _____, _____. Por otro lado, también es _____ _____ _____ _____ con la gente: salir ___ ___ _____, _____ _____, sobre todo, reírse mucho.

9. TRABALENGUAS

A. Dicta estos trabalenguas a B.

a) *Si Pancha plancha con cuatro planchas, con cuatro planchas, Pancha plancha.*

b) *Pablito clavó un clavito. ¿Qué clavito clavó Pablito?*

c) *Si cien cenicientas encienden cien cirios, cien mil cenicientas encenderán cien mil cirios.*

B. Apréndelos de memoria y dilos rápidamente.

ciento sesenta y uno **161**

10. HÁBITOS (U. 11)

A. Pregunta a tu compañero.

¿A qué hora te levantas?

> **¿A qué hora...**
> levantarse? – comer? – acostarse?
> empezar las clases / el trabajo?

> **¿Cuándo...**
> ver la tele? – leer el periódico?
> estudiar español?

> **¿Con qué frecuencia...**
> comprar ropa? – ir al teatro?
> tomar vino? – hacer deporte?

B. Responde las preguntas que te hace tu compañero. Puedes decirle: *¿y tú?*

11. ¿DÓNDE NACISTE? (U. 11)

A. Imagina que tú eres el famoso cantante Enrique Iglesias. Un periodista te va a hacer una entrevista. Con los datos que siguen, contesta las preguntas del periodista.

Enrique Iglesias

- Nacido el 8-05-1975 en Madrid.
- Se trasladó a Miami a los 7 años.
- Primer disco en 1995.
- Recibió un Premio Grammy en 1996.
- Hizo su primera gira mundial en 1997.
- Grabó *Escape* en 2001, con un estilo menos latino.
- Ha vendido más de 30 millones de discos en todo el mundo.

B. Ahora tú eres periodista y vas a entrevistar a la famosa cantante Luz Casal. Aquí hay algunas preguntas para ayudarte.

¿Cuándo naciste?
¿Dónde naciste?
¿Qué estudiaste?
¿Con quién empezaste a cantar?
¿Cuándo grabaste tu primer disco?
¿Cuál es tu disco más famoso?
¿Cómo se llama tu último disco?

12. ¿QUÉ HAS HECHO? (U. 12)

A. Pregunta a tu compañero si ya ha hecho las siguientes tareas, las que no están señaladas. Tú ya has hecho las señaladas con una X.

¿Has comprado ya el pan?

Comprar el pan	
Planchar las camisas	X
Poner la lavadora	X
Regar las plantas	
Fregar los platos	
Ir al banco	X
Llamar por teléfono a Luis	
Comprar el periódico	
Abrir el correo	X
Comprar las entradas para el fútbol	X

B. Responde a tu compañero.

Sí, ya las he planchado.

13. ¿TE GUSTARÍA… (U. 13)

A. Pregunta a tu compañero.

¿Te gustaría cambiar de casa?
¿Por qué? / ¿Por qué no?

> ¿Te gustaría…
> ✓ …cambiar de casa?
> ✓ …casarte?
> ✓ …aprender otro idioma?
> ✓ …comprar un coche?
> ✓ …ser muy rico/a?
> ✓ …ser un actor/actriz famoso?
> ✓ …vivir en otro pueblo/ciudad?
> ✓ …cambiar de trabajo?
> ✓ …jubilarte?

B. Responde a tu compañero.

Sí, porque me gustan los niños.

14. ANTES Y AHORA (U. 14)

A. Muévete por la clase y pregunta a los compañeros.

¿El año pasado tenías el pelo largo?

> Encuentra a alguien que…
> ✓ …el año pasado (tener) el pelo largo.
> ✓ …cuando (ser) niño (tener) perro o gato.
> ✓ …(jugar) al fútbol o baloncesto.
> ✓ …(comer) en el colegio todos los días.
> ✓ …antes (fumar), pero ahora no.
> ✓ …(escribir) poesías cuando (ser) adolescente.
> ✓ …(salir) con los amigos los fines de semana.
> ✓ …(gustar) la música clásica cuando (ser) adolescente.

15. COCINA FÁCIL (U. 15)

A. Dicta a tu compañero tu parte de receta. Escucha y escribe lo que te dicta él.

GAZPACHO ANDALUZ

INGREDIENTES
- _____.
- Medio pepino.
- Miga de pan _____.
- _____.
- _____ aceite de oliva.
- _____.
- Agua fría.

ELABORACIÓN
Se ponen _____ en la batidora _____ todo muy bien, _____.
Se pone _____ y se guarda _____. Al servirlo, _____ _____ fría al gusto. También se añaden _____ picadas.

16. POEMA (U. 16)

A. Dicta a tu compañero la parte del poema que tienes y escribe lo que te dicta él.

> A los cincuenta años, hoy, _____ .
> _____ un yate
> y muchos más _____
> y hay muchos que también _____ .
> _____
> a mis cincuenta años justos, _____
> (…)
> _____ de mi hermoso país,
> con una pipa curva _____ ,
> un cuadernillo de hojas blancas _____

_____ por los bosques urbanos,
por los caminos ruinosos y _____
_____ junto a un río
a ver cómo se acuesta la tarde _____
se le pierden al agua _____ .

_____ mi bicicleta
y alegre y plateada _____ .
_____ en sus ruedas veloces,
de cada uno de sus radios _____
y entonces es _____ ,
_____ , largo de llamas blancas,
_____ que embistiera los azules del día.

¿Qué nombre le pondría, hoy, _____ ,
después que me ha traído,
_____ sin decírmelo apenas
_____ de bambúes y sauces
y la miro dormida, _____ ,
sobre un tronco caído?

(…)

Rafael Alberti,
"Baladas de la bicicleta con alas",
Baladas y canciones del Paraná

17. A MÍ TAMBIÉN (U. 18)

A. Escribe en un papel.

- Una comida que te gusta mucho.
- Una película que has visto últimamente.
- Un lugar donde no has estado nunca.
- Un lugar que te gustaría ver.
- Algo que no te gustaría hacer este fin de semana.
- Una cosa que te molesta.
- Algo que no te gusta hacer.
- Alguien famoso que no te cae bien.
- Algo que te preocupa.

B. Díselo a tu compañero.

A mí me gusta mucho la paella, ¿y a ti?

C. Escucha a tu compañero y responde:

*A mí también. / A mí no. / A mí tampoco. / A mí sí.
Yo también. / Yo no. / Yo tampoco. / Yo sí.*

Actividades en pareja
Estudiante B

1. GENTE FAMOSA (U. 1)

A. Responde a A la información sobre los números 1, 3, 5, 7, 9.

*El número 1 se llama Isabel Allende.
Es chilena. Es escritora.*

1. Isabel Allende. Chilena. Escritora.  
2.
3. Ronaldo. Brasileño. Futbolista.  
4.
5. Belmonte. Español. Torero.  
6.
7. Gloria Estefan. Cubana. Cantante.  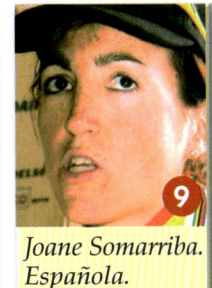
8.
9. Joane Somarriba. Española. Ciclista.

B. Pregunta a A la información sobre los números 2, 4, 6 y 8.

¿Cómo se llama el número 2?

2. DATOS PERSONALES (U. 1)

A. Lee esta información y responde a las preguntas de A.

Me llamo Ernesto Domínguez y vivo en Barcelona, en la calle Balmes, 18. Mi número de teléfono es el 933 672 895.

B. Pregunta a A para completar la ficha.

Nombre _____
Apellido _____
Domicilio _____
Ciudad _____
Teléfono _____

3. ¿DÓNDE ESTÁN LAS LLAVES? (U. 2)

A. Responde a A dónde están los objetos.

Las gafas están encima de la silla.

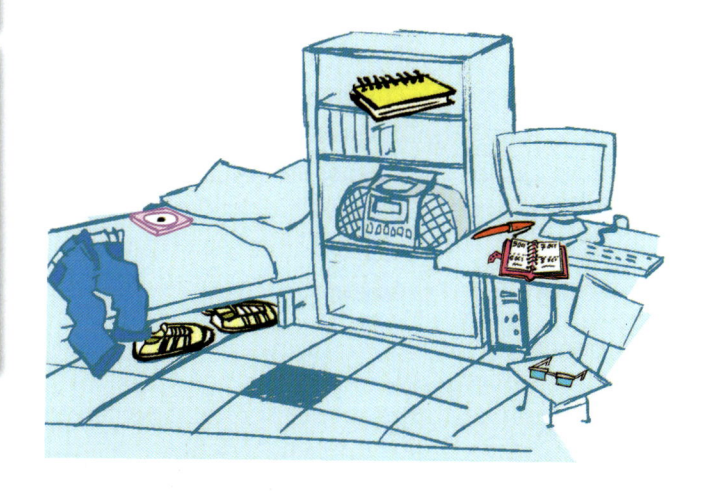

móvil  | calcetines | diccionario  | flauta  | caja  | llaves

ciento sesenta y cinco 165

B. Pregunta a A dónde están los objetos de los recuadros.

¿Dónde está el móvil?

4. GUSTOS (U. 5)

A. Responde a A.

Sí, mucho / Sí, bastante / No mucho / No, nada.

B. Pregunta a A sobre sus gustos:

¿Te gusta viajar? / ¿Te gustan los perros?

	Mucho	Bastante	No mucho	Nada
Viajar				
La música clásica				
Los perros				
Las motos				
Navegar en Internet				
Jugar al fútbol				
Andar				
Hablar				
Los niños				

5. EN EL HOTEL (U. 4)

HOTEL MIRAMAR

Quinta planta — **PISCINA**
Cuarta planta — **PELUQUERÍA**
Tercera planta — **BOUTIQUE**
Segunda planta — **COMEDOR DESAYUNOS**
Primera planta — **DISCOTECA**
Planta baja — **RECEPCIÓN**
Sótano — **PARKING**

PRECIOS:
Habitación individual: 45 €
Habitación doble: 60 €

COMIDAS:
Desayunos: de 8 a 11 h
Comidas: de 2 a 4 h
Cenas: de 8 a 11 h

A. Responde a las preguntas de A sobre el hotel Miramar.

B. Pregunta a A la información sobre el hotel Embajador y completa el cuadro.

a) ¿Dónde está…
 – el salón de baile
 – la sauna y el gimnasio
 – el restaurante
 – la cafetería
 – el salón de conferencias?

¿En qué planta está el salón de baile?

b) Pregunta los precios de las habitaciones.
 ¿Cuánto cuesta la habitación individual / doble?

c) Pregunta los horarios de las comidas.
 ¿A qué hora se puede desayunar / comer / cenar?

HOTEL EMBAJADOR

Quinta planta _____
Cuarta planta _____
Tercera planta _____
Segunda planta _____
Primera planta _____
Planta baja _____
Sótano _____

PRECIOS:
Habituación individual: ____
Habitación doble: ____

COMIDAS:
Desayunos: de ____ a ____ h
Comidas: de ____ a ____ h
Cenas: de ____ a ____ h

6. ¿HAY UNA FARMACIA? (U. 8)

A. Escucha a A y señala donde están los establecimientos en el plano.

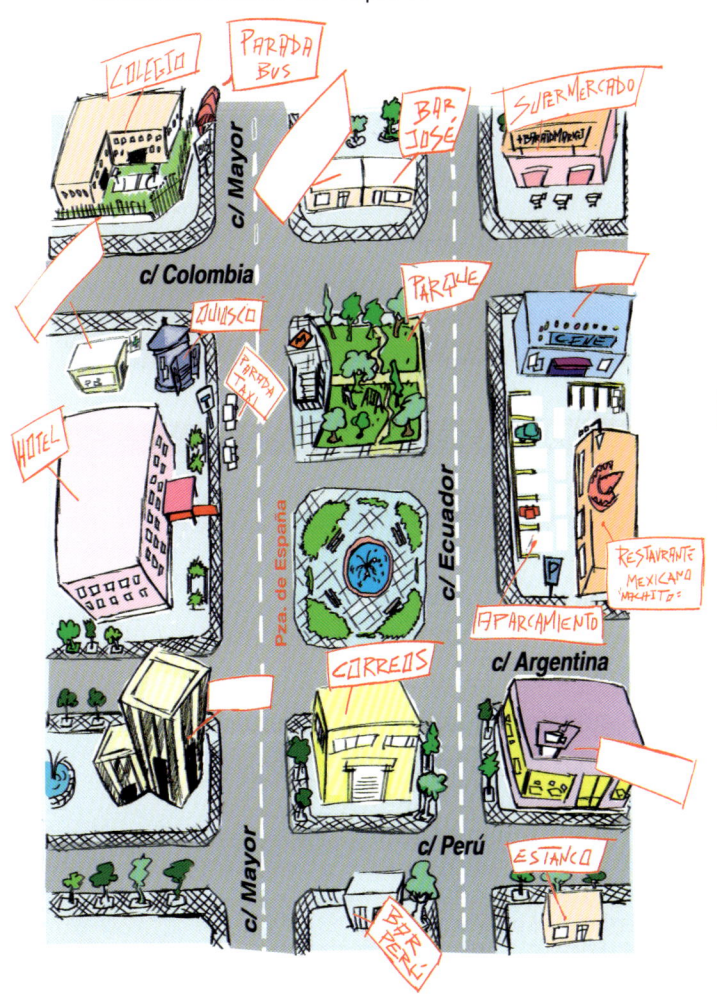

(Plano con: COLEGIO, PARADA BUS, BAR JOSÉ, SUPERMERCADO, c/ Colombia, QUIOSCO, PARQUE, PARADA TAXI, HOTEL, Pza. de España, c/ Ecuador, RESTAURANTE MEXICANO MACHITOS, APARCAMIENTO, CORREOS, c/ Argentina, c/ Mayor, c/ Perú, ESTANCO, BAR PERÚ)

B. Explica a B dónde están los establecimientos en tu plano.

El supermercado está en la calle Colombia, enfrente del cine.

7. ¿QUÉ HICISTE AYER? (U. 8)

A. Encuentra en la clase a alguien que hizo ayer estas cosas. Pregunta a varios compañeros.

¿Te levantaste antes de las 8?
¿Desayunaste café con leche?
¿Fuiste al supermercado?

1. Se levantó antes de las 8 _____
2. Desayunó café con leche _____
3. Fue al supermercado _____
4. Leyó un periódico _____
5. Comió fuera de su casa _____
6. Fue al gimnasio _____
7. Vio un partido de fútbol _____
8. Vio una película _____
9. Vio las noticias de la tele _____
10. Navegó por Internet _____
11. Habló por teléfono con sus padres _____
12. Cenó una ensalada _____
13. Se acostó antes de las once _____

8. HÁBITOS DE SALUD (U. 9)

A. Dicta y escucha el dictado de tu compañero para completar el texto sobre salud.

_____ _____ _____ salud es necesario _____. _____ _____ _____ son los hábitos más _____: _____ _____ __ verduras, no comer mucha _____, ___ _____ ___ _____ alcohol, hacer ejercicio todos los _____, _____ _____ agua, dormir la siesta, etcétera.
_____ _____ _____, _____ ____ importante tener buenas relaciones ____ __ _____: _____ con los amigos, hablar y, _____ _____, reírse mucho.

9. TRABALENGUAS

A. Dicta estos trabalenguas a A.

a) *Pedro Pérez Pacheco, pintor, pinta preciosos paisajes por poco precio para personas pobres.*

b) *Perejil comí, perejil cené, y de tanto perejil, me emperejilé.*

c) *En un plato plano de plata con la pata un pato aplasta la pasta.*

B. Apréndelos de memoria y dilos rápidamente.

10. HÁBITOS (U.11)

A. Responde a tu compañero.

B. Pregunta a tu compañero.

¿A qué hora te levantas?

> ¿A qué hora...
> levantarse? – cenar? – acostarse?
> salir de clase / del trabajo?

> ¿Cuándo...
> salir con los amigos? – escuchar música?
> estudiar español?

> ¿Con qué frecuencia...
> comprar novelas? – ir al cine?
> comer chocolate?

11. ¿DÓNDE NACISTE? (U. 11)

A. Imagina que eres un periodista y vas a entrevistar al famoso cantante Enrique Iglesias. Aquí tienes algunas preguntas.

¿Dónde naciste?
¿Cuándo naciste?
¿Adónde te trasladaste a vivir?
¿Cuándo grabaste el primer disco?
¿Cuál es el premio más importante que has recibido?
¿Cómo se llama tu disco más famoso?
¿Cuántos discos has vendido en todo el mundo?

B. Ahora imagina que tú eres la cantante Luz Casal y un periodista te va a entrevistar. Contesta las preguntas con la información que sigue.

Luz Casal

- Nació en Galicia el 11-11-1958.
- Estudió piano y bel canto.
- Empezó a acompañar en sus giras a Juan Pardo.
- Grabó su primer disco en 1980.
- En 1994 sacó su disco más famoso, *Como la flor prometida*.
- En 2002, grabó *Con otra mirada*, su último disco, de momento.

12. ¿QUÉ HAS HECHO? (U. 12)

A. Responde a tu compañero.

Sí, ya lo he comprado.

B. Pregunta a tu compañero si ha hecho las siguientes tareas, las que no están señaladas. Tú has hecho las que están señaladas con V.

¿Has planchado las camisas?

Comprar el pan	V
Planchar las camisas	
Poner la lavadora	
Regar las plantas	V
Fregar los platos	V
Ir al banco	
Llamar por teléfono a Luis	V
Comprar el periódico	V
Abrir el correo	
Comprar las entradas para el fútbol	

13. ¿TE GUSTARÍA... (U. 13)

A. Responde a tu compañero.

Sí, porque la mía es muy pequeña.

B. Pregunta a tu compañero.

¿Te gustaría casarte?
¿Por qué? / ¿Por qué no?

> ¿Te gustaría…
> ✓ …tener hijos?
> ✓ …aprender otro idioma?
> ✓ …viajar por todo el mundo?
> ✓ …cambiar de marido/mujer?
> ✓ …ser muy rico/a?
> ✓ …ser un deportista famoso?
> ✓ …irte a una isla desierta?
> ✓ …comprar una moto?
> ✓ …escribir un libro?

14. ANTES Y AHORA (U. 14)

A. Muévete por la clase y pregunta a los compañeros.

¿El año pasado tenías el pelo largo?

> Encuentra a alguien que…
> ✓ …el año pasado (tener) el pelo largo.
> ✓ …cuando (ser) niño (tener) perro o gato.
> ✓ …(jugar) al fútbol o baloncesto.
> ✓ …(comer) en el colegio todos los días.
> ✓ …antes (fumar), pero ahora no.
> ✓ …(escribir) poesías cuando (ser) adolescente.
> ✓ …(salir) con los amigos los fines de semana.
> ✓ …(gustar) la música clásica cuando (ser) adolescente.

15. COCINA FÁCIL (U. 15)

A. Escucha a tu compañero y escribe lo que te dicta. Díctale a él tu parte.

GAZPACHO ANDALUZ

INGREDIENTES
- 1 kg de tomates maduros.
- _____.
- _____ remojada en agua.
- Sal.
- 6 cucharadas de _____.
- 2 cucharadas de vinagre.
- _____.

ELABORACIÓN

_____ todos los ingredientes _____ y se bate _____, como para una sopa. _____ en una sopera _____ en el frigorífico. _____, se añade el agua _____.
_____ trocitos de verduras _____.

16. POEMA (U. 16)

A. Escribe lo que te dicta tu compañero y díctale tu parte.

_____, ____, tengo una bicicleta.
Muchos tienen _____
_____ un automóvil
_____ tienen ya un avión.
Pero yo
_____, tengo sólo una bicicleta.
(…)
Y a miles de kilómetros _____,
_____ entre los labios,
_____ y un lápiz

corro en mi bicicleta _____,
_____ calles asfaltadas
y me detengo siempre _____
_____ y con la noche
_____ las primeras estrellas.

Es morada _____
_____ como cualquiera otra.
Mas cuando gira el sol _____,
_____ llueven chispas
_____ como un antílope,
como un macho cabrío, _____,
o un novillo de fuego _____ .

¿_____, _____, en esta mañana,
_____,
que me ha dejado _____
al pie de estas orillas _____
_____, abrazada de hierbas dulcemente,
_____ ?

(…)

Rafael Alberti,
"Baladas de la bicicleta con alas",
Baladas y canciones del Paraná

17. A MÍ TAMBIÉN (U. 18)

A. Escribe en un papel.

- Un deporte que te gusta mucho.
- Un libro que has leído últimamente.
- Un lugar donde no has estado nunca.
- Algo que te molesta mucho.
- Algo que no te gusta hacer.
- Algo que no sabes hacer.
- Alguien famoso que te cae bien.
- Un programa de la tele que no te gusta nada.
- Algo que te preocupa.

B. Escucha a tu compañero y responde.

A mí también / A mí no. / A mí tampoco / A mí sí.
Yo también / Yo no. / Yo tampoco / Yo sí.

C. Dile a tu compañero qué es lo que te gusta a ti.

A mí me gusta mucho el baloncesto, ¿y a ti?

Referencia gramatical y léxico útil

UNIDAD 1

GRAMÁTICA

1. Verbo *ser*.

Presente del verbo Ser	
yo	soy
tú	eres
él/ella/Vd.	es
nosotros/as	somos
vosotros/as	sois
ellos/ellas/Vdes.	son

▶ Usamos el verbo **ser** para identificarnos, hablar de la nacionalidad y de la profesión.

Esta es Pilar
Pilar es española
Pilar es azafata

2. Género de los nombres.

▶ Los nombres de las cosas tienen género masculino o femenino:

el libro   la ventana

▶ Los nombres de las personas y animales tienen género masculino y femenino.

el gato   la gata
el profesor   la profesora
el hombre   la mujer

▶ En el caso de los nombres de profesión:

a) Si el masculino termina en **-o**, cambia por **-a**:
abogado   abogada

b) Si el masculino termina en consonante, añade **-a**:
pintor   pintora

c) Si el masculino termina en **-e**, puede quedar igual o cambiar por **-a**.
el estudiante   la estudiante
el presidente   la presidenta

d) Si el masculino termina en **-ista**, no cambia.
el taxista   la taxista

3. Género de los adjetivos.

▶ Los adjetivos tienen el mismo género que el nombre al que se refieren:

El profesor es simpático.   La profesora es simpática.

▶ En el caso de los adjetivos de nacionalidad:

a) Si el masculino termina en **-o**, el femenino termina en **-a**:
brasileño   brasileña

b) Si el masculino termina en **consonante**, el femenino añade **-a**:
alemán   alemana

c) Si el masculino termina en **-a, -e, -í,** no cambia:
belga / belga, canadiense / canadiense, marroquí / marroquí.

4. Verbos regulares. Presente.

Tenemos tres conjugaciones (1.ª, 2.ª, 3.ª), según la terminación del infinitivo: **-ar, -er, -ir**.

Trabajar	Comer	Vivir
trabaj**o**	com**o**	viv**o**
trabaj**as**	com**es**	viv**es**
trabaj**a**	com**e**	viv**e**
trabaj**amos**	com**emos**	viv**imos**
trabaj**áis**	com**éis**	viv**ís**
trabaj**an**	com**en**	viv**en**

ciento setenta y uno

5. Pronombres personales sujeto.

▸ Tenemos 10 pronombres personales sujeto:

> yo, tú, él, ella, usted (Vd.), nosotros, nosotras, vosotros, vosotras, ellos, ellas, ustedes (Vdes.).

▸ Estos pronombres no se utilizan siempre, sólo cuando queremos distinguir bien entre diferentes sujetos.

¿De dónde sois (vosotros)?

Yo soy chileno y ella es peruana.

6. Tú / usted, vosotros / ustedes.

▸ Usamos **tú** y **vosotros** cuando hablamos con conocidos, amigos y personas de igual o inferior rango.

▸ Usamos **usted** y **ustedes** cuando hablamos con desconocidos, personas mayores y de mayor rango.

▸ En América Latina se usa **ustedes** en lugar de **vosotros** y en algunos países **vos** en lugar de **tú**.

LÉXICO ÚTIL

Gentilicios

> alemán/a – andaluz/a – brasileño/a
> catalán/a – estadounidense – francés/a
> inglés/a – japonés/a – marroquí
> mexicano/a

Profesiones

> ama de casa – actriz – camarero/a
> cantante – cartero/a – ciclista – escritor/a
> estudiante – futbolista – médico/a
> policía – peluquero/a – profesor/a
> secretario/a – taxista – torero

Cantante

Cartera

Albañil

Médica

Números

0 cero	7 siete	14 catorce
1 uno	8 ocho	15 quince
2 dos	9 nueve	16 dieciséis
3 tres	10 diez	17 diecisiete
4 cuatro	11 once	18 dieciocho
5 cinco	12 doce	19 diecinueve
6 seis	13 trece	20 veinte

UNIDAD 2

GRAMÁTICA

1. Plural de los nombres.

▸ Si el singular termina en vocal (excepto *í*), el plural se forma añadiendo una **-s**:

Un libro   dos libros

▸ Si el singular termina en consonante, se añade **-es**:

un hotel   dos hoteles
un lápiz   dos lápices

2. Adjetivos posesivos.

Sujeto	Posesivos	
	Singular	**Plural**
yo	mi	mis
tú	tu	tus
él/ella/Vd.	su	sus

Los adjetivos posesivos concuerdan en número con el nombre al que acompañan.
*Esta es **mi** hermana y estos son **mis** padres.*

3. Verbo *estar*.

Presente del verbo Estar

yo	estoy
tú	estás
él/ella/Vd.	está
nosotros/as	estamos
vosotros/as	estáis
ellos/ellas/Vds.	están

LÉXICO ÚTIL

Preposiciones de lugar

El móvil está…

- al lado del libro
- debajo del libro 
- encima del libro  
- entre el libro y la lámpara
- delante de los libros
- detrás de los libros 

Familia

abuelo/a/os/as – padre/s – madre
hijo/a/os/as – primo/a/os/as – tío/a/os/as
marido – mujer – hermano/a/os/as

Estado civil

soltero/a/os/as – casado/a/os/as
divorciado/a/os/as

La clase

bolígrafo – cuaderno – diccionario
lápiz – libro – mapa – mesa – silla
televisión – ventana

Números

20 veinte	90 noventa
21 veintiuno	100 cien
22 veintidós	101 ciento uno
23 veintitrés	200 doscientos/as
24 veinticuatro	300 trescientos/as
25 veinticinco	400 cuatrocientos/as
26 veintiséis	500 quinientos/as
27 veintisiete	600 seiscientos/as
28 veintiocho	700 setecientos/as
29 veintinueve	800 ochocientos/as
30 treinta	900 novecientos/as
31 treinta y uno	1.000 mil
40 cuarenta	1.105 mil ciento cinco
50 cincuenta	1.500 mil quinientos
60 sesenta	1.940 mil novecientos cuarenta
70 setenta	2.001 dos mil uno
80 ochenta	5.000 cinco mil

UNIDAD 3

GRAMÁTICA

1. Verbos reflexivos.

Levantar(se)

yo	**me**	levanto
tú	**te**	levantas
él/ella/Vd.	**se**	levanta
nosotros/as	**nos**	levantamos
vosotros/as	**os**	levantáis
ellos/ellas/Vds.	**se**	levantan

▸ Los pronombres reflexivos se usan con verbos que expresan acciones que el sujeto realiza sobre sí mismo: *lavarse, ducharse, peinarse, afeitarse,* etcétera.

▸ Cuando la acción del sujeto no se realiza sobre sí mismos estos verbos no llevan pronombre:

María se lava la cara.
María lava la ropa.

▸ Tenemos otros verbos que se utilizan con estos pronombres, aunque no son reflexivos: *llamarse, quedarse, casarse,* etcétera.

2. Verbos irregulares en presente.

Verbos con irregularidades vocálicas

Empezar	Volver	Acostarse
e>ie	o>ue	o>ue
emp**ie**zo	v**ue**lvo	me ac**ue**sto
emp**ie**zas	v**ue**lves	te ac**ue**stas
emp**ie**za	v**ue**lve	se ac**ue**sta
empezamos	volvemos	nos acostamos
empezáis	volvéis	os acostáis
emp**ie**zan	v**ue**lven	se ac**ue**stan

Otros verbos irregulares

Ir	Venir
voy	vengo
vas	vienes
va	viene
vamos	venimos
vais	venís
van	vienen

3. Preposiciones.

*Rosa se levanta **a** las 7.*
*Carlos sale **de** casa **a** las 8.*
*Yo trabajo **desde** las 8 **hasta** las 3.*
*Yo no trabajo **por** la tarde.*
*Ella termina su trabajo **a** las 5 **de** la tarde.*
*Ellos van **a** trabajar **en** autobús.*
*Rosa vuelve **a** su casa **a** las 4.*
*Mi jefe trabaja **de** 8 **de** la mañana **a** 8 **de** la tarde.*

LÉXICO ÚTIL

Verbos de acciones cotidianas

> levantarse – desayunar – ducharse
> afeitarse – empezar – estudiar – terminar
> trabajar – peinarse – comer
> cenar – acostarse

Verbos de movimiento

> salir – ir – venir – entrar – llegar – volver

Desayunos

> café – leche – té – mantequilla
> mermelada – zumo – huevo – queso – bollos
> bocadillo – tostada

tostada con mantequilla y mermelada   **café**   **zumo de naranja**   **bocadillo**

UNIDAD 4

GRAMÁTICA

1. Ordinales.

1.º / 1.ª	primero/a	6.º / 6.ª	sexto/a
2.º / 2.ª	segundo/a	7.º / 7.ª	séptimo/a
3.º / 3.ª	tercero/a	8.º / 8.ª	octavo/a
4.º / 4.ª	cuarto/a	9.º / 9.ª	noveno/a
5.º / 5.ª	quinto/a	10.º / 10.ª	décimo/a

▸ Los ordinales se usan, por ejemplo, para nombrar los pisos de una casa y el número de orden en un grupo:

*Mi amigo vive en el **cuarto** piso.*
*Luis siempre llega el **primero**.*

▸ Los ordinales concuerdan en género y número con el sustantivo al que acompañan:

*Mi clase está en la **segunda** planta.*
*Mañana salen los **primeros** discos de este grupo.*

▶ Los ordinales **primero** y **tercero** pierden la **-o** delante de un nombre masculino singular:

*Estudio **tercer**(o) curso de Inglés.*
*Vivo en el **primer**(o) piso.*

2. Artículos.

	Determinados		**Indeterminados**	
	Para algo que conocemos		Para algo que mencionamos por primera vez	
	Masc.	Fem.	Masc.	Fem.
Sing.	el	la	un	una
Pl.	los	las	unos	unas

▶ Los artículos determinados se usan:
- Cuando hablamos de algo que conocemos:
  *Cierra **la** ventana.*
- Con la hora:
  *Son **las** cinco.*
- Con los días de la semana:
  ***Los** viernes vamos al cine.*

▶ Los artículos indeterminados se usan:
- Cuando mencionamos algo por primera vez:
  *Tengo **un** coche nuevo.*
- Con el verbo **haber**:
  *¿Dónde hay **una** silla?*

3. *Hay / está(n)*.

▶ Se utiliza *hay* para hablar de la existencia o no de personas, animales, lugares y objetos.

***Hay** vasos en la cocina.*

▶ Con *hay*, a los nombres nunca les pueden acompañar los artículos determinados.

*En mi pueblo no **hay** (la) universidad.*

▶ Se utiliza *está(n)* para indicar un lugar.

*La leche **está** en la nevera.*
*¿Dónde **están** mis libros?*

Mamá, no hay leche.

LÉXICO ÚTIL

Cosas de la casa

armario – ascensor – espejo
frigorífico/nevera – sillón – lavabo
lámpara – microondas – llave
cocina – cuarto de baño
dormitorio/habitación – salón/comedor
garaje – jardín – piscina – patio

¿Dónde?

derecha – izquierda – arriba – abajo

UNIDAD 5

GRAMÁTICA

1. Verbo *gustar*.

(A mí)	me	**gusta**	el cine
(A ti)	te		la música
(A él/ella/Vd.)	le		viajar
(A nosotros/as)	nos		
(A vosotros/as)	os	**gustan**	los deportes
(A ellos/ellas/Vds.)	les		las plantas

▶ El verbo *gustar* se utiliza en la tercera persona del singular o del plural, dependiendo del sujeto gramatical.

*Me **gustan** tus ojos.*
*No les **gusta** el gazpacho.*

ciento setenta y cinco **175**

2. Imperativo (verbos regulares).

	Cortar	Comer	Abrir
tú	corta	come	abre
Vd.	corte	coma	abra

▸ El imperativo se usa para dar instrucciones y órdenes.

Corta la lechuga en trozos pequeños.
Abre la puerta, por favor.
Abre el libro, Peter.

LÉXICO ÚTIL

Comida básica

arroz – pan – carne – ensalada
pescado – fruta – huevos – queso
patatas – sal – azúcar

Bebidas

agua – cerveza – refresco – vino – zumo

Actividades de tiempo libre

bailar – escuchar música – hacer deportes
navegar en Internet – ir al teatro – andar
ir de compras – ir a la discoteca
montar en bicicleta – viajar

UNIDAD 6

GRAMÁTICA

1. Imperativos irregulares.

▸ Los verbos en imperativo tienen la misma irregularidad que en presente.

Infinitivo	Presente	Imperativo
cerrar	cierro	cierra, cierre
dormir	duermo	duerme, duerma
sentarse	me siento	siéntate, siéntese

Otros irregulares

poner	pongo	pon, ponga
decir	digo	di, diga
venir	vengo	ven, venga
hacer	hago	haz, haga
ir(se)	voy	vete, váyase
salir	salgo	sal, salga

▸ Se usa el imperativo:

• Para dar instrucciones o consejos:

Primero eche una cucharada de sal, luego hierva el arroz durante…
Si te duele la cabeza, toma una pastilla y acuéstate.

• Hacer peticiones o dar órdenes, especialmente seguido de "por favor".

Habla más despacio, por favor.
Siéntese, por favor.
¡Ven aquí ahora mismo!

(Toma este vaso de leche y acuéstate.)

2. Ser/Estar.

Ser

▸ Se usa para describir características o cualidades de algo o de alguien: tamaño, color, carácter, etcétera.

Luis es alto y delgado.
Su casa es pequeña.
Su coche es rojo.
Luis es muy simpático.

▸ Expresa también nacionalidad, profesión, posesión:
Mary es inglesa.
¿Ellos son médicos?
Ese libro no es mío.

Estar

▶ Expresa lugar o posición:

*El colegio **está** en la C/ Velázquez.*
*La parada de autobús **está** enfrente de mi casa.*

▶ Sirve para expresar también estados de salud o de ánimo:

*Clara **está** enferma, tiene gripe.*
*Hoy **estoy** muy contenta.*

▶ Con los adverbios **bien** y **mal** siempre usamos **estar**.
*Este ejercicio **está** (es) mal.*

LÉXICO ÚTIL

Transportes

billete – autobús – metro – tren
línea de metro – viaje – estación – parada

Adjetivos

tranquilo – ruidoso – céntrico
rápido – frío – lento – malo – pequeño
fácil – difícil – bueno

Adverbios

cerca – lejos – bien – mal

UNIDAD 7

GRAMÁTICA

1. Gerundio de verbos regulares.

Infinitivo	Gerundio
llorar	llor**ando**
comer	com**iendo**
escribir	escrib**iendo**

2. Gerundio de verbos irregulares.

leer	leyendo
dormir	durmiendo

3. *Estar* + gerundio.

estoy
estás
está
estamos   hablando
estáis
están

***Estar* + gerundio** suele expresar acciones que se están desarrollando en el momento en que se habla.

¿Qué estás haciendo?
Estoy leyendo el periódico.

4. *Estar* + gerundio (verbos reflexivos).

Estoy lavándome o me estoy lavando.
Estás lavándote o te estás lavando.
Está lavándose o se está lavando.
Estamos lavándonos o nos estamos lavando.
Estáis lavándoos u os estáis lavando.
Están lavándose o se están lavando.

LÉXICO ÚTIL

Verbos de actividades

jugar a las cartas

leer el periódico

dormir

lavarse

bañarse

pintar

ciento setenta y siete 177

Descripción de personas

> Pelo: rubio – moreno – largo – corto.
> Ojos: claros – oscuros – marrones – verdes.
> Es: mayor – joven – alto – bajo
> delgado – gordo.
> Lleva: barba – bigote – gafas.

Carácter

> simpático – antipático – tacaño
> generoso – hablador – serio – alegre
> educado – callado

UNIDAD 8

GRAMÁTICA

1. Pretérito indefinido.

	Trabajar	Comer	Salir
yo	trabajé	comí	salí
tú	trabajaste	comiste	saliste
él/ella/Vd.	trabajó	comió	salió
nosotros/as	trabajamos	comimos	salimos
vosotros/as	trabajasteis	comisteis	salisteis
ellos/ellas/Vds.	trabajaron	comieron	salieron

2. Pretérito indefinido de los verbos *ir* y *estar*.

	Ir	Estar
yo	fui	estuve
tú	fuiste	estuviste
él/ella/Vd.	fue	estuvo
nosotros/as	fuimos	estuvimos
vosotros/as	fuisteis	estuvisteis
ellos/ellas/Vds.	fueron	estuvieron

▶ El pretérito indefinido expresa acciones acabadas en un momento determinado del pasado.

*Ayer **trabajé** mucho.*
*El verano pasado **estuve** en Cancún.*

LÉXICO ÚTIL

Establecimientos

> farmacia – iglesia – museo – comisaría
> oficina de correos – quiosco – mercado
> estanco

Objetos

> medicinas – cartas – periódico
> sellos – tabaco

Estaciones del año

> la primavera – el verano
> el otoño – el invierno

Meses del año

> enero – febrero – marzo – abril – mayo
> junio – julio – agosto – septiembre – octubre
> noviembre – diciembre

El tiempo

> llover – llueve – está lloviendo
> nevar – nieva – está nevando
> hace frío – hace (mucho) calor
> hace viento – está nublado

está lloviendo   está nublado    está nevando

hace viento    hace frío

hace mucho calor

UNIDAD 9

GRAMÁTICA

1. Demostrativos (adjetivos y pronombres).

Demostrativos (adjetivos y pronombres)				
Singular		Plural	
Masculino	Femenino	Masculino	Femenino
este	esta	estos	estas
ese	esa	esos	esas
aquel	aquella	aquellos	aquellas

Pronombres demostrativos (neutro)		
esto	eso	aquello

▸ Los adjetivos demostrativos van delante del nombre y concuerdan con él en género y número:

Este coche es de mi vecino.
Esas chicas son muy simpáticas.

▸ Los pronombres demostrativos *esto, eso, aquello* nunca van con el nombre. Se refieren a una idea o a algo de lo que no sabemos el género:

Esto no me gusta nada.
¿Qué es aquello que se ve en el cielo?

▸ El uso de uno u otro pronombre nos indica la cercanía o lejanía del objeto señalado:

Este coche (cerca del hablante, aquí)
Ese coche (cerca del oyente, ahí)
Aquel coche (lejos de los dos, allí)

2. Pronombres de complemento directo.

Sujeto	Objeto
yo	me
tú	te
él/ella/Vd.	lo/la/le
nosotros/as	nos
vosotros/as	os
ellos/ellas/Vds.	los/las/les

¿Compramos las flores? = ¿Las compramos?
Hoy no he visto a tu padre. = Hoy no lo/le he visto.
¿Sabes que vendo mi casa? = ¿Sabes que la vendo?

▸ Normalmente, los pronombres personales de objeto directo van delante del verbo y separados:

Te quiero.

▸ Pero con el imperativo afirmativo van detrás y unidos al verbo:

¡Mírame!
Cómpralo, por favor.

▸ Con algunas construcciones pueden ir delante o detrás.

La puerta está abierta,
¿puedes cerrarla? = ¿la puedes cerrar?

3. Concordancia del nombre y los adjetivos de color.

▸ Los adjetivos concuerdan en género y número con el nombre al que se refieren.

¿Puedo coger el bolígrafo rojo?
Tengo unos pantalones marrones.

Singular		Plural	
masc.	fem.	masc.	fem.
blanco	blanca	blancos	blancas
verde	verde	verdes	verdes
azul	azul	azules	azules

▸ Los adjetivos de color terminados en **-a** (**rosa, naranja, fucsia**) no cambian.

Me gusta el vestido (de color) fucsia.
Me gusta mucho ese abrigo naranja.

ciento setenta y nueve 179

4. Comparativos.

- **De los adjetivos**

más/menos + adjetivo + **que**

Mi casa es **más / menos** pequeña **que** la tuya.

tan + adjetivo + **como**

Mi casa no es **tan** grande **como** la tuya.

- **De los sustantivos**

más/menos + sustantivo + **que**

Eva tiene **más** libros **que** yo.

tanto / tanta / tantos / tantas + sustantivo + **como**

Eva tiene **tantas** plantas **como** yo.

- **De los verbos**

Verbo + **más que**

Mi marido gana **más que** yo.

Verbo + **tanto / a / os / as** + **como**

Yo no gano **tanto como** mi marido

- **Comparativos y superlativos irregulares**

Más bueno / bien	(el) mejor
Más malo / mal	(el) peor
Más grande / viejo	(el) mayor
Más pequeño / joven	(el) menor

- **Mayor** y **menor** se utilizan especialmente para hablar de la edad, no del tamaño.

Ignacio es **mayor** que Pablo.

LÉXICO ÚTIL

Ropa y complementos

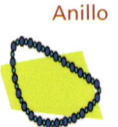

Camiseta — Cartera — Anillo — Collar — Corbata — Camisa

Falda  — Gafas  — Jersey  — Medias

Pendientes  — Vaqueros  — Zapatillas deportivas  — Zapatos

Adjetivos

blanco – negro – verde – rojo – rosa
amarillo – morado – azul – naranja

caro – barato – formal – informal
práctico – incómodo – limpio – sucio
elegante

UNIDAD 10

GRAMÁTICA

1. Verbo *doler*.

(A mí)	me	
(A ti)	te	
(A él/ella/Vd.)	le	**duele** la cabeza
(A nosotros/as)	nos	**duelen** los oídos
(A vosotros/as)	os	
(A ellos/ellas/Vds.)	les	

El verbo **doler**, al igual que el verbo **gustar**, se utiliza en la tercera persona del singular o del plural, según sea el sujeto.

¿Te duele la cabeza?
A Ana le duelen los oídos.

2. Pretérito imperfecto de los verbos regulares.

	Viajar	Tener	Salir
yo	viaj**aba**	ten**ía**	sal**ía**
tú	viaj**abas**	ten**ías**	sal**ías**
él/ella/Vd.	viaj**aba**	ten**ía**	sal**ía**
nosotros/as	viaj**ábamos**	ten**íamos**	sal**íamos**
vosotros/as	viaj**abais**	ten**íais**	sal**íais**
ellos/ellas/Vds.	viaj**aban**	ten**ían**	sal**ían**

3. Pretérito imperfecto de los verbos irregulares.

	Ir	Ser	Ver
yo	iba	era	veía
tú	ibas	eras	veías
él/ella/Vd.	iba	era	veía
nosotros/as	íbamos	éramos	veíamos
vosotros/as	ibais	erais	veíais
ellos/ellas/Vds.	iban	eran	veían

▸ Usamos el pretérito imperfecto para expresar acciones habituales en el pasado.

*Cuando **éramos** jóvenes, **íbamos** a la discoteca.
Ahora no salimos, pero antes **salíamos** mucho.*

▸ También se usa para describir en el pasado:

Mi profesor de matemáticas era simpático y nunca nos castigaba.

4. *Ir a* + infinitivo.

yo	voy a	
tú	vas a	
él/ella/Vd.	va a	
nosotros/as	vamos a	estudiar
vosotros/as	vais a	
ellos/ellas/Vds.	van a	

Con **ir a** + infinitivo expresamos planes e intenciones.

*Este fin de semana **vamos a ir** al teatro.*

LÉXICO ÚTIL

El cuerpo humano

brazo – cabeza – cara – cuello – dedos
espalda – estómago – garganta – hombro
mano – oído – oreja – pecho – pie
pierna – rodilla

Cuando éramos jóvenes salíamos todos los fines de semana, pero ahora no salimos tanto.

ciento ochenta y uno

UNIDAD 11

1. Pronombres interrogativos.

Invariables

- **Qué** + verbo / nombre

  ¿Qué quieres: un libro o un disco?

  ¿Qué libro quieres

- **Dónde** + verbo

  ¿Dónde estuviste ayer?

- **Cuándo** + verbo

  ¿Cuándo llega tu hermano?

- **Cómo** + verbo

  ¿Cómo están tus padres?

Variables

- **Quién / quiénes** + verbo

  ¿Quién te llamó ayer?

  ¿Quiénes vinieron a tu fiesta?

- **Cuál / cuáles** + verbo

  ¿Cuál te gusta más: el rojo o el verde?

  ¿Cuáles son los más caros?

- **Cuánto / -a / -os / -as** + verbo / nombre

  ¿Cuántos años tienes?

  ¿Cuántas horas trabajas?

  ¿Cuánto cuesta esto?

2. Pretérito indefinido.

▶ El pretérito indefinido se usa cuando queremos expresar una acción pasada, acabada y puntual en un momento determinado del pasado. Se utiliza especialmente en las biografías.

*Carmen **nació** en 1956.*

▶ También se usa para hablar de periodos de tiempo cerrados o acabados.

*Durante los años 80 **se dedicó** a la enseñanza.*

3. Números.

▶ De 1 a 30 tenemos una sola palabra.

*Hay **veinticinco** alumnos en la clase.*

▶ Las centenas tienen forma masculina y femenina.

*Este abrigo cuesta **doscientos** euros.*

*Tiene una finca de **trescientas** hectáreas.*

100 cien.
125 ciento veinticinco.
1.975 mil novecientos setenta y cinco.
20.359 veinte mil trescientos/as cincuenta y nueve.
137.460 ciento treinta y siete mil cuatrocientos/as sesenta.
2.000.000 dos millones.
25% veinticinco por ciento.

4. Fechas.

2/01/1976 dos de enero de mil novecientos setenta y seis.

15/08/05 quince de agosto de dos mil cinco.

LÉXICO ÚTIL

Verbos para biografías

nacer – estudiar – empezar a… – trabajar
actuar – conocer – casarse – tener hijos
trasladarse – divorciarse
ganar/recibir (premios) – morirse

UNIDAD 12

1. Pretérito perfecto.

yo	he
tú	has
él/ella/Vd.	ha
nosotros/as	hemos + participio
vosotros/as	habéis
ellos/ellas/Vdes.	han

Participios regulares

Viajar	Tener	Salir
viaj**ado**	ten**ido**	sal**ido**

Participios irregulares

Ver	visto	Poner	puesto
Hacer	hecho	**Abrir**	abierto
Decir	dicho	**Volver**	vuelto
Escribir	escrito	**Romper**	roto
Morir	muerto		

▶ El pretérito perfecto, que también se llama pretérito perfecto compuesto, se utiliza para hablar de una acción acabada en un pasado reciente o muy reciente. Se usa con marcadores temporales como *hoy, esta mañana, este verano, hace un rato, últimamente…*

*Esta mañana no **he ido** a trabajar.*

▶ También se usa para preguntar e informar sobre experiencias personales.

*¿**Has estado** alguna vez en España?*
*Luisa se **ha casado** tres veces (= a lo largo de toda su vida).*
*Roberto Gómez es famoso porque **ha escrito** muchos libros.*

2. *Hay que* + infinitivo.

▶ Es invariable y sirve para expresar obligaciones generales.
*Para aprobar **hay que** estudiar.*

3. *(No) Se puede* + infinitivo.

▶ Indica permiso y prohibición.

No se puede entrar, está cerrado.

LÉXICO ÚTIL

Actividades cotidianas

> llevar a los niños al colegio – ver la tele
> hacer la compra – planchar la ropa
> tener mucho trabajo – hacer la comida
> tener una reunión – leer el periódico

UNIDAD 13

1. *Me gustaría* + infinitivo.

▶ Para expresar deseos, tanto probables como poco probables, usamos la forma (*me, te, le…*) *gustaría* + infinitivo.

*(A mí) **Me gustaría** vivir en el campo.*
*¿**Te gustaría** ir al concierto del sábado?*
*A Lucía **le gustaría** cambiar de trabajo.*
*A nosotros **nos gustaría** comprar un apartamento en la playa.*
*¿**Os gustaría** ver otra vez "El señor de los anillos"?*
*A mis amigos **les encantaría** tener tres o cuatro hijos.*

2. Futuro imperfecto.

▶ La forma del futuro imperfecto es igual para las tres conjugaciones (**-ar**, **-er**, **-ir**).

Estudiar

yo	estudi**aré**
tú	estudi**arás**
él/ella/Vd.	estudi**ará**
nosotros/as	estudi**aremos**
vosotros/as	estudi**aréis**
ellos/ellas/Vdes.	estudi**arán**

▶ Irregulares más frecuentes.

> **Decir:** diré, dirás, dirá, diremos, diréis, dirán
> **Haber:** habré, habrás, habrá, habremos, habréis, habrán
> **Hacer:** haré, harás, hará, haremos, haréis, harán
> **Tener:** tendré, tendrás, tendrá, tendremos, tendréis, tendrán
> **Poder:** podré, podrás, podrá, podremos, podréis, podrán
> **Poner:** pondré, pondrás, pondrá, pondremos, pondréis, pondrán
> **Salir:** saldré, saldrás, saldrá, saldremos, saldréis, saldrán

▶ Usamos el futuro para hablar de eventos futuros en general, con marcadores como *mañana, el año próximo, la semana próxima, dentro de tres años*, etc.

*El año que viene **habrá** elecciones otra vez.*

▶ Se usa para hacer predicciones.

*Dentro de unos años todo el mundo **tendrá** Internet.*

▶ Para hacer promesas.

*El domingo **te llevaré** al cine.*

▶ Se utiliza frecuentemente en las oraciones condicionales.

*Si salgo pronto del trabajo, **iré** a verte.*

▶ Marcadores temporales de futuro.

Iré a verte	luego / más tarde. el mes próximo / que viene. la semana que viene. dentro de un mes / un año.

3. Condicionales.

▶ Para hablar de condiciones probables usamos *si + presente*.

Si tenemos dinero, compraremos el coche.
Si te gusta viajar, ven con nosotros.
Si podemos, salimos a dar una vuelta.

4. Pronombres de objeto directo e indirecto

Sujeto	Objeto directo	Objeto indirecto
yo	me	me
tú	te	te
él	lo (le)	le (se)
ella	la	le (se)
nosotros/as	nos	nos
vosotros/as	os	os
ellos	los	les (se)
ellas	las	les (se)

<u>Yo</u> he dado <u>un regalo</u> <u>a María</u>
Sujeto　　　　O.D.　　　O.I.

¿<u>Le</u> has dado <u>el regalo</u> <u>a María</u>?
O.I.　　　　　O.D.　　　O.I.

Sí, ya ~~le~~ lo he dado.
　　　　se

▶ El pronombre de objeto directo suele ir antes del verbo.

*¿Dónde están mis gafas?, no **las** veo.*

▶ Si tenemos dos pronombres complemento, primero va el objeto indirecto y luego el objeto directo. El objeto indirecto se convierte en **se**.

*¿Tus gafas?, **se las** he dado a Pedro.*

▶ Con frecuencia el objeto indirecto aparece en forma de pronombre y en forma de nombre.

¿<u>Le</u> has dado <u>a Pedro</u> mis gafas?
O. I.　　　　　O. I.

*¿**Le** has devuelto las llaves del coche **a Olga**?*

*Sí, **se las** di ayer.*

LÉXICO ÚTIL

Habitaciones y muebles

Salón-comedor: mesa – librería – sillón silla – sofá

Dormitorio: cama – alfombra – armario mesita de noche

Cuarto de baño: lavabo – ducha – bañera espejo – váter

Cocina: frigorífico – cocina – horno lavadora

UNIDAD 14

1. Pretérito imperfecto / pretérito indefinido.

▸ Cuando los dos verbos aparecen en la misma frase (o texto), con el pretérito indefinido se expresa la acción principal y con el pretérito imperfecto se expresan las circunstancias (o causas) donde se da la acción principal.

*Cuando **venía** del trabajo me **encontré** con Roberto.*
*Roberto **se fue** de su casa porque **se llevaba** mal con su padre.*

2. Superlativos.

Relativo

El / la / los / las + más / menos + adjetivo + de / que
*Marina es **la más joven de** las hermanas.*
*Es **el hombre más simpático que** conozco.*

Absoluto

a. Muy + adjetivo.
b. Raíz del adjetivo + -ísimo.
*Nuria es **muy simpática** y su marido es **educadísimo**.*

| rico | ⇒ | riquísimo | cerca | ⇒ | cerquísima |
| amable | ⇒ | amabilísimo | lejos | ⇒ | lejísimos |

LÉXICO ÚTIL

Medios de transporte

autobús – bicicleta – autocar
metro – moto – taxi – tren – avión
barco – andando

Expresiones de lugar

delante de – enfrente de – en la esquina
en el cruce – detrás de – al lado de
a la derecha de – a la izquierda de
cerca de – lejos de

UNIDAD 15

1. Indefinidos.

Invariables

• Para personas: *alguien, nadie*.
*¿Ha llamado **alguien**?*
*No, esta mañana no ha llamado **nadie**.*

• Para cosas: *algo, nada*.
*¿Quiere usted tomar **algo**?*
*No, gracias, no me apetece **nada**.*

Variables

• Para personas y cosas:
algún / alguno / -a / -os / -as
ningún / ninguno / -a

*¿Tienes **alguna** revista de coches?*
*No, no tengo **ninguna**.*

Algún(o) y *ningún(o)* pierden la *-o* delante de un nombre masculino singular.
*A. ¿Te queda **algún** bocadillo de jamón?*
*B. No, de jamón no tengo **ninguno**.*
*No queda **ningún** sitio libre.*

2. Expresión de la impersonalidad

▸ Se utiliza la forma impersonal pasiva cuando no se conoce el sujeto o no es importante.

▸ Se usa para hablar de hechos generales.

*En España **se cena** a las diez de la noche.*

▸ Y también se usa muy frecuentemente en instrucciones de todo tipo, para recetas, instrucciones de empleo de aparatos, etc.

*Para utilizar este aparato, primero **se enchufa** a la red eléctrica y luego **se aprieta** el botón verde.*

▶ El verbo tiene que concordar con el sujeto (pasivo) en plural.

Antes de nada, se limpian los calamares y se trocean.

LÉXICO ÚTIL

Ingredientes de cocina básica

cebolla — tomate — pimiento
azafrán — ajo
guisantes — mejillones — aceite de oliva
gambas — judías verdes — calamar

Verbos de cocina básica

cocer – picar – freír – trocear – machacar
lavar – añadir – servir – revolver
mezclar – reposar

En el bar / restaurante

camarero/a – aperitivo – tapa – comida
merienda – desayuno – refrescos
primer plato – segundo plato postre – café
solo – café con leche
té con limón – tostadas – churros
chocolate – cuenta

UNIDAD 16

1. Imperativo afirmativo y negativo.

▶ Se usa el imperativo para dar órdenes e instrucciones.

Antes de tomar el sol, póngase crema protectora.

▶ Pedir un favor.

Rosa, compra tú el pan, yo no puedo.

▶ Se usa también en la publicidad.

No lo dude, compre aquí.

Forma de los imperativos regulares: ver tabla de verbos, página 191.

▶ Los imperativos irregulares tienen la misma irregularidad que los presentes irregulares.

Infinitivo	Presente	Imperativo
Dormir	d**ue**rmo	d**ue**rme (tú), d**ue**rma (Vd.) no d**ue**rmas…
Salir	salgo	sal (tú), salga (Vd.) no salgas tú…
Poner	pongo	pon (tú), ponga (Vd.) no pongas…

▶ Imperativo + pronombres.

• Imperativo afirmativo. Los pronombres personales van después del verbo y junto a él.

¡Rafa, siéntate!

Nuria, ¿dónde están los caramelos? ¡dámelos!

> David, **bájate** de la silla; Laura, **no le pegues** a Iván. Mohammed, **no pintes** en la pared; Li, **siéntate**.

186 ciento ochenta y seis

- **Imperativo negativo.** Los pronombres van delante del verbo.

  *Lucía, **no te sientes** ahí.*
  *Roberto, ahora no puedo ver tu cuaderno, **no me lo des**.*

2. *Estar* + adjetivo.

▸ Se usa el verbo *estar* siempre con algunos adjetivos que significan estados de ánimo: *deprimido, enfermo, harto, enfadado, enamorado, preocupado.*

*Creo que la profesora **está enfadada** con nosotros por algo.*

▸ Con muchos otros adjetivos podemos usar *ser* para indicar una valoración del sujeto o *estar* para hablar de algo temporal.

*Manu **es** guapo, ¿verdad?*
*Manu hoy **está** más guapo que ayer.*

▸ Otras veces el uso de *ser* o *estar* cambia por completo el significado.

*Manu **es listo**, ¿no te parece?* (= inteligente)
*Manu, ¿**estás listo** para salir?* (= preparado)

3. *Espero que* + subjuntivo.

▸ Se usa el subjuntivo en oraciones subordinadas dependientes de verbos de deseo como *quiero, espero, deseo, necesito*.

*(Yo) **espero que** (tú) **descanses** bien.*

▸ Si el sujeto del verbo principal (*espero*) y el del verbo subordinado (*descansar*) es el mismo, entonces usamos el infinitivo.

*(Yo) **espero descansar** bien esta noche.*

▸ Se utiliza en fórmulas de cortesía para expresar buenos deseos. En este caso no aparece el verbo principal (*deseo*).

*(Deseo) ¡**Que tengas** buen viaje!*
*¡**Que seáis** felices!*

▸ Forma del presente de subjuntivo.

Trabajar	**Comer**	**Vivir**
trabaj**e**	com**a**	viv**a**
trabaj**es**	com**as**	viv**as**
trabaj**e**	com**a**	viv**a**
trabaj**emos**	com**amos**	viv**amos**
trabaj**éis**	com**áis**	viv**áis**
trabaj**en**	com**an**	viv**an**

▸ Las irregularidades del presente de subjuntivo son las mismas que las del presente de indicativo. Algunas formas son también las del imperativo.

Infinitivo	**Presente indic.**	**Presente subj.**
Tener	tengo	teng**a**, teng**as**, teng**a**, teng**amos**, teng**áis**, teng**an**.
Poder	puedo	pued**a**, pued**as**, pued**a**, pod**amos**, pod**áis**, pued**an**.
Poner	pongo	pong**a**, pong**as**, pong**a**, pong**amos**, pong**áis**, pong**an**.

LÉXICO ÚTIL

Estados de ánimo

enamorado – contento – preocupado
harto – animado – deprimido – enfadado
cansado – enfermo – de buen / mal humor

Estado de las cosas

lleno – vacío – sucio – limpio – abierto
cerrado – reservado – roto – viejo – libre
caliente – frío – ocupado – desordenado

¿Por qué no te tomas el café?

Es que está muy caliente.

UNIDAD 17

1. *Estaba* + gerundio.

▸ La forma *estaba* + gerundio describe una acción en desarrollo en el pasado.

*Ayer a las cuatro de la tarde todavía **estaba comiendo**.*

▸ Se utiliza junto al pretérito indefinido cuando una acción puntual interrumpe la acción en desarrollo.

*Cuando **estábamos comiendo**, **sonó** el teléfono.*

Estar (imperfecto) + gerundio

yo	estaba	
tú	estabas	
él/ella/Vd.	estaba	comiendo
nosotros/as	estábamos	
vosotros/as	estabais	
ellos/ellas/Vdes.	estaban	

2. Pretérito pluscuamperfecto.

▸ Se forma con el pretérito imperfecto del verbo *haber* y un participio.

Haber (imperfecto) + participio

yo	había	
tú	habías	
él/ella/Vd.	había	comprado
nosotros/as	habíamos	
vosotros/as	habíais	
ellos/as/Vdes.	habían	

▸ El pretérito pluscuamperfecto se utiliza para expresar acciones pasadas que son anteriores a otras.

*Cuando llegué a casa, mi hermana ya **había salido**.*
*Ayer le di el anillo que **había comprado** en París el verano pasado.*

▸ También se utiliza en el estilo indirecto.

*Me dijo que se **había divorciado** de Ana.*

3. Estilo indirecto.

▸ Utilizamos el estilo indirecto para informar de lo que otra persona ha dicho, sin citar sus palabras exactas.

Estilo **directo**: (Yo) *Quiero visitar España.*
Estilo **indirecto**: (Él) *Dijo que quería visitar España.*

▸ Al repetir la información hay que cambiar algunos elementos de la frase, como los pronombres y el verbo.

ESTILO DIRECTO	ESTILO INDIRECTO
...dijo...	...me dijo que...
Presente	**Indefinido**
"**vivo** en Cádiz"	...**vivía** en Cádiz
Indefinido	**Pluscuamperfecto**
"**estudié** medicina"	...**había estudiado** medicina
Imperfecto	**Imperfecto**
"antes **veía** bien"	...antes **veía** bien
Pretérito perfecto	**Pluscuamperfecto**
"**he ganado** un premio"	...**había ganado** un premio
Futuro	**Condicional**
"**estaré** esperando"	...**estaría** esperando

4. Preguntas en estilo indirecto.

▸ Se mantienen las mismas reglas que en las oraciones enunciativas.

Juan me preguntó: "¿Te gustó la película?"
Juan me preguntó que si me había gustado la película.

▸ En preguntas con pronombre interrogativo, se mantiene el interrogativo.

"¿Dónde estuviste?"
Me preguntó que dónde había estado.

▸ En preguntas sin interrogativos, utilizamos la conjunción "si".

"¿Has leído El Quijote?"
Me preguntó que si había leído El Quijote.

LÉXICO ÚTIL

Profesiones

mecánico – profesor/a – periodista
dependiente/a – conductor/a de autobús
guía turístico/a – enfermero/a – cocinero/a
peluquero/a – programador/a – pintor/a

Lugares de trabajo

hospital – oficina – empresa – colegio
taller en casa – periódico – restaurante
peluquería – tienda

Secciones de un periódico

> nacionales – internacionales – locales
> sucesos – anuncios – cartelera – editorial
> economía – deportes – cartas al director

UNIDAD 18

1. *Llevar* + gerundio.

Llevar (presente) + gerundio

yo	llevo
tú	llevas
él/ella/Vd.	lleva + viviendo
nosotros/as	llevamos
vosotros/as	lleváis
ellos/ellas/Vdes.	llevan

▸ Se utiliza la expresión *llevar* + gerundio para expresar actividades que empezaron en el pasado y continúan en el presente. Normalmente expresamos la duración de la acción.

Llevo estudiando español más de dos años.

▸ Cuando hablamos de *vivir* o *trabajar*, es normal suprimir el gerundio (*viviendo* o *trabajando*).

A. *¿Cuánto tiempo llevas en este hospital?*
B. *Tres meses.*

2. Pretérito indefinido / pretérito perfecto.

▸ En el español peninsular, usamos el pretérito perfecto para hablar de actividades (y estados) acabadas que llegan hasta el presente. Se utiliza con marcadores como *hoy, esta semana, este mes, estas vacaciones, este año, últimamente*.

Este año hemos vendido menos coches que el año pasado. (en diciembre)
¡Profesor, ya he terminado los ejercicios! (ahora mismo)

▸ El pretérito indefinido se utiliza para hablar de acciones acabadas en un momento determinado del pasado. Lo usamos con marcadores como *ayer, la semana pasada, el lunes / viernes… pasado, el año pasado, hace dos / ocho meses…*

▸ En la conversación es muy frecuente mezclar ambos tiempos. El pretérito perfecto se utiliza preferentemente en preguntas, cuando el hablante no conoce el contexto temporal, o con uno de los marcadores de pretérito perfecto. El pretérito indefinido se utiliza siempre con un contexto temporal claro, explícito o no.

A. *¿Has llamado a tu madre?*
B. *Sí, la llamé ayer por la tarde.*
A. *¿Qué has hecho estas vacaciones?*
B. *Nada especial. En julio fui a la playa con mi familia y en agosto estuve aquí, en Barcelona.*

LÉXICO ÚTIL

Adjetivos de opinión

> divertido/a – raro/a – interesante
> aburrido/a – maravilloso/a – horrible
> estúpido/a – desagradable – original
> emocionante – precioso/a – romántico/a

Tipos de películas

> policíaca – comedia – ciencia-ficción
> terror – guerra – acción – oeste – musical

Verbos regulares e irregulares

VERBOS REGULARES

TRABAJAR

Presente ind.	Pret. indefinido	Pret. imperfecto	Futuro	Pret. perfecto
trabajo	trabajé	trabajaba	trabajaré	he trabajado
trabajas	trabajaste	trabajabas	trabajarás	has trabajado
trabaja	trabajó	trabajaba	trabajará	ha trabajado
trabajamos	trabajamos	trabajábamos	trabajaremos	hemos trabajado
trabajáis	trabajasteis	trabajabais	trabajaréis	habéis trabajado
trabajan	trabajaron	trabajaban	trabajarán	han trabajado

Pret. pluscuamperfecto	Imperativo afirmativo/negativo	Presente de subjuntivo
había trabajado	trabaja / no trabajes (tú)	trabaje
habías trabajado	trabaje / no trabaje (Vd.)	trabajes
había trabajado	trabajad / no trabajéis (vosotros)	trabaje
habíamos trabajado	trabajen / no trabajen (Vdes.)	trabajemos
habíais trabajado		trabajéis
habían trabajado		trabajen

COMER

Presente ind.	Pret. indefinido	Pret. imperfecto	Futuro	Pret. perfecto
como	comí	comía	comeré	he comido
comes	comiste	comías	comerás	has comido
come	comió	comía	comerá	ha comido
comemos	comimos	comíamos	comeremos	hemos comido
coméis	comisteis	comíais	comeréis	habéis comido
comen	comieron	comían	comerán	han comido

Pret. pluscuamperfecto	Imperativo afirmativo/negativo	Presente de subjuntivo
había comido	come / no comas (tú)	coma
habías comido	coma / no coma (Vd.)	comas
había comido	comed / no comáis (vosotros)	coma
habíamos comido	coman / no coman (Vdes.)	comamos
habíais comido		comáis
habían comido		coman

VIVIR

Presente ind.	Pret. indefinido	Pret. imperfecto	Futuro	Pret. perfecto
viv**o**	viv**í**	viv**ía**	viv**iré**	he viv**ido**
viv**es**	viv**iste**	viv**ías**	viv**irás**	has viv**ido**
viv**e**	viv**ió**	viv**ía**	viv**irá**	ha viv**ido**
viv**imos**	viv**imos**	viv**íamos**	viv**iremos**	hemos viv**ido**
viv**ís**	viv**isteis**	viv**íais**	viv**iréis**	habéis viv**ido**
viv**en**	viv**ieron**	viv**ían**	viv**irán**	han viv**ido**

Pret. pluscuamperfecto	Imperativo afirmativo/negativo	Presente de subjuntivo
había viv**ido**	viv**e** / no viv**as** (tú)	viv**a**
habías viv**ido**	viv**a** / no viv**a** (Vd.)	viv**as**
había viv**ido**	viv**id** / no viv**áis** (vosotros)	viv**a**
habíamos viv**ido**	viv**an** / no viv**an** (Vdes.)	viv**amos**
habíais viv**ido**		viv**áis**
habían viv**ido**		viv**an**

VERBOS IRREGULARES

ACORDAR(SE)

Presente ind.	Pret. indefinido	Futuro	Imperativo	Presente sub.
(me) acuerdo	acordé	acordaré	acuérda(te) (tú)	acuerde
(te) acuerdas	acordaste	acordarás	acuérde(se) (Vd.)	acuerdes
(se) acuerda	acordó	acordará	acorda(os) (vosotros)	acuerde
(nos) acordamos	acordamos	acordaremos	acuérden(se) (Vdes.)	acordemos
(os) acordáis	acordasteis	acordaréis		acordéis
(se) acuerdan	acordaron	acordarán		acuerden

ACOSTAR(SE)

Presente ind.	Pret. indefinido	Futuro	Imperativo	Presente sub.
(me) acuesto	acosté	acostaré	acuésta(te) (tú)	acueste
(te) acuestas	acostaste	acostarás	acuéste(se) (Vd.)	acuestes
(se) acuesta	acostó	acostará	acosta(os) (vosotros)	acueste
(nos) acostamos	acostamos	acostaremos	acuésten(se) (Vdes.)	acostemos
(os) acostáis	acostasteis	acostaréis		acostéis
(se) acuestan	acostaron	acostarán		acuesten

ANDAR

Presente ind.	Pret. indefinido	Futuro	Imperativo	Presente sub.
ando	anduve	andaré	anda (tú)	ande
andas	anduviste	andarás	ande (Vd.)	andes
anda	anduvo	andará	andad (vosotros)	ande
andamos	anduvimos	andaremos	anden (Vdes.)	andemos
andáis	anduvisteis	andaréis		andéis
andan	anduvieron	andarán		anden

APROBAR

Presente ind.	Pret. indefinido	Futuro	Imperativo	Presente sub.
apruebo	aprobé	aprobaré	aprueba (tú)	apruebe
apruebas	aprobaste	aprobarás	apruebe (Vd.)	apruebes
aprueba	aprobó	aprobará	aprobad (vosotros)	apruebe
aprobamos	aprobamos	aprobaremos	aprueben (Vdes.)	aprobemos
aprobáis	aprobasteis	aprobaréis		aprobéis
aprueban	aprobaron	aprobarán		aprueben

CERRAR

Presente ind.	Pret. indefinido	Futuro	Imperativo	Presente sub.
cierro	cerré	cerraré	cierra (tú)	cierre
cierras	cerraste	cerrarás	cierre (Vd.)	cierres
cierra	cerró	cerrará	cerrad (vosotros)	cierre
cerramos	cerramos	cerraremos	cierren (Vdes.)	cerremos
cerráis	cerrasteis	cerraréis		cerréis
cierran	cerraron	cerrarán		cierren

CONOCER

Presente ind.	Pret. indefinido	Futuro	Imperativo	Presente sub.
conozco	conocí	conoceré	conoce (tú)	conozca
conoces	conociste	conocerás	conozca (Vd.)	conozcas
conoce	conoció	conocerá	conoced (vosotros)	conozca
conocemos	conocimos	conoceremos	conozcan (Vdes.)	conozcamos
conocéis	conocisteis	conoceréis		conozcáis
conocen	conocieron	conocerán		conozcan

DAR

Presente ind.	Pret. indefinido	Futuro	Imperativo	Presente sub.
doy	di	daré	da (tú)	dé
das	diste	darás	dé (Vd.)	des
da	dio	dará	dad (vosotros)	dé
damos	dimos	daremos	den (Vdes.)	demos
dais	disteis	daréis		deis
dan	dieron	darán		den

DECIR

Presente ind.	Pret. indefinido	Futuro	Imperativo	Presente sub.
digo	dije	diré	di (tú)	diga
dices	dijiste	dirás	diga (Vd.)	digas
dice	dijo	dirá	decid (vosotros)	diga
decimos	dijimos	diremos	digan (Vdes.)	digamos
decís	dijisteis	diréis		digáis
dicen	dijeron	dirán		digan

DESPERTAR(SE)

Presente ind.	Pret. indefinido	Futuro	Imperativo	Presente sub.
(me) despierto	desperté	despertaré	despierta (tú)	despierte
(te) despiertas	despertaste	despertarás	despierte (Vd.)	despiertes
(se) despierta	despertó	despertará	desperta(os) (vosotros)	despierte
(nos) despertamos	despertamos	despertaremos	despierten (Vdes.)	despertemos
(os) despertáis	despertasteis	despertaréis		despertéis
(se) despiertan	despertaron	despertarán		despierten

DIVERTIR(SE)

Presente ind.	Pret. indefinido	Futuro	Imperativo	Presente sub.
(me) divierto	divertí	divertiré	diviérte(te) (tú)	divierta
(te) diviertes	divertiste	divertirás	diviérta(se) (Vd.)	diviertas
(se) divierte	divirtió	divertirá	divertí(os) (vosotros)	divierta
(nos) divertimos	divertimos	divertiremos	diviértan(se) (Vdes.)	divirtamos
(os) divertís	divertisteis	divertiréis		divirtáis
(se) divierten	divirtieron	divertirán		diviertan

DORMIR

Presente ind.	Pret. indefinido	Futuro	Imperativo	Presente sub.
duermo	dormí	dormiré	duerme (tú)	duerma
duermes	dormiste	dormirás	duerma (Vd.)	duermas
duerme	durmió	dormirá	dormid (vosotros)	duerma
dormimos	dormimos	dormiremos	duerman (Vdes.)	durmamos
dormís	dormisteis	dormiréis		durmáis
duermen	durmieron	dormirán		duerman

EMPEZAR

Presente ind.	Pret. indefinido	Futuro	Imperativo	Presente sub.
empiezo	empecé	empezaré	empieza (tú)	empiece
empiezas	empezaste	empezarás	empiece (Vd.)	empieces
empieza	empezó	empezará	empezad (vosotros)	empiece
empezamos	empezamos	empezaremos	empiecen (Vdes.)	empecemos
empezáis	empezasteis	empezaréis		empecéis
empiezan	empezaron	empezarán		empiecen

ENCONTRAR

Presente ind.	Pret. indefinido	Futuro	Imperativo	Presente sub.
encuentro	encontré	encontraré	encuentra (tú)	encuentre
encuentras	encontraste	encontrarás	encuentre (Vd.)	encuentres
encuentra	encontró	encontrará	encontrad (vosotros)	encuentre
encontramos	encontramos	encontraremos	encuentren (Vdes.)	encontremos
encontráis	encontrasteis	encontraréis		encontréis
encuentran	encontraron	encontrarán		encuentren

ESTAR

Presente ind.	Pret. indefinido	Futuro	Imperativo	Presente sub.
estoy	estuve	estaré	está / no estés (tú)	esté
estás	estuviste	estarás	esté / no esté (Vd.)	estés
está	estuvo	estará	estad / no estéis (vosotros)	esté
estamos	estuvimos	estaremos	estén / no estén(Vdes.)	estemos
estáis	estuvisteis	estaréis		estéis
están	estuvieron	estarán		estén

HACER

Presente ind.	Pret. indefinido	Futuro	Imperativo	Presente sub.
hago	hice	haré	haz / no hagas (tú)	haga
haces	hiciste	harás	haga / no haga (Vd.)	hagas
hace	hizo	hará	haced / no hagáis (vosotros)	haga
hacemos	hicimos	haremos	hagan / no hagan (Vdes.)	hagamos
hacéis	hicisteis	haréis		hagáis
hacen	hicieron	harán		hagan

HABER

Presente ind.	Pret. indefinido	Futuro	Imperativo	Presente sub.
he	hube	habré	he / no hayas (tú)	haya
has	hubiste	habrás	haya / no haya (Vd.)	hayas
ha	hubo	habrá	habed / no hayáis (vosotros)	haya
hemos	hubimos	habremos	hayan / no hayan (Vdes.)	hayamos
habéis	hubisteis	habréis		hayáis
han	hubieron	habrán		hayan

IR

Presente ind.	Pret. indefinido	Futuro	Imperativo	Presente sub.
voy	fui	iré	ve / no vayas (tú)	vaya
vas	fuiste	irás	vaya / no vaya (Vd.)	vayas
va	fue	irá	id / no vayáis (vosotros)	vaya
vamos	fuimos	iremos	vayan / no vayan (Vdes.)	vayamos
vais	fuisteis	iréis		vayáis
van	fueron	irán		vayan

JUGAR

Presente ind.	Pret. indefinido	Futuro	Imperativo	Presente sub.
juego	jugué	jugaré	juega / no juegues (tú)	juegue
juegas	jugaste	jugarás	juegue / no juegue(Vd.)	juegues
juega	jugó	jugará	jugad / no juguéis (vosotros)	juegue
jugamos	jugamos	jugaremos	jueguen / no jueguen (Vdes.)	juguemos
jugáis	jugasteis	jugaréis		juguéis
juegan	jugaron	jugarán		jueguen

LEER

Presente ind.	Pret. indefinido	Futuro	Imperativo	Presente sub.
leo	leí	leeré	lee /no leas (tú)	lea
lees	leíste	leerás	lea / no lea (Vd.)	leas
lee	leyó	leerá	leed / no leáis (vosotros)	lea
leemos	leímos	leeremos	lean / no lean (Vdes.)	leamos
leéis	leísteis	leeréis		leáis
leen	leyeron	leerán		lean

OÍR

Presente ind.	Pret. indefinido	Futuro	Imperativo	Presente sub.
oigo	oí	oiré	oye / no oigas (tú)	oiga
oyes	oíste	oirás	oiga / no oiga (Vd.)	oigas
oye	oyó	oirá	oíd / no oigáis (vosotros)	oiga
oímos	oímos	oiremos	oigan / no oigan (Vdes.)	oigamos
oís	oísteis	oiréis		oigáis
oyen	oyeron	oirán		oigan

PEDIR

Presente ind.	Pret. indefinido	Futuro	Imperativo	Presente sub.
pido	pedí	pediré	pide / no pidas (tú)	pida
pides	pediste	pedirás	pida / no pida (Vd.)	pidas
pide	pidió	pedirá	pedid / no pidáis (vosotros)	pida
pedimos	pedimos	pediremos	pidan / no pidan (Vdes.)	pidamos
pedís	pedisteis	pediréis		pidáis
piden	pidieron	pedirán		pidan

PREFERIR

Presente ind.	Pret. indefinido	Futuro	Imperativo	Presente sub.
prefiero	preferí	preferiré	prefiere / no prefieras (tú)	prefiera
prefieres	preferiste	preferirás	prefiera / no prefiera (Vd.)	prefieras
prefiere	prefirió	preferirá	preferid / no prefiráis (vosotros)	prefiera
preferimos	preferimos	preferiremos	prefieran / no prefieran (Vdes.)	prefiramos
preferís	preferisteis	preferiréis		prefiráis
prefieren	prefirieron	preferirán		prefieran

PODER

Presente ind.	Pret. indefinido	Futuro	Imperativo	Presente sub.
puedo	pude	podré	puede / no puedas (tú)	pueda
puedes	pudiste	podrás	pueda / no pueda (Vd.)	puedas
puede	pudo	podrá	poded / no podáis (vosotros)	pueda
podemos	pudimos	podremos	puedan / no puedan (Vdes.)	podamos
podéis	pudisteis	podréis		podáis
pueden	pudieron	podrán		puedan

PONER

Presente ind.	Pret. indefinido	Futuro	Imperativo	Presente sub.
pongo	puse	pondré	pon / no pongas (tú)	ponga
pones	pusiste	pondrás	ponga / no ponga (Vd.)	pongas
pone	puso	pondrá	poned / no pongáis (vosotros)	ponga
ponemos	pusimos	pondremos	pongan / no pongan (Vdes.)	pongamos
ponéis	pusisteis	pondréis		pongáis
ponen	pusieron	pondrán		pongan

QUERER

Presente ind.	Pret. indefinido	Futuro	Imperativo	Presente sub.
quiero	quise	querré	quiere / no quieras (tú)	quiera
quieres	quisiste	querrás	quiera / no quiera (Vd.)	quieras
quiere	quiso	querrá	quered / no queráis (vosotros)	quiera
queremos	quisimos	querremos	quieran / no quieran (Vdes.)	queramos
queréis	quisisteis	querréis		queráis
quieren	quisieron	querrán		quieran

RECORDAR

Presente ind.	Pret. indefinido	Futuro	Imperativo	Presente sub.
recuerdo	recordé	recordaré	recuerda / no recuerdes (tú)	recuerde
recuerdas	recordaste	recordarás	recuerde / no recuerde (Vd.)	recuerdes
recuerda	recordó	recordará	recordad / no recordéis (vosotros)	recuerde
recordamos	recordamos	recordaremos	recuerden / no recuerden (Vdes.)	recordemos
recordáis	recordasteis	recordaréis		recordéis
recuerdan	recordaron	recordarán		recuerden

SABER

Presente ind.	Pret. indefinido	Futuro	Imperativo	Presente sub.
sé	supe	sabré	sabe / no sepas (tú)	sepa
sabes	supiste	sabrás	sepa / no sepa (Vd.)	sepas
sabe	supo	sabrá	sabed / no sepáis (vosotros)	sepa
sabemos	supimos	sabremos	sepan / no sepan (Vdes.)	sepamos
sabéis	supisteis	sabréis		sepáis
saben	supieron	sabrán		sepan

SALIR

Presente ind.	Pret. indefinido	Futuro	Imperativo	Presente sub.
salgo	salí	saldré	sal / no salgas (tú)	salga
sales	saliste	saldrás	salga / no salga (Vd.)	salgas
sale	salió	saldrá	salid / no salgáis (vosotros)	salga
salimos	salimos	saldremos	salgan / no salgan (Vdes.)	salgamos
salís	salisteis	saldréis		salgáis
salen	salieron	saldrán		salgan

SEGUIR

Presente ind.	Pret. indefinido	Futuro	Imperativo	Presente sub.
sigo	seguí	seguiré	sigue / no sigas (tú)	siga
sigues	seguiste	seguirás	siga / no siga (Vd.)	sigas
sigue	siguió	seguirá	seguid / no sigáis (vosotros)	siga
seguimos	seguimos	seguiremos	sigan / no sigan (Vdes.)	sigamos
seguís	seguisteis	seguiréis		sigáis
siguen	siguieron	seguirán		sigan

SER

Presente ind.	Pret. indefinido	Futuro	Imperativo	Presente sub.
soy	fui	seré	sé / no seas (tú)	sea
eres	fuiste	serás	sea / no sea (Vd.)	seas
es	fue	será	sed / no seáis (vosotros)	sea
somos	fuimos	seremos	sean / no sean (Vdes.)	seamos
sois	fuisteis	seréis		seáis
son	fueron	serán		sean

SERVIR

Presente ind.	Pret. indefinido	Futuro	Imperativo	Presente sub.
sirvo	serví	serviré	sirve / no sirvas (tú)	sirva
sirves	serviste	servirás	sirva / no sirva (Vd.)	sirvas
sirve	sirvió	servirá	servid / no sirváis (vosotros)	sirva
servimos	servimos	serviremos	sirvan / no sirvan (Vdes.)	sirvamos
servís	servisteis	serviréis		sirváis
sirven	sirvieron	servirán		sirvan

TRADUCIR

Presente ind.	Pret. indefinido	Futuro	Imperativo	Presente sub.
traduzco	traduje	traduciré	traduce / no traduzcas (tú)	traduzca
traduces	tradujiste	traducirás	traduzca / no traduzca (Vd.)	traduzcas
traduce	tradujo	traducirá	traducid / no traduzcáis (vosotros)	traduzca
traducimos	tradujimos	traduciremos	traduzcan / no traduzcan (Vdes.)	traduzcamos
traducís	tradujisteis	traduciréis		traduzcáis
traducen	tradujeron	traducirán		traduzcan

VENIR

Presente ind.	Pret. indefinido	Futuro	Imperativo	Presente sub.
vengo	vine	vendré	ven / no vengas (tú)	venga
vienes	viniste	vendrás	venga / no venga (Vd.)	vengas
viene	vino	vendrá	venid / no vengáis (vosotros)	venga
venimos	vinimos	vendremos	vengan / no vengan (Vdes.)	vengamos
venís	vinisteis	vendréis		vengáis
vienen	vinieron	vendrán		vengan

Transcripciones

UNIDAD 0

6. Pista 4

R-O-M-E-R-O
D-Í-A-Z
G-O-N-Z-A-L-V-O
R-I-B-E-R-A
G-I-M-É-N-E-Z
P-A-D-Í-N

UNIDAD 1

A. ¡Encantado!

4. Pista 7

LUIS: ¡Hola, Eva!, ¿qué tal?
EVA: Bien, ¿y tú?
LUIS: Muy bien. Mira, este es Roberto, un compañero nuevo.
EVA: ¡Hola! ¡Encantada! ¿De dónde eres?
ROBERTO: Soy cubano.

C. ¿Cuál es tu número de teléfono?

2. Pista 11

1. uno / 3. tres / 6. seis / 8. ocho / 9. nueve.

4. Pista 12

UNO
A. María, ¿cuál es tu número de teléfono?
B. El 936 547 832
A. ¿Puedes repetir?
B. 9 3 6 5 4 7 8 3 2.
A. Gracias.

DOS
A. Jorge, ¿me das tu teléfono?
B. Sí, es el 945 401 832.
A. Gracias.

TRES
A. Marina, ¿cuál es tu número de teléfono?
B. Mi móvil es el 686 52 61 36
A. ¿Y el de tu casa?
B. Sí, es el 91 539 82 67.
A. Vale, gracias.

CUATRO
A. Información, dígame.
B. ¿Puede decirme el teléfono del aeropuerto de Barajas?
A. Sí, tome nota, es el 902 353 570
B. ¿Puede repetir?
A. Sí, 9 0 2 3 5 3 5 7 0.
B. Gracias.

CINCO
A. Información, dígame.
B. ¿Puede decirme el teléfono de la Cruz Roja?
A. Sí, tome nota, es el 9 1 5 3 3 6 6 6 5.
B. ¿Puede repetir?
A. Sí, 9 1 5 3 3 6 6 6 5.

SEIS
A. Información, dígame.
B. Buenos días, ¿puede decirme el teléfono de Radio-taxi?
A. Tome nota, por favor.
   El número solicitado es: 9 1 4 0 5 1 2 1 3. El número solicitado es 9 1 4 0 5 1 2 1 3.

7. Pista 14

15	1	4	20	8	7
3	11	5	6	14	9
18	19	2	13	16	

8. Pista 15

FELIPE: ¡Buenas tardes!
ROSA: ¡Hola!, ¿qué deseas?
FELIPE: Quiero apuntarme al gimnasio.
ROSA: Tienes que darme tus datos. A ver, ¿cómo te llamas?

Felipe:	Felipe Martínez.
Rosa:	¿Y de segundo apellido?
Felipe:	Franco.
Rosa:	¿Dónde vives?
Felipe:	En la calle Goya, número ochenta y siete, tercero izquierda.
Rosa:	¿Teléfono?
Felipe:	686 055 097
Rosa:	¿Profesión?
Felipe:	Profesor.
Rosa:	Bueno, ya está; el precio es…

D. Autoevaluación

3. Pista 16

Uno: Martínez; dos: Romero; tres: Marín; cuatro: Serrano; cinco: López; seis: Moreno; siete: Jiménez; ocho: Pérez; nueve: Díaz; diez: Martín; once: Vargas; doce: García; trece: Díez.

UNIDAD 2

C. ¿Qué hora es?

2. Pista 19

Las doce y cinco
Las ocho menos veinte
Las doce y diez
Las cinco y media
La una menos cuarto

7. Pista 20

24. veinticuatro / 40. cuarenta / 70. setenta / 90. noventa/ 300. trescientos/as / 400. cuatrocientos/as.

8. Pista 21

2. Dos
25. Veinticinco
50. Cincuenta
37. Treinta y siete
323. Trescientos veintitrés
135. Ciento treinta y cinco
850. Ochocientos cincuenta
1.589 Mil quinientos ochenta y nueve
1.998 Mil novecientos noventa y ocho
1.985 Mil novecientos ochenta y cinco

9. Pista 22

DIÁLOGO 1
Profesora:	¡Hola!, Clara, ¿cuántos años tienes?
Clara:	Doce.

DIÁLOGO 2
Cliente:	¿Cuánto son las naranjas?
Dependiente:	Uno con diez.

DIÁLOGO 3
Cliente:	¿Cuánto es el paquete de café?
Dependiente:	Uno treinta.

DIÁLOGO 4
Mujer:	¿En qué año nació usted?
Hombre:	En mil novecientos cuarenta y siete.

DIÁLOGO 5
1.ª persona:	¿Por favor, cuántos kilómetros hay entre Madrid y Barcelona?
2.ª persona:	Seiscientos cincuenta.

DIÁLOGO 6
Cliente:	Por favor, ¿cuánto es el café y la cerveza?
Camarero:	Tres euros.

D. Autoevaluación

5. Pista 25

Salidas:
– El tren Altaria exprés, situado en el andén n.º 3 con destino Zaragoza, efectuará su salida a las 15.35.
– El tren Talgo con destino Málaga, situado en el andén n.º 6 saldrá dentro de 15 minutos, a las 14.30.
– El AVE con destino Sevilla sale a las diez en punto del andén n.º 2.

Llegadas:
– El AVE procedente de Sevilla tiene su llegada a las 20 horas en el andén n.º 11.
– El Alaris procedente de Valencia efectuará su entrada por el andén n.º 8 a las 16.45 horas.
– El tren Talgo procedente de Vigo hará su entrada en el andén n.º 4 a las 17 horas.

UNIDAD 3

A. Rosa se levanta a las siete

4. Pista 26

- A. Y tú, Juan, ¿a qué hora te levantas?
- B. Bueno, yo me levanto pronto, a las siete, más o menos, me ducho rápidamente, tomo un café y salgo de casa.
- A. Y tu mujer, ¿a qué hora se levanta?
- B. Pues a las siete y media.
- A. ¿Y tus hijos?
- B. Bueno, ellos se levantan a las ocho, se duchan, desayunan y se van al colegio, porque entran a las nueve.
- A. ¿Y los días de fiesta también os levantáis todos temprano?
- B. ¡Ah, no, ni hablar, los domingos nos levantamos a las diez, porque claro, el sábado nos acostamos más tarde.

C. ¿Qué desayunas?

4. Pista 27

1. A: Olga, ¿qué se desayuna en Rusia?
   OLGA: Bueno, generalmente tomamos un bocadillo de pan negro, mantequilla y queso. Y para beber, té, café o café con leche.

2. A: Rabah, ¿qué se desayuna en Siria?
   RABAH: La gente toma té verde y pan con aceite y aceitunas negras. También toman mucho queso fresco con aceite. Algunos toman café con leche, claro.

3. A: Yi, ¿qué desayuna la gente en China?
   YI: China es muy grande, pero en el sur se toma una sopa de arroz con algo parecido a los churros. Los niños toman leche de soja. En el norte algunas personas toman leche de vaca o yogur, sobre todo los jóvenes. También se toman unas empanadas al vapor.

4. A: Philip, ¿qué se toma en Alemania para desayunar?
   PHILIPP: Hay muchas cosas. Algunos toman pan con mantequilla y salami y un huevo. Otros toman müesli con yogur. Y té, mucha gente toma té. Algunos toman café, claro.

Pronunciación y ortografía

3. Pista 30

guapo, cigarrillos, guitarra, gafas, pagar, guerra, Guatemala, goma.

D. Autoevaluación

6. Pista 31

A: Adriana, tú eres argentina, ¿no?
ADRIANA: Sí, claro.
A: ¿Y de qué ciudad?
ADRIANA: De Buenos Aires
A: Cuéntame un poco los horarios habituales… por ejemplo, ¿a qué hora os levantáis?
ADRIANA: Pues mira, nos levantamos muy temprano, a las cinco y media o las seis, porque el trabajo está lejos… y, bueno, normalmente empezamos a trabajar a las ocho…
A: ¿Y hasta qué hora trabajáis?
ADRIANA: Hasta las seis… sí, en las oficinas hasta las seis de la tarde, paramos una hora para comer, entre las doce y las dos, comemos algo rápido y, ya, volvemos al trabajo.
A: ¿Y en las tiendas?
ADRIANA: Bueno, el horario de las tiendas es distinto, abren también sobre las ocho de la mañana y cierran a las ocho o las nueve de la noche, y no cierran a mediodía, ¿eh?, no es como en España. Ah, y los bancos también tienen otro horario, abren a las diez y cierran a las tres, y por la tarde ya no abren.
A: Y una cosa, Adriana, cuando la gente sale del trabajo, ¿va directamente a su casa?
ADRIANA: Sí, sí, eso es lo normal, vamos a casa, tenemos otra hora más para volver, claro,

cenamos entre las ocho y las nueve y media, y no nos acostamos tarde, sobre las once más o menos.

A: Oye, ¿y los niños? ¿Qué horario tienen en el colegio?
ADRIANA: Pues, mira, estudian sólo o por la mañana o por la tarde, creo que es de ocho a doce en el turno de la mañana y de una a cinco los que estudian por la tarde.

UNIDAD 4

A. ¿Dónde vives?

4. Pista 33

A: Manu, ¿cómo es tu piso?
MANU: Mi piso es muy pequeño, porque vivo solo. Tiene un dormitorio, un salón comedor pequeño, una cocina y un cuarto de baño, que está al lado del dormitorio.
A: ¿Nada más?
MANU: Bueno, tengo una terraza grande y ahí tengo muchas plantas.

9. Pista 35

A: ¿Sería tan amable de indicarme dónde vive el Sr. González?
B: En el 4.º derecha.
A: Muchas gracias.

A: ¿Me podría decir dónde vive doña Manuela Rodríguez?
B: En el 2.º izquierda.
A: Gracias.

A: ¿En qué piso vive la señorita Herrero?
B: En el 3.º A

A: ¿Me podría enviar este paquete a mi domicilio en la Avda. del Mediterráneo, 5, 6.º B?
B: Por supuesto, señor Acedo.

A: ¿El señor de la Fuente, por favor?
B: Es el inquilino del ático.
A: Muchas gracias.

A: ¿Vive aquí la señorita Laura Barroso?
B: Sí, es la hija de los vecinos del 5.º E.

B. Interiores

6. Pista 36

A: Inverpiso, ¿Dígame?
B: Buenos días. Llamo para informarme sobre los chalés anunciados en el periódico de ayer.
A: Con mucho gusto. Mire, el primero está en la calle Alonso Cano. Tiene 138 metros cuadrados. Hay cuatro dormitorios en la planta de arriba y dos baños, calefacción individual y ascensor. El segundo es una casa de tres plantas en Torrelodones. Tiene 311 metros cuadrados, con jardín y piscina. Hay un salón comedor y un baño en la planta baja, y 5 dormitorios y otros 2 cuartos de baño en la planta superior. El garaje es para 2 coches.
El tercer chalé está en una urbanización en Pozuelo. Tiene 300 metros cuadrados construidos en 2 plantas. Tiene un amplio salón y 4 dormitorios. Hay un cuarto de baño en cada planta. Los materiales son de primera calidad. Hay piscina comunitaria.
El último es un piso en Moratalaz de 70 metros cuadrados con 3 dormitorios. La cocina está en el salón y hay un baño completo.

C. En el hotel

2. Pista 37

Escucha y completa el diálogo:

RECEPCIONISTA: Parador de Córdoba, ¿dígame?
CARLOS: Buenas tardes. ¿Puede decirme si hay habitaciones libres para el próximo fin de semana?
RECEPCIONISTA: Sí. ¿Qué desea, una habitación individual o doble?
CARLOS: Una doble, por favor. ¿Qué precio tiene?
RECEPCIONISTA: 100 euros por noche más IVA.
CARLOS: De acuerdo. Hágame la reserva, por favor.
RECEPCIONISTA: ¿Cuántas noches?
CARLOS: Viernes y sábado, si es posible.
RECEPCIONISTA: No hay problema.
CARLOS: ¿Hay piscina?

RECEPCIONISTA: Sí, señor, hay una.
CARLOS: ¿Admiten tarjetas de crédito?
RECEPCIONISTA: Sí, por supuesto.

4. Pista 38

RECEPCIONISTA: ¿Me dice su nombre y apellidos, por favor?
CARLOS: Carlos López Ruiz.
RECEPCIONISTA: ¿Dirección?
CARLOS: Calle de Velázquez n.º 66, en Madrid
RECEPCIONISTA: ¿Número de teléfono, por favor?
CARLOS: 91 569 88 47
RECEPCIONISTA: Entonces, una habitación doble para las noches del viernes y sábado, ¿no es así?
CARLOS: Sí, correcto, muchas gracias. Hasta el viernes.
RECEPCIONISTA: ¡Hasta el viernes! Buenas tardes.

UNIDAD 5

A. Comer fuera de casa

2. Pista 40

CAMARERO: Buenos días, señores, ¿qué quieren comer?
JUAN: De primer plato nos pone un gazpacho para mí y una ensalada para la señora.
CAMARERO: ¿Y de segundo?
TERESA: ¿La carne es de ternera?
CAMARERO: Sí, señora. Es muy buena.
TERESA: Entonces, me pone carne con tomate. ¿Y tú, Juan?
JUAN: Yo prefiero unos huevos con chorizo.
CAMARERO: ¿Y para beber?
JUAN: El vino de la casa y una botella de agua, por favor.
CAMARERO: Muy bien, muchas gracias.
CAMARERO: Y de postre, ¿qué desean?
JUAN: Para mí, unas natillas.
TERESA: Pues, yo quiero arroz con leche.
CAMARERO: Enseguida se lo traigo, muchas gracias.

B. ¿Te gusta el cine?

3. Pista 41

Mi marido y yo siempre tenemos problemas para decidir qué hacer durante el fin de semana. A mí me gusta ir al cine los viernes, y el sábado por la mañana ir de compras. Por el contrario, a mi marido le gusta pasar el fin de semana en el campo: andar, hacer deporte... El domingo por la tarde, lo que más le gusta es ver un partido de fútbol por la tele, mientras yo navego por Internet. Durante la semana lo tenemos más fácil: a los dos nos gusta leer y oír música en nuestro tiempo libre.

C. Receta del Caribe

4. Pista 42

Queridos amigos y amigas, hoy vamos a hacer un delicioso refresco de plátano. Bueno, ¿estáis preparados? Aquí van los ingredientes: en primer lugar vamos a necesitar 3 plátanos y una taza de leche. Como el refresco será sólo para cuatro personas, vamos a utilizar únicamente un cuarto de taza de azúcar y un cuarto de taza de zumo de limón y, por último, media cucharadita de vainilla y ocho cubitos de hielo. Y ahora, para su elaboración, sigue las siguientes instrucciones:
Primero, pela los plátanos y córtalos en rodajas.
A continuación, mezcla los plátanos, la leche, el azúcar, el zumo de limón y la vainilla en una batidora. Añade los cubitos de hielo y mézclalos con los otros ingredientes.
Reparte la mezcla en cuatro vasos.
Finalmente, invita a tus amigos.

7. Pista 43

Casi todas las piñas de los supermercados son de Hawai, pero los cultivadores originales son los indios de Cuba y Puerto Rico.

Es cierto que hay una variedad de maní que procede de Georgia, pero sus cultivadores originales son los indios de Bolivia y Perú.

Los italianos preparan una deliciosa salsa de tomate, pero los cultivadores originarios del tomate son los indios de México.

El Ecuador es el mayor productor de plátanos del mundo, pero los plátanos son de origen africano. Llegaron a América porque los españoles los introdujeron.

El Brasil es el mayor productor de café del mundo, pero el café es también de origen africano y también llegó a América porque los españoles lo introdujeron.

Las patatas son muy populares en Irlanda, pero proceden originalmente de Perú y Ecuador.

Pronunciación y ortografía

4. Pista 46

Yo vivo en Barcelona.
Este batido tiene vainilla.
Camarero, un vaso de agua, por favor.
A Isabel le gusta viajar y bailar tangos.
Beber agua es muy bueno.

UNIDAD 6

A. ¿Cómo se va a Plaza de España?

3. Pista 47

SERGIO: Perdone, queremos dos billetes de metro, por favor.
TAQUILLERO: ¿Sencillos o de diez viajes?
SERGIO: Bueno, mejor uno de 10 viajes. ¿Cuánto es?
TAQUILLERO: 6 euros.
SERGIO: Perdone, ¿puede decirme cómo se va a Plaza de España?
TAQUILLERO: Pues desde aquí es muy fácil, coja usted la línea 8 hasta Nuevos Ministerios y cambie a la línea 10 en dirección Puerta del Sur. La sexta estación es Plaza de España.
SERGIO: Muchas gracias. ¿Puede darme un plano del metro?
TAQUILLERO: Sí, claro, tome.

B. Cierra la ventana, por favor

4. Pista 49

JEFE: Sr. Hernández, puede venir a mi oficina, por favor?
HERNÁNDEZ: Sí, claro.
HERNÁNDEZ: ¿Se puede?
JEFE: Sí, sí, pase y cierre la puerta, por favor... Siéntese. Tengo una reunión en el banco el próximo lunes y necesito la información de su departamento.
HERNANDEZ: No hay problema, está todo preparado.
JEFE: Bien, haga el informe antes del lunes y ponga todos los datos de este año.

C. Mi barrio es tranquilo

Pronunciación y ortografía

2. Pista 51

1. Roma, 2. Inglaterra, 3. Perú, 4. cartero, 5. compañero, 6. rosa, 7. pizarra, 8. terraza, 9. armario.

UNIDAD 7

A. ¿Dónde quedamos?

4. Pista 54

ALICIA: ¿Sí?
BEGOÑA: ¿Está Alicia?
ALICIA: Sí, soy yo.
BEGOÑA: ¡Hola! Soy Begoña.
ALICIA: ¡Hola! ¿Qué hay?
BEGOÑA: Voy a salir de compras esta tarde. ¿Vienes conmigo?
ALICIA: Lo siento, hoy no puedo, tengo mucho trabajo. Mejor mañana.
BEGOÑA: Bueno, vale. ¿A qué hora? ¿Te parece bien a las seis?
ALICIA: Sí, de acuerdo.
BEGOÑA: Hasta mañana.

B. ¿Qué estás haciendo?

4. Pista 56

1. A. Rosa, ¿qué estás haciendo?
   B. Ahora mismo estoy peinándome porque voy a salir.

2. A. ¡Luis, al teléfono!
   B. No puedo, estoy duchándome.
3. A. Niños, ¿qué hacéis?
   B. Nada, mamá, nos estamos lavando las manos.
4. A. ¡Qué ruido hacen los vecinos!
   B. Sí, están levantándose ahora porque salen de viaje.
5. A. ¡Hola!, ¿está Roberto?
   B. Sí, pero está afeitándose, llama más tarde.
6. A. ¿Y clara?, ¿dónde está?
   B. En el baño, está duchándose.
7. A. Joana, ¿qué haces?
   B. Me estoy pintando para salir.

Pronunciación y ortografía

2. Pista 58

1. Claudia Schiffer es bastante fea, ¿verdad?
2. ¿Vamos al cine?
3. Mira qué bolso me he comprado.
4. Tengo un piso nuevo.
5. Bueno, me voy, ¡hasta luego!
6. Hay paella para comer.
7. Mira la tele, cuántas noticias malas.

3. Pista 59

1. Claudia Schiffer es bastante fea, ¿verdad?
   ¡Qué va!
2. ¿Vamos al cine?
   Vale, estupendo.
3. Mira qué bolso me he comprado.
   ¡Qué bonito!
4. Tengo un piso nuevo.
   ¡Qué bien!
5. Bueno, me voy, ¡hasta luego!
   ¡Hasta luego!
6. Hay paella para comer.
   ¡Qué bien! ¡Estupendo!
7. Mira la tele, cuántas noticias malas.
   ¡Es horrible!

C. ¿Cómo es?

2. Pista 60

1. Tiene el pelo largo y rubio. Tiene los ojos verdes y la piel clara. ¡No tiene bigote!
2. Tiene los ojos oscuros. Tiene el pelo corto y la barba negra.

3. Pista 61

Tiene el pelo largo y moreno, los ojos oscuros y la piel clara. No lleva gafas.
Es un famoso tenista mallorquín.

Tiene el pelo corto y moreno. Tiene los ojos oscuros y la piel morena.
No tiene barba. Juega al fútbol en el Real Madrid.

Tiene el pelo corto y rubio. Tiene los ojos azules y la piel clara.
Es la reina de España.

Tiene el pelo largo y rubio, los ojos oscuros y la piel clara.
También es futbolista.

10. Pista 62

Guantanamera

Guantanamera,
Guajira guantanamera
Guantanamera,
Guajira guantanamera
Yo soy un hombre sincero
De donde crece la palma
Yo soy un hombre sincero
De donde crece la palma
Y antes de morirme quiero
Echar mis versos del alma

Guantanamera,
Guajira guantanamera
Guantanamera,
Guajira guantanamera

Mi verso es de un verde claro
Y de un jazmín encendido
Mi verso es de un verde claro
Y de un jazmín encendido
Mi verso es un ciervo herido
Que busca en el monte amparo

Guantanamera,
Guajira guantanamera
Guantanamera,
Guajira guantanamera

Por los pobres de la tierra
Quiero yo mi suerte echar
Por los pobres de la tierra
Quiero yo mi suerte echar
El arrullo de la tierra
Me complace más que el mar

Guantanamera,
Guajira guantanamera
Guantanamera,
Guajira guantanamera

Guantanamera,
Guajira guantanamera
Guantanamera,
Guajira guantanamera

UNIDAD 8

A. De vacaciones

5. Pista 64

a) Desde el hotel:
  A. Perdone, ¿puede decirme dónde está la farmacia más cercana?
  B. Salga por la calle de Santo Domingo, gire la primera a la derecha y, después, la primera a la izquierda.

b) Desde la iglesia de San Francisco:
  A. Por favor, ¿puede decirme cómo se va a la iglesia de Santa Teresa?
  B. Siga todo recto y gire la segunda a la derecha, y después tome la calle Nueva Alta.

B. ¿Qué hizo Rosa ayer?

5. Pista 65

Ayer, como todos los días, me levanté a las siete de la mañana y me preparé para ir a trabajar.
Al llegar al hospital, como todos los días, atendí a los enfermos de la consulta y visité a los pacientes de las habitaciones.
A las cinco de la tarde, como todos los días, acabé de trabajar y pasé por el supermercado a comprar algo para la cena.
A las seis de la tarde llegué por fin a casa, muy cansada, como todos los días.
Pero ayer fue diferente: mi marido me invitó a un concierto y después cenamos en mi restaurante favorito.

6. Pista 66

SOLEDAD: ¡Oh, qué semana tan terrible! Por fin de vuelta a casa.
FEDERICO: ¿Dónde estuviste?
SOLEDAD: El lunes fui a Caracas para visitar a un cliente, y el martes volamos, mi jefe y yo, a Madrid, para firmar un contrato. Estuvimos dos días de conversaciones y, al fin, lo logramos. El jueves nos fuimos a Río de Janeiro para cerrar unos asuntos pendientes y hoy por fin vuelvo a casa. Y a ti, ¿cómo te fue?
FEDERICO: Hasta el martes estuve aquí, en Buenos Aires, preparando cosas para irme al día siguiente a Lima, donde estuve trabajando dos días y aproveché para conocer esa linda ciudad. Hoy fui al aeropuerto a primera hora y terminé mi semana de trabajo. ¿Qué te parece si cenamos juntos?
SOLEDAD: Estupendo. Me parece muy buena idea.

C. ¿Qué tiempo hace hoy?

8. Pista 68

Estas son las condiciones meteorológicas para el día de hoy en algunas zonas de Sudamérica. Tenemos tiempo inestable en Brasil, con fuertes lluvias y bajas temperaturas, sobre todo en el interior, donde tenemos 8 grados centígrados en estos momentos. En la zona del Caribe, por el contrario, hace muy buen tiempo, con mucho sol y una temperatura de 22 grados centígrados. Tiempo inestable en la República de México, con fuerte viento y cielo nublado. La temperatura en la capital es de 15 grados centígrados. Próximo parte meteorológico en una hora.

D. Autoevaluación

5. Pista 69

SARA: El pasado mes de mayo, después de un año de mucho trabajo, tuve 15 días de vacaciones. Fui en tren a Galicia y me alojé en un hotel maravilloso. Pasé unos días estupendos yo sola, sin salir prácticamente de la playa.

LUCÍA: Mi sitio favorito para pasar las vacaciones es la Isla de Capri. Hace veinte años que fui por primera vez. Este verano llegué a la isla en barco, como siempre, para pasar mi mes de vacaciones con un grupo de amigos. Capri no es la misma de hace 20 años, pero sigue siendo única.

CARLOS: Tengo muy buen recuerdo de las últimas vacaciones que pasé con mi familia en Atacama, al norte de Chile; está a unos 4.000 metros de altura. Alquilamos un coche para recorrer toda la zona, uno de los desiertos más secos del mundo, con unas salinas impresionantes. Fueron unas vacaciones memorables.

UNIDAD 9

A. ¿Cuánto cuestan estos zapatos?

3. Pista 1

ÁLVARO: Celia, ¿qué te parece esta camisa para mí?
CELIA: Bien. ¿Cuánto cuesta?
ÁLVARO: Sólo 60 Euros. Voy a probármela.
CELIA: Vale.
CELIA: A ver… pues no te queda bien, ¿eh?
ÁLVARO: No, no, a mí tampoco me gusta.
CELIA: Toma, pruébate esta chaqueta, es muy bonita.
ÁLVARO: A ver… pues sí, parece que me queda bien, ¿no?
CELIA: Muy bien, es tu talla.
ÁLVARO: ¿Cuánto cuesta?
CELIA: 120 euros, es un poco cara.
ÁLVARO: Bueno, me la llevo.
CELIA: Mira, ¿qué te parece este gorro? ¿Cómo me queda?
ÁLVARO: Bien, muy bien.
CELIA: Pues me lo llevo, sólo cuesta 5 euros.
DEPENDIENTE: Una chaqueta y un gorro de lana… muy bien… son 125 euros. ¿Pagan en efectivo o con tarjeta?
ÁLVARO: En efectivo.

5. Pista 6

ÉL: Voy a preparar mi maleta para el viaje, a ver… ¿qué llevo? Mira estos zapatos están bien, ¿no?
ELLA: No, para ir a la montaña, las botas son mejores que los zapatos.
ÉL: Tienes razón. ¿Llevo los vaqueros?
ELLA: No, para el frío son mejores los pantalones de pana.
ÉL: Bueno, llevo los dos y ya está.
ELLA: ¿Por qué llevas la maleta azul?
ÉL: Pues porque es mejor que la gris, tiene ruedas.
ELLA: Yo prefiero la gris, caben más cosas. Toma el paraguas, guárdalo.
ÉL: ¿El rojo? No, este es peor que el negro.
ELLA: Lo siento, el negro ya está en mi maleta.

UNIDAD 10

A. La salud

7. Pista 10

PACIENTE 1
DOCTOR: Buenos días, ¿qué le ocurre?
PACIENTE: No me siento muy bien. Creo que tengo la gripe.
DOCTOR: Tome una aspirina cada ocho horas y beba mucho zumo de naranja.

PACIENTE 2
DOCTOR: Buenas tardes, ¿qué problema tiene?
PACIENTE: Me duele la garganta cuando hablo.
DOCTOR: A ver… No está muy mal, pero tome leche con miel y no hable mucho.

PACIENTE 3
DOCTOR: Buenos días, ¿qué le pasa?
PACIENTE: Mire, doctor, me duele mucho el estómago desde hace días.
DOCTOR: Vaya, pues no tome café, ni fume. Coma frutas y ensaladas. Y tome estas pastillas.

B. Antes salíamos con los amigos

8. Pista 12

Martina tiene 92 años. Cuando era pequeña no iba a la escuela. Vivía con su madre y sus cuatro hermanos en un pueblo pequeño del sur de España. A los ocho años, ya trabajaba en el campo con su familia. Empezaba a las seis de la mañana y acababa a las seis de la tarde. No sabía leer, ni escribir, pero tenía muchas ilusiones y planes para el futuro. A los 19 años se casó y tuvo su primer hijo.
Los fines de semana iba con su marido a vender las verduras de su huerta en los mercadillos de los pueblos vecinos. Sólo los domingos por la tarde descansaban y se reunían con sus vecinos en la plaza del pueblo.

D. Autoevaluación

5. Pista 15

MANAGER: Este disco suena muy bien, es mejor que el otro.
ESCORPIÓN 1: Sí, estoy de acuerdo.
MANAGER: Va a estar en las tiendas en la próxima semana y creo, amigos míos, que va a tener gran futuro.
ESCORPIÓN 2: ¿Y cuándo nos vamos de gira?
MANAGER: En diciembre vamos a dar unos conciertos por toda España y, si todo va bien, nos vamos a Sudamérica.
ESCORPIÓN 3: ¿Y vamos a salir en televisión?
MANAGER: Claro, y también tengo preparada nuestra propia página web.
ESCORPIÓN 1: ¿Cuándo vamos a ir a Barcelona?
MANAGER: En septiembre, antes de empezar la gira. ¿A que no sabéis quién va a cantar con vosotros?
ESCORPIÓN 2: Ni idea.
MANAGER: Jennifer López.
ESCORPIÓN 3: ¡Vaya sorpresa!

UNIDAD 11

A. ¿Quieres ser millonario?

3. Pista 16

PRESENTADOR: Buenas tardes, señoras y señores, otro día estamos con ustedes para ofrecerles el concurso "¿Quiere ser millonario?". Tenemos dos concursantes, que ustedes ya conocen de la semana pasada. El señor González, de Salamanca, y la señora Buitrago, de Madrid. Empezamos. Señor González, pregunta número 1: ¿Dónde se encuentra la pirámide del Sol? ¿En Egipto, en la India o en México?
SR. GONZÁLEZ: En México.
PRESENTADOR: Muy bien. Ha ganado usted 100 euros. Ahora le toca a usted, señora Buitrago, ¿quién fue el primer hombre que pisó la Luna? ¿Amstrong, Collins o Nixon?
SR. GONZÁLEZ: Amstrong.
PRESENTADOR: ¡Correcto! Ha ganado usted otros 100 euros. Ahora le toca al señor González. Por 150 euros, ¿qué novela dio fama a Cervantes? ¿*Las mil y una noches*, *El Quijote* o *Romeo y Julieta*?
SR. GONZÁLEZ: *Romeo y Julieta*.
PRESENTADOR: No, lo siento. Cervantes escribió *El Quijote*. Veamos, señora Buitrago, pregunta número 4, ¿cuál es la capital de Dinamarca: Copenhague, Estocolmo o París?
SR. GONZÁLEZ: Copenhague.
PRESENTADOR: Acaba usted de ganar 200 euros más. Señora Buitrago. ¿Puede decirme de qué país fue presidente Nelson Mandela, de la India, Marruecos o Suráfrica?
SR. GONZÁLEZ: De la India.
PRESENTADOR: Incorrecto. La respuesta correcta es Suráfrica. Lo siento mucho. Y, para terminar, la última pregunta por 250 euros, dígame, señor González, ¿cuántos músicos formaban los Beatles: 5, 3 o 4?

SR. GONZÁLEZ: Cuatro.
PRESENTADOR: ¡Muy bien! 250 euros más para usted. Continuamos la próxima semana a esta misma hora. Buenas tardes a todos.

7. Pista 17

ENTREVIST.: Hoy tenemos con nosotros a Carlos Hernández, destacado ciclista del pelotón español. ¿Qué tal, Carlos?
CARLOS: Muy bien, encantado de estar con vosotros.
ENTREVIST.: Nuestros oyentes quieren saber algunas cosas sobre tu vida. Por ejemplo: ¿dónde vives?
CARLOS: Vivo en Toledo, una ciudad histórica al sur de Madrid.
ENTREVIST.: ¿A qué hora te levantas?
CARLOS: Me levanto a las seis de la mañana y a las siete empiezo a entrenar.
ENTREVIST.: ¿Cuántos días entrenas?
CARLOS: Todos los días, menos uno.
ENTREVIST.: ¿Qué día descansas?
CARLOS: Normalmente, mi día de descanso es el lunes.
ENTREVIST.: Suponemos que llevas una dieta especial. ¿Cuánta agua bebes?
CARLOS: Bebo tres litros de agua al día. Beber líquido es muy importante.
ENTREVIST.: ¿Y qué comes?
CARLOS: Como mucha pasta y alimentos energéticos: frutos secos, verduras y… chocolate. ¡Me encanta el chocolate!
ENTREVIST.: Muy bien, Carlos, muchas gracias por contestar nuestras preguntas.

B. Biografías

5. Pista 19

CELIA CRUZ, la *Reina de la Salsa*, nació el 21 de octubre de 1929 en la Habana, Cuba. Celia empezó a cantar desde pequeña, y lo hacía muy bien.
En 1947 recibió un premio por cantar en la radio y entonces empezó a estudiar música.
En 1950 empezó a trabajar en la banda musical La Sonora Matancera, y con ese grupo dejó la Cuba de Fidel Castro en julio 1960 y se instaló en Estados Unidos.
En Estados Unidos grabó varios discos con Tito Puente y con otros salseros reconocidos a nivel mundial.
Durante los años 90 recibió muchos premios, pero el más memorable es quizás el que recibió de manos del presidente de Estados Unidos, Bill Clinton, el Dote Nacional por las Artes.
La *Reina de la Salsa* falleció el 16 de julio de 2003 en Nueva Jersey a causa de un cáncer.

C. Islas del Caribe

2. Pista 20

Las islas del Caribe forman una cadena desde la costa de Florida hasta Venezuela. Cuentan con unas hermosas playas, a las que los turistas acuden en masa.
CUBA. Es el único estado comunista del continente americano, y Fidel Castro es su presidente desde 1959. Tiene una superficie de 110.860 km^2. Consiguió la independencia de España en 1898. Tiene una población de más de 10 millones de habitantes. El 40% de la población es católica, y el 55% no practica ninguna religión. Su idioma oficial es el español.
JAMAICA. Es la tercera isla caribeña por su tamaño, 10.990 km^2. Políticamente es una democracia parlamentaria y consiguió su independencia del Reino Unido en 1962. Su idioma oficial es el inglés. La mayor parte de sus ingresos procede del turismo.
REPÚBLICA DOMINICANA. Es la segunda isla más grande del Caribe, con una superficie de 48.730 km^2 y con una población de 7.500.000 habitantes. En 1865 consiguió su independencia de España. Su idioma oficial es el español.

7. Pista 22

a. veintidós de agosto de mil novecientos cincuenta y tres.
b. once de marzo de mil novecientos catorce.
c. catorce de abril de dos mil tres.
d. cinco de junio de mil setecientos ochenta y nueve.
e. treinta de septiembre de mil cuatrocientos noventa y tres.
f. cuatro de julio de mil novecientos cuarenta y cinco.

11. Pista 23

EVA MARÍA SE FUE
Eva María se fue buscando el sol en la playa
Con su maleta de piel y su bikini de rayas
Ella se marchó y sólo me dejó recuerdos de su ausencia
Sin la menor indulgencia Eva María se fue
Paso las noches así pensando en Eva María
Cuando no puedo dormir miro su fotografía
Qué bonita está bañándose en el mar
Tostándose en la arena
Mientras yo siento la pena de vivir sin su amor
Qué voy hacer Qué voy hacer
Qué voy hacer Si Eva María se fue…
Qué voy hacer Qué voy hacer
Qué voy hacer Si Eva María se fue…
Apenas puedo vivir pensando si ella me quiere
Si necesita de mí y si es amor lo que siente
Ella se marchó y sólo me dejó recuerdos de su ausencia
Sin la menor indulgencia Eva María se fue
Qué voy hacer Qué voy hacer
Qué voy hacer Si Eva María se fue…
Qué voy hacer Qué voy hacer
Qué voy hacer Si Eva María se fue…
Eva María se fue buscando el sol en la playa
Con su maleta de piel y su bikini de rayas

UNIDAD 12

A. Unas vacaciones inolvidables

5. Pista 24

A. ¿Adónde fuiste de vacaciones el año pasado, Pablo?
B. No quiero recordarlo, fui a Noruega.
A. ¿Y qué te pasó?
B. Bueno, fui en tren y tardé dos días en llegar a Oslo, el viaje fue larguísimo. Cuando llegué, hacía mucho frío y llovía (¡en agosto!) y no tenía ropa adecuada. Por la noche no encontré sitio libre en el albergue de estudiantes y tuve que ir a un hotel. No tienes idea de lo caros que son los hoteles de Oslo. Estuve tres días sin poder salir del hotel por la lluvia y el frío. Y me gasté todo el dinero en el hotel. Así que a los tres días recogí mis cosas y volví a España.
A. ¡Vaya, hombre!
B. Sí, lo mejor fue que el día que cogí el tren para volver salió el sol.

8. Pista 25

Ayer domingo, Rafael se levantó a las 10, se duchó, desayunó tranquilamente y salió a pasear con su perro. Más tarde compró el periódico y, al volver a casa, empezó a llover. Con la lluvia se mojó, se resfrió y, cuando llegó a su casa, se acostó.

B. ¿Cómo te ha ido hoy?

4. Pista 27

ALBERTO: ¿Qué tal? ¿Cómo te ha ido hoy?
ANA: El día ha sido terrible. Juan y yo hemos tenido una reunión de cuatro horas con los clientes japoneses y luego hemos terminado el informe para la Comisión Económica. Y tú, ¿qué tal?
ALBERTO: Yo también he tenido hoy mucho trabajo. Primero, he llevado a los niños al colegio, después he hecho la compra y luego he planchado la ropa antes de hacer la comida. Por la tarde los niños y yo hemos estado en el parque con los amiguitos de Pablo.
ANA: ¡Uff, qué día! Ahora nos queda un ratito para descansar y ver la televisión.

C. No se puede mirar

4. Pista 28

ENTREVIST.: Svieta, ¿qué te chocó más cuando llegaste a España?
SVIETA L.: A mi hermano y a mí lo primero que nos sorprendió al llegar a España fue que cuando encuentras a un conocido hay que darle dos besos, porque en nuestro país se hace sólo con los parientes. Al principio nos pareció muy raro, pero con el tiempo acabas haciendo lo mismo.
En nuestro país, cuando entras a una casa hay que dejar los zapatos fuera. En España aprendes que no hay nada malo en estar en casa con los zapatos puestos.
Hay otras diferencias, por ejemplo, en el sistema de enseñanza: en Bielorrusia un

profesor jamás podrá estar sentado encima de su mesa. Y no se puede llamar de "tú" a un profesor. Siempre hay que levantarse cuando el profesor entra en el aula a dar clase. Pero todo esto está empezando a cambiar.
Hay muchas cosas positivas en España. La gente es más tranquila, amistosa, y se ríen mucho, pero para adaptarte bien a un país extranjero hay que conocer su idioma.

UNIDAD 13

A. Un lugar para vivir

2. Pista 32

1. VENDEDOR: Buenos días, ¿en qué puedo ayudarte?
   ROBERTO: Buenos días, estoy buscando un apartamento o un estudio, algo pequeño y barato para vivir mientras estudio.
   VENDEDOR: ¿Dónde, en el centro o en un barrio?
   ROBERTO: No exactamente en el centro, prefiero que esté cerca de la universidad, para no tener que usar el autobús…
2. VENDEDOR: Así que ustedes quieren un chalé.
   SEÑOR: Sí, nos interesa un chalé, es que necesitamos un jardín para los niños y el perro, ¿sabe?
   VENDEDOR: ¿Y lo quieren muy grande?
   SEÑORA: Bueno, no mucho, no tenemos mucho dinero. Puede ser un chalé adosado con tres dormitorios, un salón comedor y dos cuartos de baño, eso sí.
3. VENDEDOR: ¿Qué están buscando exactamente?
   SEÑOR: Pues, mire usted, nosotros queremos vender el piso de Barcelona porque es demasiado grande para dos y nos gustaría comprar una casita en la playa. Eso sí, tiene que ser de una sola planta porque no podemos subir muchas escaleras… También me gustaría tener una cocina amplia, porque a mí me gusta mucho cocinar.

B. ¿Qué pasará?

11. Pista 34

Si mi partido gana las elecciones, crearemos más puestos de trabajo.
Si ustedes nos votan, nosotros subiremos las pensiones.
Si salgo elegido, les prometo que el gobierno gastará más dinero en educación y sanidad.
Por último, les prometo que todo el mundo tendrá lo que necesita si ustedes votan a mi partido.

C. ¿Quién te lo ha regalado?

3. Pista 35

1. A. ¿Y estos vaqueros?, ¿de quién son?
   B. Son míos.
   A. ¡Qué bonitos! ¿Me los dejas?
   B. Sí, claro, llévatelos.
2. A. Nuria, ¿es tuyo este cinturón?
   B. No, el mío es más ancho que este.
3. A. ¿De quién es esta raqueta?
   B. Mía.
   A. ¿Es nueva?
   B. Sí, me la ha comprado mi madre.
4. A. ¡Qué pendientes tan bonitos! ¿Quién te los ha regalado?
   B. ¿Te gustan? Me los ha regalado mi novio.

7. Pista 36

IRENE: Carlos, ¿puedes venir?
CARLOS: Sí, claro, ahora mismo voy.
IRENE: ¿Qué tal la semana?
CARLOS: Bien, con mucho trabajo, como siempre.
IRENE: Bueno, vamos a ver, ¿has enviado la información de las novedades al resto de los departamentos?
CARLOS: Sí, se la pasé el martes a Cristina, y creo que ella la ha enviado a los otros departamentos.
IRENE: ¿Y el presupuesto para el director general?
CARLOS: No, no se lo he enviado todavía porque no lo he terminado, necesito un poco más de tiempo.
IRENE: ¿Y qué tal la entrevista con el director del banco?

CARLOS: Bueno, le llamé pero no me ha dado la respuesta, lo llamaré otra vez.
IRENE: ¿Les has pasado las facturas a los compañeros de contabilidad?
CARLOS: Sí, se las pasé el miércoles.
IRENE: ¿Y qué tal el pedido para los clientes de Sevilla, lo has enviado?
CARLOS: No hay ningún problema, se lo envié todo al señor Torres, el comercial.

UNIDAD 14

A. No había tantos coches

5. Pista 38

PALOMA: Estoy preocupada. Esta mañana mi hijo Arturo ha vuelto a casa a las cinco…, todos los fines de semana, igual.
AURORA: Es normal, ahora todos los chicos hacen lo mismo, no te preocupes… ¿Tú a qué hora volvías a casa cuando eras joven?
PALOMA: Yo, a su edad, los sábados tenía que volver a casa a las 11, como muy tarde… es que mi padre era muy estricto.
AURORA: Yo no tenía ese problema porque estudiaba en Salamanca y mis padres vivían en el pueblo, pero cuando iba en verano al pueblo no podía llevar minifalda, ni fumar en la casa, ni salir de noche.
JAIME: A mí no me ponían hora para volver a casa…
PALOMA: Claro, a los chicos los educaban de otra manera, pero también tenían sus problemas. Por ejemplo, mi hermano no podía llevar el pelo ni un centímetro más largo de lo que decía mi padre.
JAIME: ¡Ja, ja! Sí, es verdad, menudas broncas había en las familias por ese motivo, ya me acuerdo, era la época de los Beatles y todos queríamos llevar melena como ellos y tocar la guitarra. Recuerdo que yo formé un grupo, y tocábamos en casa los sábados. Yo tocaba la batería y mis padres estaban desesperados. A los cinco meses nos cansamos y lo dejamos…
AURORA: Yo creo que nuestro padres también sufrían con nosotros, como ahora nosotros con nuestros hijos.

B. Yo no gano tanto como tú

4. Pista 39

LUIS: ¡Sí, dígame!
CELIA: ¡Hola, Luis! Soy Celia.
LUIS: ¿Qué tal Celia? ¿Cómo estás?
CELIA: Muy bien. ¿Y a ti, cómo te va por Cercedilla? ¿Llevas una vida más divertida que en Madrid?
LUIS: ¿Más divertida? Bueno… no exactamente.
CELIA: Pero te gusta vivir allí, ¿no?
LUIS: Sí, eso sí. Hay menos contaminación que en Madrid.
CELIA: Eso seguro.
LUIS: Sí, además las casas son más grandes, con jardín y con vistas a la montaña.
CELIA: ¡Qué bien! ¿Y qué tal las tiendas?
LUIS: No hay muchas por aquí. Las tiendas son mejores en Madrid.
CELIA: ¿Y la gente?
LUIS: La gente por aquí es estupenda. Son mucho más tranquilos que en Madrid. No tienen tanta prisa.
CELIA: Bueno, pues el próximo fin de semana voy a hacerte una visita.
LUIS: Vale, venga… y te preparo un cocido montañero.
CELIA: Estupendo. Nos vemos el sábado.

C. Moverse por la ciudad

3. Pista 41

1. A. Perdone, ¿podría decirme dónde hay un puesto de periódicos?
   B. Siga recto y enfrente del banco, justo en la esquina, ahí lo encontrará.
2. A. Disculpe, estoy buscando una farmacia. ¿Sabe si hay alguna por aquí?
   B. ¿Ve usted esa iglesia? Pues detrás de la iglesia está la farmacia, al lado de la oficina de correos.
3. A. Por favor, ¿me podría indicar cómo llegar al ayuntamiento?

B. Sí, claro. Siga todo recto y, en el cruce, tuerza a la derecha. Delante de la escuela está el ayuntamiento.

UNIDAD 15

A. Segunda mano

4. Pista 44

A. ¿Dígame?
B. ¡Hola, buenos días! ¿Es ahí donde venden una moto?
A. Sí, sí, aquí es.
B. El anuncio dice que es una Yamaha, ¿no?
A. Sí, efectivamente, es una Yamaha de 600 centímetros cúbicos.
B. ¿Y es muy antigua?
A. ¡No, qué va! Sólo tiene cuatro años.
B. ¿Y de qué color es?
A. Roja.
B. ¿Y cuánto pide?
A. 3.600 € al contado.
B. Bien, mmm… ¿Cuándo puedo verla?
A. Pues… esta tarde a las cuatro.
B. ¿Me puede decir la dirección?
A. Sí, claro. Calle Toledo, 23.
B. ¿Puede repetir, por favor?
A. Sí, calle Toledo, número 23.
B. Gracias, ¡hasta luego!
A. ¡Hasta luego!

8. Pista 45

REPORTERO: ¿En qué gastamos nuestro dinero durante el tiempo libre? Estamos haciendo una encuesta en la calle sobre las actividades de tiempo libre. Susana, ¿tú, en qué te gastas el dinero?
SUSANA: Bueno, después de los gastos habituales, no me sobra mucho, pero algo sí. Mi marido y yo salimos todos los fines de semana al cine y, si se puede, cenamos en un restaurante. También ahorramos algo para las vacaciones. Nos gusta mucho viajar por España y, especialmente, conocer los pueblos de la montaña.

REPORTERO: Y tú, Ángel, ¿cómo gastas tu dinero?
ÁNGEL: Bueno, teniendo en cuenta que soy estudiante, pues no tengo mucho, la verdad. Pero vaya, me encanta la música, así que gasto mucho en discos y voy a algún concierto de vez en cuando. También me gustan mucho los juegos de ordenador, así que, cuando puedo, me compro alguno, o los intercambio con otros colegas.

B. En la compra

3. Pista 46

VENDEDOR: Buenas tardes, ¿qué desea?
CLIENTE: Quería comprar unas naranjas de zumo.
VENDEDOR: ¿Cuántas quiere?
CLIENTE: Dos kilos.
VENDEDOR: Aquí las tiene, ¿algo más?
CLIENTE: Sí, también quiero una lechuga.
VENDEDOR: Lo siento, no me queda ninguna. ¿Quiere unas judías verdes?
CLIENTE: No, gracias. No quiero nada más. ¿Cuánto es?
VENDEDOR: 5,25 €.
CLIENTE: Tome, ¿puede darme una bolsa, por favor?
VENDEDOR: Sí, claro… Y aquí tiene sus vueltas. Muchas gracias.
CLIENTE: Adiós, muchas gracias.

C. Cocina fácil

2. Pista 50

Trocear un calamar. Machacar los ajos. Picar la cebolla.
Cocer en agua. Freír el pimiento.

3. Pista 51

Primero se lavan las gambas, el calamar y los mejillones. Después se trocea el calamar.
En una paellera, se calienta el aceite y se fríen el pimiento y la cebolla bien picada y luego el tomate. Cuando está todo frito, se echan los mariscos y las verduras. Se deja cocer, a fuego lento, unos diez minutos y luego se echa el arroz y a continuación el

agua. La cantidad de agua será el doble de la de arroz. El arroz cocerá unos veinte minutos.

Mientras se cuece, en un mortero, se machacan los ajos con la sal, el azafrán y se echa en la paellera. Se deja reposar unos minutos.

7. Pista 52

1. A. Por favor, pónganos dos cañas y un vino.
   B. ¿Quieren algo de tapa?
   C. Sí, pónganos tres tapas de morcilla.
2. A. ¿Qué tal está la paella?
   B. Está buenísima, y el salmón, ¿qué tal está?
   A. Está un poco soso. Camarero, traiga la sal, por favor.
3. A. ¿Qué van a comer?
   B. Yo quiero de primero ensaladilla rusa y de segundo ternera asada.
   C. Pues a mí póngame menestra de verduras y de segundo cordero.
   A. ¿Y de beber?, ¿qué quieren?
   B. Vino de la casa y agua, por favor.
4. A. Por favor, ¿me cobra?
   B. Sí, enseguida. Son 5,30 €.
   C. Deja, deja. Hoy me toca pagar a mí.
5. A. Buenas tardes. ¿Qué van a tomar?
   B. Pónganos dos cafés con leche y un té con limón.
   A. ¿Quieren algo de comer?
   B. Sí, traiga unos churros, por favor.

UNIDAD 16

A. Este verano, salud

7. Pista 54

DOCTOR: Buenas tardes, ¿qué le pasa?
JUAN: Mire, es que hemos estado en la playa y tengo la espalda roja.
DOCTOR: A ver, quítese la camisa. Se ha quemado la espalda. ¿Cuánto tiempo ha estado al sol?
JUAN: Unas dos horas.
DOCTOR: ¿Y no se ha puesto crema protectora?
ELENA: Yo se lo he dicho, pero los hombres…
JUAN: Y también me duele la cabeza…
DOCTOR: Bueno, para tomar el sol hay que tomar precauciones. Ahora póngase esta crema contra las quemaduras y tómese estas pastillas para el dolor de cabeza. Y otra vez, póngase crema protectora y cómprese una sombrilla. No es bueno tomar tanto sol.
JUAN: Sí, doctor, gracias.

B. Mi jefe está de mal humor

4. Pista 55

1. A. Javier, ¿Qué te pasa?, tienes mala cara.
   B. Hoy he tenido mucho trabajo y estoy cansado.
2. A. Hola, María, ¿qué tal?
   B. Fatal, estoy harta de limpiar y de ordenar la casa, y mis hijos no ayudan nada.
3. A. Jesús, toma ya la sopa.
   B. No puedo, está muy caliente.
4. A. ¿Qué le pasa a Aida?
   B. No sé, está muy rara, yo creo que está enamorada.
5. A. Luis, tu mesa está muy desordenada, así no puedes estudiar bien.
6. A. ¿Por qué está deprimida Ana?
   B. Porque ha muerto su padre.

9. Pista 56

CARMEN: Hola, Marisa, ¿qué tal estás?
MARISA: Hola, Carmen. Bueno, yo no estoy mal, pero en mi familia estamos regular.
CARMEN: ¿Qué ha pasado?
MARISA: Pues, mira, mi madre está enferma, tiene la tensión alta. Mi padre está mejor, pero le duelen las piernas y no puede andar mucho.
CARMEN: Ya…
MARISA: Y luego, mi hermano. Resulta que se ha separado de su mujer y está deprimido.
CARMEN: ¡No me digas! ¿Cuándo ha sido?
MARISA: Estaban mal desde hace tiempo, pero este verano tuvieron una pelea y decidieron separarse…
CARMEN: ¡Qué pena! ¿Y los niños?
MARISA: Los niños están con mi cuñada. Por eso mi hermano está deprimido, porque no los ve…
CARMEN: Bueno, mujer, son cosas que pasan, con el tiempo se pondrá bien.
MARISA: Sí, ¿y tú?, ¿qué tal tu familia?
CARMEN: Yo estoy bien, resulta que tengo un trabajo nuevo…

c. ¡Que te mejores!

5. Pista 57

MARIBEL: A ver, Roberto, ¿puedes decirme cuáles son tus expectativas para el futuro?
ROBERTO: Sí, claro. Primero, yo espero acabar mis estudios, luego espero encontrar algún trabajo, quizás en el extranjero, y vivir tranquilo.
MARIBEL: ¿No quieres casarte?
ROBERTO: Bueno, sí, si encuentro la mujer de mi vida espero casarme y tener hijos, pero más tarde. Y tú, Maribel, ¿qué deseos tienes para el futuro?
MARIBEL: Yo estoy casada y tengo un buen trabajo…, dos hijos, así que espero que mi hijo mayor sea músico, pues está estudiando piano, y mi hija creo que será periodista. Espero que tengan suerte, que les vaya bien en la vida, que no sufran, vamos, lo que quieren todas las madres para sus hijos.

UNIDAD 17

A. Buscando trabajo

6. Pista 60

ALICIA: Mira, aquí hay un anuncio donde necesitan un pintor de coches.
PEDRO: ¿Qué piden?
ALICIA: Piden algo de experiencia, tener el carné de conducir y vivir en Madrid.
PEDRO: ¡Ah, muy bien! Voy a llamar. Buenos días. Llamo por el anuncio del periódico. Soy pintor de coches y quiero enterarme de las condiciones del trabajo.
EMPRESARIO: Sí, dime, ¿qué quieres saber?
PEDRO: ¿Dónde está el taller?
EMPRESARIO: En el kilómetro 16 de la carretera de La Coruña.
PEDRO: Y, ¿qué horario de trabajo tienen?
EMPRESARIO: Empezamos a las ocho y media de la mañana y acabamos a las cinco y media de la tarde, con una hora para comer. Trabajamos un sábado sí y otro no.
PEDRO: ¿Y cuánto es el sueldo?
EMPRESARIO: Para empezar, son catorce pagas de 1.000 euros, y luego… ya hablaremos.
PEDRO: Bueno, pues… me pasaré mañana para hablar con ustedes…

9. Pista 61

ELENA: ¡Hola, Sofía! ¿Qué tal? ¿Has encontrado trabajo?
SOFÍA: Sí. Estoy trabajando de enfermera desde el mes pasado en el Hospital de San Rafael de Barcelona.
ELENA: ¿Trabajas mucho?
SOFÍA: Sí, es bastante duro porque cada semana cambio de turno: una semana trabajo por la mañana, otra por la tarde y la tercera por la noche. Luego tengo un descanso de cuatro o cinco días.
ELENA: ¿Te gusta tu trabajo?
SOFÍA: Bueno, es bastante agotador, pero me gusta mucho trabajar con los niños pequeños. Estoy en la sección de maternidad y cada día nacen varios bebés. Es un trabajo precioso. Las madres siempre están muy contentas con sus niños recién nacidos y a los padres se les cae la baba. De todas formas, me gustaría tener un turno fijo para poder seguir estudiando.

c. Excusas

3. Pista 62

1. ¡Hola, soy Carlos! He comprado las entradas para el concierto. ¿Quedamos mañana a las 5 de la tarde en la puerta del teatro?
2. Soy Paloma. Ya he terminado de leer tu libro. ¿A qué hora paso a dejártelo?
3. ¡Buenos días! Llamamos del supermercado. Su pedido ya está preparado. Puede recogerlo después de las cuatro.
4. ¡Hola, soy Manuel! La semana pasada me llamó Luisa. He quedado con ella para mañana por la mañana. ¿Te vienes a comer?
5. Llamo de la consulta del doctor Ramírez. La cita de mañana ha sido aplazada para el próximo viernes a la misma hora. Gracias.

UNIDAD 18

A. ¿Cuánto tiempo llevas esperando?

7. Pista 67

A. Chen
Mis padres tienen un restaurante en Toledo. Llevamos nueve años viviendo en España, y yo soy su traductor e intérprete porque ellos no hablan español, es demasiado difícil. Yo me encuentro bien tanto aquí como en China, pero me gusta un poco más la cultura española. Allí el nivel del colegio es más alto, los chicos tienen que trabajar más en el colegio, pero aquí la gente es más abierta y divertida. De mayor me gustaría estudiar Económicas. También me gusta mucho jugar al fútbol. Llevo tres años jugando en el equipo de mi barrio.

B. Miguel Thompson
Yo nací en Toledo, pero mis padres son británicos, así que no sé bien de dónde soy. Mis amigos ingleses me consideran español, y al revés, los españoles me llaman "el inglés". Yo me siento más pegado a las costumbres inglesas porque mis padres me han educado así. Ellos llevan viviendo aquí casi treinta años porque les gusta tanto el clima como las relaciones que hay en las familias españolas. Los ingleses son más reservados. Por otro lado, ser bilingüe tiene muchas ventajas, entiendes mejor a la gente, aunque a veces choco con personas muy cerradas.

B. ¿Qué has hecho el fin de semana?

2. Pista 68

1. CARLOS: ¡Hola, Pepa! ¿Qué tal el fin de semana?
   PEPA: Bien, el sábado fui al cine.
   CARLOS: ¿Y qué viste?
   PEPA: Una película argentina: *El hijo de la novia*.
   CARLOS: ¿Y qué tal?
   PEPA: Es una comedia muy divertida.
2. ALBERTO: ¿Qué tal, Beatriz? ¿Qué has hecho este fin de semana?
   BEATRIZ: Muy bien, el sábado fuimos a cenar a un restaurante catalán.
   ALBERTO: ¿Y el domingo, qué hicisteis?
   BEATRIZ: El domingo fuimos a la playa con los amigos de Juan y nos lo pasamos muy bien…
3. NURIA: ¡Hola, Mariano! ¿Qué tal lo habéis pasado este fin de semana?
   MARIANO: Bueno, la verdad es que no hemos hecho nada especial. Nos hemos quedado en casa para ver la final del Campeonato de Europa de Fútbol.
   NURIA: ¿Y qué tal el partido?
   MARIANO: Bastante aburrido.

C. ¿Qué te parece este…?

5. Pista 70

ENTREVIST.: Estamos haciendo una encuesta sobre los problemas que preocupan actualmente a los jóvenes. ¿Podéis contestarme?
JULIA: Sí, claro.
ENTREVIST.: ¿Veis la tele? ¿Leéis las noticias? ¿Qué pensáis de lo que pasa en el mundo?
ROBERTO: Bueno, sí, yo veo las noticias de la tele, pero no me importa mucho la política, a mí me preocupa la contaminación, eso sí, yo creo que cada día hay más contaminación en las playas, en el aire.
JULIA: A mí sí me interesa la política, lo que pasa es que no creo mucho en los políticos, pienso que no son sinceros.
ROBERTO: Eso, todos dicen que van a arreglar el problema del paro pero es dificilísimo encontrar un buen trabajo.
JULIA: Sí, los trabajos son cada vez peores: trabajamos más y ganamos menos. Y otro problema importante, creo yo, es la vivienda. Los pisos están carísimos, no podemos marcharnos de casa, toda la vida con nuestros padres…
ROBERTO: Jo, sí, ¡menudo rollo! Ahora yo estoy bien con mis padres, pero antes, todos los días discutíamos: por el pelo, por la ropa, por el *piercing*, por las tareas de la casa… La verdad es que si no tienes trabajo, ni tienes dinero, ¿adónde vas los fines de semana? Pues a beber alcohol al parque, que es más barato.
JULIA: Bueno, tampoco es eso, hay otras forma de pasar el fin de semana…